영화, 삶을 **위로**하다

영화, 삶을 위로하다

발행일	2020년 9월 11일		
지은이	김영만		
펴낸이	손형국		
펴낸곳	(주)북랩		
편집인	선일영	편집	정두철, 최승헌, 윤성아, 이예지, 최예원
디자인	이현수, 김민하, 한수희, 김윤주, 허지혜	제작	박기성, 황동현, 구성우, 권태련
마케팅	김회란, 박진관, 장은별		
출판등록	2004. 12. 1(제2012-000051호)		
주소	서울특별시 금천구 가산디지털 1로 168, 우림라이온스밸리 B동 B113~114호, C동 B101호		
홈페이지	www.book.co.kr		
전화번호	(02)2026-5777	팩스	(02)2026-5747

ISBN   979-11-6539-380-9 03680 (종이책)   979-11-6539-381-6 05680 (전자책)

이 도서의 국립중앙도서관 출판예정도서목록(CIP)은 서지정보유통지원시스템 홈페이지(http://seoji.nl.go.kr)와
국가자료공동목록시스템(http://www.nl.go.kr/kolisnet)에서 이용하실 수 있습니다.
(CIP제어번호: CIP2020038427)

(주)북랩 성공출판의 파트너

북랩 홈페이지와 패밀리 사이트에서 다양한 출판 솔루션을 만나 보세요!

홈페이지 book.co.kr   •   **블로그** blog.naver.com/essaybook   •   **출판문의** book@book.co.kr

청 춘 에 서   황 혼 까 지

영화, 삶을 위로하다

| 글·사진 |
김영만

Movie,

북랩 book Lab

머리말

　사람마다 영화를 보는 동기가 다르다. 많은 이들에게 '영화 보기'는 간접 경험이나 대리 만족, 또는 기분 전환을 위한 오락거리일 것이다. 물론 예술적 매력에 이끌려 영화라는 '작품'을 감상하는 이들도 적지 않다. 어느 경우든 그것이 주는 어떤 매력 때문에 사람들은 시간적·경제적 대가를 지불하면서 영화를 본다.

　나에게 영화가 주는 매력은 무엇일까? 스스로 생각해 볼 때 '삶에 대한 자아성찰(自我省察)'이라 말하고 싶다. 자아성찰의 사전적 의미는 '자기 자신에 대한 의식이나 관념을 반성하고 살핌'이다. 즉, '영화 보기'를 통해서 자신의 삶에 대해 반성하고 살피는 과정을 거침으로써 '더 나은 나'로 나아가기 위한 자세를 다시 한번 가다듬는 것이다. 이런 관점에서 보면 다음 글이 나에게 와닿는다.

　　중요한 것은 영화 속의 삶이 아니라 영화를 보는 나 자신의 삶이다. 그러므로 영화는 자신의 삶을 비춰보는 하나의 거울에 다름 아니다.[1]

---

1)　하재봉, 『하재봉의 시네마 클릭』, 동인, 1999, 134쪽.

나름대로 영화가 주는 맛을 느끼게 된 것은 2000년 1월 1일에 개봉한 이창동 감독의 〈박하사탕〉(2000)을 보고 나서부터다. 당시 우리 사회는 새천년을 맞아 들뜬 분위기에 휩싸여 있었다. 하지만 〈박하사탕〉은 시점을 거슬러 올라가면서 우리가 막 지나 온 한 시대의 아픔, 그리고 그 시대를 살아오면서 순수했던 한 청년의 삶이 왜 뒤틀리게 되었고 어떻게 망가져 가는지를 보여 주었다. 이는 앞으로의 새천년을 살아갈 나의, 그리고 우리의 모습이 어떠해야 할지를 말해 주는 것이라고 느껴졌다. 다시 말해 영화를 통해 내가(또는 우리가) 살아온 삶을 반추해 보고, 현재를 다시 한번 살펴보며, 앞으로의 삶의 좌표를 가다듬어 보는 기회를 가질 수 있다는 것을 깨닫게 된 것이다. 그 후 이러한 내용이 담긴 영화를 많이 만나게 되었고, 이를 정리·소개하고자 한 것이 이 책을 쓰게 된 동기이다.

이 책은 우리가 살아가면서 겪게 되는 삶의 단계를 참조하여 총 다섯 개의 부로 구성하였다.

먼저, 제1부 '청춘' 단계이다.

학교라는 울타리를 벗어나 사회로 첫발을 내딛는 순간은 성인으로 가는 첫 단계다. 가정이라는 안락한 둥지를 벗어나는, 기대에 찬 설레는 마음과 함께 미래에 대한 막연한 두려움이 큰 순간이다. 하지만 어른들은 그들에 대해 무관심하거나 기성세대의 시각으로 묶어 두려는 경향이 있다. 사랑의 열병을 앓는 것도 이때다. 청춘이 겪는 사랑은 아름답지만 그 상처는 평생을 좌우할 수 있다. 그런 과정을 통해서 한층 성숙해질 것이다. 자기를 이해해 주지 못하는 기성세대에 대한 반항으로 '질풍노도의 시절'을 겪기도 한다. 이제 세상으로 나아가는 과정에서 이러한 열병을 앓게 되는 젊은이들을 이해하고 보듬어 줄 수 있는 영화 11편을 담았다.

두 번째로 제2부 '홈, 스위트(sweet) 홈 또는 비터(bitter) 홈?' 단계이다.
모든 사람이 좋은 짝을 만나 결혼하고, 가족들을 사랑하고 또 그들에게 위로받는 행복한 삶을 꿈꾼다. 하지만 한 가족으로 살아가면서 많은 사연으로 서로 얽히는 일이 얼마나 많은가? 그런 과정에서 부딪혀 발생하는 상처를 끝내 봉합하지 못하고 '가족 해체'로 나아가는 경우도 다반사다. 반대로 오늘날 혈연 기반이 아닌 새로운 '가족의 탄생'도 많이 볼 수 있다. 그래서 2부에는 결혼을 앞둔 젊은이들의 갈등과 가족들의 살아가는 모습, 그리고 전통적인 가족이 해체되어 가는 가운데 새로운 사회 현상으로 다가오는 '가족의 탄생'에 대한 영화 10편을 담았다.

제3부는 '흔들리는 삶'이다.
좋은 배우자를 만나고, 안정된 직장을 가져 행복한 가정을 이룬다 해도 외부로부터 거센 충격이 몰아쳐 오면, 우리의 삶은 평온을 유지하기 힘들다. 일상사에서도 그렇지만, 특히 혁명이나 전쟁과 같은 역사의 소용돌이에 휩쓸리게 되면 우리의 삶은 뿌리째 흔들릴 수밖에 없다. 그러한 일을 겪는 당시는 물론, 세월이 흐른 후에도 그로 인한 '트라우마'에서 과연 쉽게 벗어날 수 있을까? 흔들림 속에서도 자아를 지키고 새로운 길을 모색하고자 몸부림치는 삶의 모습을 담은 영화 15편을 3부에 담았다.

제4부는 '그래도 삶은 아름답다'이다.
극적인 감동이나 메시지를 주고자 하는 영화의 특성상 아무래도 밝은 내용보다는 어두운 내용이 더 많다. 그래서 따뜻한 삶을 느낄 수 있는 영화를 모아 보았다. 볼수록 마음이 따뜻해지고 위로를 주는 영화, 절망적인 상황에서도 비치는 한 줄기 밝은 빛을 보고 다시 일어서는 사람들. 한 편의 시처럼 아름다운 영화 10편을 담았다.

마지막 제5부는 '마지막 불꽃'이다.

생명을 가진 모든 것은 언젠가는 마지막 날을 맞는다. 수평선 너머로 장엄한 불꽃을 수놓으며 서서히 사라져 가는 낙조처럼 저물어 가는 세월을 모두들 아쉬워하지만, 오히려 찬란하게 불태우는 황혼도 없지 않다. 노년을 맞는 아픔과 그 속에서 삶의 의미를 다시 가다듬으며 마지막을 아름답게 수놓아 가는 영혼을 담은 영화 6편을 소개한다.

이 책을 읽는 분들께 책을 쓰면서 세웠던 나름의 기준과 이 책이 지닌 현실적인 한계 몇 가지를 말씀드린다.

- 일반 영화 애호가들이 쉽게 읽을 수 있는 '영화 소개서'를 쓰고자 했다. 그런 만큼 영화 내용에 대한 이해도를 높일 수 있도록 내용을 구체적으로 소개하였다.
- 같은 영화일지라도 사람들은 다양한 시각에서 보고 느낀다. 여기서는 기본 시각을 '삶에 대한 성찰'에 두었다. 예컨대 전쟁에 대한 영화를 소개하더라도 그 초점은 전쟁이 주는 비참함이나 반전(反戰)보다는 전쟁으로 인해 영혼에 손상을 입은 인간의 삶에 맞추었다.
- 우리가 손쉽게 접할 수 있는 영화를 선정했다. 한국 영화와 미국·유럽 등 서구 영화, 그리고 동양 영화 등도 균형 있게 포함하였다. 물론 고전 명작도 다수 소개하였다.
- 블록버스터급 대작은 선정에서 제외했다. 삶을 성찰하기에 적합한 영화는

아무래도 소박한 사람들의 이야기를 담은 것이기 때문이다. 아울러 지나치게 예술적이거나 시중에서 접하기 힘든 영화도 배제하였다.

- 영화의 대사를 많이 소개했다. 대사 중에는 영화 내용을 이해하는 데 결정적인 도움을 주는 것이 많기 때문이다.

영화 문외한이라 부족한 점이 많다. 이 책을 계기로 영화에 대한 공부를 계속하여 보완해 나가고자 한다. 이 기회를 빌려 글을 쓰는 동안 원고를 여러 차례 꼼꼼히 읽고 좋은 의견을 준 아내에게 감사한다.

끝으로 세계적인 두 영화인의 말을 인용하면서 머리말을 맺고자 한다.

위대한 영화는 관객들을 더 위대한 삶이 되도록 이끌 수 있다.

- 로저 에버트(미국 영화평론가)

난 영화란 것이 나를 살아가게끔 도와주는 어떤 활력소나 처방 약 같다고 생각한다. 그것이 바로 대중이 영화를 보는 이유이기도 하다고 생각한다.

- 장 뤽 고다르(프랑스 영화감독 겸 영화평론가)

2020년 8월
강원도 홍천 모르골에서

차 례

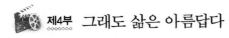
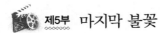

제1부

청춘, 그 찬란한 아픔

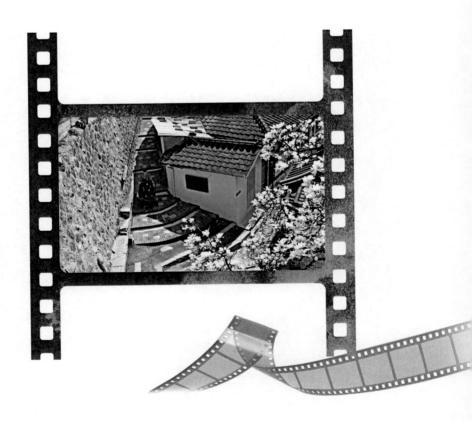

소년소녀들, 세상으로 나아가다

/1장/

소년, 둥지를 떠나다
〈보이후드(Boyhood)〉

감독: 리처드 링클레이터 | **개봉 연도:** 2014 | **제작 국가:** 미국

"흥분돼요. 반쯤은 두렵기도 하고….."

이제 홀로 설 준비를 하라는 선생님의 말에 '메이슨 주니어(엘라 콜 트레인 분)'가 한 대답이다. 미래에 대한 설렘과 동시에 막연한 두려움을 느끼는 시기는 언제일까? 아마 청소년을 막 벗어나는 단계가 아닐까? 부모의 간섭에서 벗어나 자유로움을 얻게 되지만, 알뜰한 보살핌을 뒤로하고 이제 자기 삶에 책임을 져야 할 시기이기 때문이다.

〈보이후드〉는 여섯 살 메이슨이라는 평범한 소년과 그 가족이 12년 동안 겪는 소소한 삶의 장면들을 모은 인생드라마다. 순간이 모여 인생을 이룬다고 했던가? 주인공의 초등학교 입학부터 대학 진학으로 엄마 품을 떠날 때까지의 여정이 담겨 있다. 여기에는 극적인 사건이나 스토리가 없다. 12년 동안 주인공과 그 주변 인물들이 살아오면서 겪는 만남과 헤어짐, 즐거움과 슬픔을 조용히 흐르는 강물처럼 보여 준다. 그러면서 각자 그만큼 성장해 간다. 이 영화를 찍기 위해 제작진과 연기자, 그리고 스태프들은 매년 한 차례씩 12년

동안 모였다고 한다. 영화 제작 사상 이런 시도는 처음이었다.

메이슨의 엄마 '올리비아(패트리샤 아퀘트 분)'는 두 아이를 키우면서 대학에 편입하여 공부를 계속해서 교수가 됐을 정도로 억척같은 성격의 소유자다. 그러나 남편 복은 지지리도 없다. 이른 나이에 임신하는 바람에 얼떨결에 하게 된 첫 결혼은 실패였고, 그 후 두 번의 재혼에도 실패한다. 새 아빠들은 알코올 중독에 강압적이고 폭력적이기까지 하다. 그때마다 어린 메이슨과 그의 누나 '사만다(로렐라이 링클레이터 분)'가 겪는 고통은 이루 말할 수 없이 크다. 엄마의 이혼과 재혼, 그리고 이직에 따라 이사도 자주 할 수밖에 없다. 메이슨은 "이사 간 집을 아빠가 못 찾으면 어떡해요?"라고 걱정한다. 다행히 그의 아빠 '메이슨 시니어(에단 호크 분)'는 헤어진 지 1년 반 만에 나타나 주말마다 아이들과 볼링, 야구 관람과 캠핑을 함께 하는 자상한 아빠로 변해 간다. 물론 그도 재혼하여 아기까지 두고 있으나 메이슨과 사만다에 대한 사랑은 변함이 없다. 열 살이 되던 해에 메이슨이 말한다.

"이 세상엔 마법 같은 건 없죠? 요정 같은 거 말이에요.
다 지어낸 거죠."

부쩍 자란 메이슨은 친구, 동네 형들과 함께 캠핑을 가서 힘자랑을 하고, 여자 얘기도 하며, 사내 흉내를 낸다. 누나 사만다는 가족 캠핑보다는 춤추고 음악 듣는 파티를 더 좋아하게 된다. 남자 친구가 생겼다는 말을 들은 아빠는 얼굴이 빨개지는 딸에게 콘돔에 대해 진지하게 얘기한다. 15세 생일날, 메이슨은 술과 담배를 입에 대고 여자 친구와 키스한다. 외할아버지는 집안 대대로 내려온 엽총을, 아빠는 푸른색 셔츠가 어울릴 정장과 넥타이를 그에게 선물한다.

그는 학교에서 사진에 재능을 보여 장학금을 타고, 식당에서 아르바이트도 한다. 이제 세상에 나갈 준비를 시작한 것이다. 첫사랑이 깨져 가슴 아파하는 그에게 아빠는 "열정을 잃지 마. 넌 특별해. 네겐 사진이 있잖아."라며 위로해 준다. 대학 진학을 앞둔 그는 여자 친구와 밤새 길거리를 배회하며 심경을 토로한다.

> "내년 여름엔 …… 밤새 놀고 공연도 보고 뭐든지 다 할 수
> 있어 …… 뭔가 두렵지 않니? 대학생이 된다는 거……."

거주자 학비 혜택을 받기 위해 집에서 멀리 떨어진 텍사스 주립대학에 진학하게 된 메이슨이 짐을 꾸리자, 이를 지켜보던 엄마는 오열하며 외친다.

> "오늘은 내 인생 최악의 날이야. 떠날 걸 알았지만 이렇게 신이
> 나서 갈 줄은 몰랐다. …… 결국 내 인생은 이렇게 끝나는
> 거야. 결혼하고, 애 낳고, 이혼하면서! …… 또 석사학위 따고
> 원하던 교수 되고, 너희들 대학 보내고 이제 뭐가 남았는지
> 알아? 내 장례식만 남았어. 난 그냥 뭐가 더 있을 줄 알았어."

메이슨에게는 성인으로 태어나는 뜻 있는 순간이지만, 그의 엄마에게는 애틋한 삶의 한 단계가 지나가는 순간이다.

대학 기숙사에 짐을 푼 메이슨은 친구들과 근처 산으로 하이킹에 나선다. 발아래 넓게 펼쳐진 산등성이를 내려다보며 친구가 외친다.

"미래가 우리 앞에 쫙 펼쳐진 것 같다."

메이슨은 새로 사귄 여자 친구와 어른스러운 대화를 나눈다.

"흔히들 이런 말을 하지. 이 순간을 붙잡으라고……. 난 그
말을 거꾸로 해야 될 것 같아. 이 순간이 우릴 붙잡는 거지."
"그래. 시간은 영원한 거지. 순간이라는 것은 바로 지금을
말하는 거잖아."

두 남녀는 먼 하늘의 노을을 바라보다 은근한 미소를 주고받는다.
드넓은 세상을 향해 새 출발 하는 젊은이들에게 행운이 함께하기를!

영화는 메이슨의 여섯 살 시절부터 12년간의 성장담을 중심으로
전개된다. 하지만 성장하는 이는 메이슨만이 아니다. 사만다 역시 소
녀에서 아가씨로 성장하여 세상으로 나아갔다. 엄마도 아들을 떠나
보내며 오열하지만, 두 아이를 반듯하게 키워 냈고 앞으로의 새로운
삶을 설계한다. 가장 큰 변화는 아빠가 아닐까? 철없던 첫 결혼의 실
패에서 벗어나 번듯한 직장을 얻고, 새 가정을 갖게 되었다. 특히 두
아이의 자상한 아빠로서 제 역할을 다한다. 어쩌면 관객 역시 영화
속 흐르는 세월만큼이나 주인공들과 함께 웃고, 안타까워하며, 자신
의 옛 시절을 되돌아보며 함께 성숙해진 것이 아닐까? 그렇게 세월이
흐른 만큼 우리의 삶도 변해 왔고, 앞으로도 변해 가리라.

메이슨의 성장 이야기만큼이나 재미있는 것은 촬영 시기인 2002년
부터 2013년까지의 12년간 세월에 따라 변해 온 시대적·문화적 사건
과 현상들이다. '컴퓨터 게임, 영화 〈해리포터〉, 미국 대통령 선거 홍

보전, 사이버 세상과 페이스북, 영화 〈스타워즈〉, 9.11 테러, 미군 이라크 파견 등이 자료 화면 아닌 그 당시의 영상으로 생생하게 전해진다. 이것은 그 시절을 함께 지내 온 우리에게 공감을 불러일으킨다.

'죽은 시인의 사회'가 젊은이를 깨우다
〈죽은 시인의 사회(Dead Poets Society)〉

감독: 피터 위어 | **개봉 연도:** 1990 | **제작 국가:** 미국

졸업생 75%를 아이비리그에 진학시킨, 미국에서 최고의 대학 진학 예비 학교 '웰튼 아카데미'. 이 학교의 지상 목표는 오직 학생들을 좋은 대학에 진학시키는 것이다. 학생들이나 학부모들도 이를 당연한 것으로 받아들인다. 학교 교훈은 '전통, 명예, 규율, 최고'이다. 학생들은 입학식 날부터 '스터디 그룹'을 외친다. 그러나 새로 부임한 이 학교 출신 '키팅(로빈 윌리엄스 분)' 선생에 의해 변화가 시작된다. 선생은 과거 선배들의 사진을 보여 주며 학생들에게 말한다.

"시간이 있을 때 장미 봉우리를 거두라. 카르페 디엠(Carpe Diem, Seize the Day)! 현재를 즐겨라! 왜냐면 우리는 반드시 죽기 때문이지. 인생을 독특하게 살아라."

명문 대학교 입시 준비를 지상 과제로 생각하고 있던 학생들은 어리둥절하면서도 키팅 선생에게 빠져든다. 그는 기계적으로 시를 해석하는 교재의 서문을 찢게 한다. 아울러 재학 시절 자신과 친구들이 모여 오래된 인디언 동굴에서 위대한 시를 낭송하던 모임, '죽은

시인의 사회'를 학생들에게 소개한다.

"시와 아름다움, 낭만, 사랑은 삶의 목적인 거야."

이에 고무된 학생 일곱 명은 밤에 기숙사를 탈출하여 그 동굴로 가서 '죽은 시인의 사회' 재결성을 선언한다. 모닥불을 피우고, 시를 낭송하며, 파이프 담배를 피우고, 여자 사진도 돌려 보면서 해방감을 만끽한다. 어느 날 키팅 선생은 수업 시간에 교탁에 올라서서 말한다.

"사물을 다른 각도에서 보라. 과감하게 부딪쳐 새로운 세계를 찾아라!"

이를 계기로 학생들의 생활에는 극적인 변화가 일어난다. 카누와 펜싱 연습, 색소폰 연주에 몰입하는 학생들이 늘어난다. 연애를 시작하고 파티에서 처음으로 위스키를 마시는 '녹스(조시 찰스 분)'부터 자기 인생에서 정말 하고 싶은 것을 찾았다며 연극 오디션에 참가하는 '닐(로버트 숀 레오나드 분)', 소극적인 성격이었으나 선생의 지도에 의해 자기 내면을 드러내기 시작한 '토드(에단 호크 분)'까지. 물론 "그런 게 시험에 나오는 걸까?"라고 묻는 학생도 없지 않다.

어느 날, 자유분방한 녹스에 의해 학교 신문에 '모독적이고 승인 안 된 기사'가 게재되자, 학교 당국은 '죽은 시인의 사회' 회원 색출에 나서고, 그 배경에 키팅 선생이 있음을 밝혀낸다. 교육 방법이 비전통적이라는 교장의 지적에 대해 키팅 선생은 말한다.

"교육의 목적은 사색하는 것을 알려 주는 것이라고 생각합니다."

하지만 교장은 "전통일세. 대학 입시에만 전념하게."라며 충고한다. 오디션을 통해 주연 배우로 발탁된 닐의 연극 공연이 있던 날, 그의 아버지는 그를 집으로 데려와 자퇴시킬 거라며, "넌 하버드에 들어가서 의사가 되어야 해."라고 다그친다. 절망을 느낀 닐은 권총으로 자살한다. 녹스는 신문 기사 건으로 퇴학당한다. 학교에서는 '학교 명예 규칙'을 내세워 회원을 한 명씩 불러내 '키팅 선생이 닐을 부추겨서 모임을 만들고, 부모 말을 거역하도록 하는 등 직권을 남용하여 결국 그를 죽음으로 몰아넣었다.'라고 쓰인 문서에 서명을 하도록 강요한다. 퇴학을 내세운 학교의 압박에 굴복한 상당수 회원의 서명으로 키팅 선생의 해임이 결정된다. 선생이 교실을 떠나려는 순간, 토드가 앞장서자 망설이던 많은 학생도 책상 위에 올라서서 함께 외친다.

"캡틴! 오 마이 캡틴!"

이 영화는 참교육이 무엇이며 참스승이 어떤 모습인지를 잘 보여 준다. 아울러 머지않은 장래에 대학에 진학할 예비 성인들이 고통스러운 과정을 통해 새로운 세상을 향해 눈떠 가는 성장 모습을 잘 보여 주고 있다. "의대를 졸업하면 그땐 네 마음대로 해."라는 닐 아버지의 말이나 학생들끼리 스스럼없이 '미래의 변호사', '미래의 은행장'이라 부르는 분위기 속에서 키팅 선생은 삶의 목적은 명문 대학 진학과 출세가 아니라 '아름다움, 낭만, 사랑'이라고 설파한다. 그리고 "과감하게 부딪쳐 새로운 세계를 찾아라."라며 격려하지만, 현실의 벽은 두껍다 못해 철벽같다. 연극을 하고 싶지만 아버지에 의해 좌절되자 자살하고 마는 닐, 퇴학당하는 녹스……. 4대 교훈과 함께 학교에서 정한 '명예의 규칙'은 괴물이 되어 학생들의 목을 조르고 있다. 하지만 영화 마지막 부분, 이들은 책상 위에 결연히 올라섬으로써 그들을 옥죄는 학교 울타리를 벗어나 새로운 각도로 세상을 보며 자신의 삶을 찾아 갈 것이다.

이 영화는 교육 문제를 넘어서, 사회 변혁에 대한 메시지를 담고 있다. 고루한 전통에 과감히 도전하는 새로운 변혁의 시도이다. 하지만 전통과 변혁, 양자의 충돌에서 빚어지는 갈등과 절망은 그러한 변혁이 쉽지 않다는 것도 함께 보여 준다. 그러나 결국 이를 딛고 일어서려는 희망의 싹이 돋아나고 있음은 우리에게 위안을 준다.

스무 살 소녀들, 세상으로 나아가다
〈고양이를 부탁해〉

감독: 정재은 | **개봉 연도:** 2001 | **제작 국가:** 한국

'당신들은 이 순간에 다시 시작하고 있고,
젊다는 것은 언제나 아름답다.'

인천 부둣가에서 까르르 웃으며 사진을 찍고, "전우의 시체를 넘고 넘어 앞으로 앞으로. 낙동강아 잘 있거라. 우리는 전진한다."라고 노래 부르며 신나게 고무줄놀이를 하는 여고 동창생 다섯 명. 하지만 막 상업 학교를 졸업한 스무 살 내기 여자아이들이 맞닥뜨린 세상은 '앞으로 계속 전진'할 수 있을 만큼 녹록치 않다.

다정다감하며 친구들의 형편을 가장 잘 이해하고 항상 먼저 전화하는 '태희(배두나 분)', 예쁘지만 깍쟁이 기질이 강하고 자기중심적인 '혜주(이요원 분)', 직물 디자인에 솜씨가 있으나 어려운 가정 형편으로 가고 싶은 유학은 엄두도 내지 못하는 '지영(옥지영 분)', 그리고 부모 없이 살면서 액세서리 노점상을 운영하는 화교계 쌍둥이 '비류(이은주 분)'와 '온조(이은실 분)'. 이들은 졸업 후 한 달에 한 번은 만나자고 약속하지만 현실은 쉽지 않다. 게다가 혜주와 지영은 만날 때마다 부

딪힌다.

태희는 찜질방을 운영하는 집안 일을 도우며 뇌성마비에 걸린 장애인의 시를 타이핑하는 봉사 활동을 하지만, 집안 식구들로부터는 '노는 아이' 대접을 받는다. 혜주는 소위 '빽'으로 서울의 증권 회사에 취업하였으나, 직장에서의 업무가 차 심부름이나 서류 복사 등 잔심부름에 그친다는 사실이 불만이다. 쓰러져 가는 판잣집에서 조부모와 사는 지영은 소녀 가장으로서 생계를 책임지기 위하여 식당 일을 다닌다. 중국에 있는 걸로 추정되는 엄마와 떨어져 사는 비류와 온조는 노점상을 하면서도 비교적 어려운 내색을 하지 않는 편이다. 그러던 어느 날, 지영은 길 잃은 어린 고양이 한 마리를 집으로 데려온다. 그녀는 고양이를 키우기가 버거워 혜주에게 생일선물로 주려고 하나 거절당하고, 할머니가 돌아가신 후에는 태희에게 맡긴다.

처지가 곤궁하다고 해서 스무 살 그녀들에게 꿈마저 없을 수는 없다. 태희는 자기를 인정해 주지 않는 가족을 벗어나 항상 먼 곳으로 떠나길 원하며, 길거리 거지를 보면서도 자유를 꿈꾼다. 그녀는 외항선원 모집 사무실을 기웃거려 보고, 월미도에 놀러 가서는 미얀마 총각들과도 어울리고 싶어 하며, 호주 '워킹 홀리데이'에 대해서도 알아본다. 장래 커리어 우먼을 꿈꾸는 혜주는 부모의 이혼으로 어려움을 겪기도 하나, 직장에 일찍 출근하여 상사의 회전의자에 앉아 보고, 사무실 내 미남 대리에게 마음이 두근거리기도 하며, 팀장의 야근 제의에 친구와의 약속도 파기한다. 하지만 혜주는 팀장이 야간 대학이라도 다녀 보라는 걱정스러운 말에 충격을 받는다.

"평생 잔심부름만 하는 저부가 가치 인간으로 살 수 없잖아?"

가장 힘든 것은 지영이다. 어려운 형편임에도 태희에게 돈을 빌려 휴대 전화를 새로 마련하는 그 또래다운 엉뚱함을 보이기도 하지만, 살던 집이 무너져 할머니와 할아버지가 돌아가시자 말을 하지 않는다. 경찰이 조서를 작성하려 해도 진술을 하지 않아 심사분류원으로 넘어가게 되고, 그곳에서도 입을 열지 않는다. 면회 온 태희가 "난 네가 도끼로 사람을 죽였다 해도 네 편이야. 다 이유가 있어서 그러는 거라고 생각해. 난 너 믿어."라는 말에 위로받고, 어디선가 들려오는 고양이 울음소리에 입을 열게 된다.

아직 홀로서기에는 어린 그녀들을 보듬어 줄 보호자도 없다. 태희의 식구들은 그녀를 그저 노는 애 취급하고, 혜주는 부모님은 이혼했고 언니는 지방으로 떠났다. 지영의 경우, 함께 살던 조부모마저 세상을 떠났다. 온조와 비류의 엄마는 중국에 있고, 인천에 사는 외할아버지는 그녀들을 외면한다.

이들의 탈출구는 어디인가? '저부가 가치 인간'이란 말에 충격을 받은 혜주는 몰래 울기도 하지만, 사내 여직원 모임에서는 불평을 쏟아내는 동료들에게 '콤플렉스'라고 일갈한다. 남자 친구를 불러내 그의 어깨에 기대는 약한 모습을 보이기도 하지만, "코도 약간 높이고 눈도 살짝 찢을까 봐. 날 바꿀 수 있는 데까지 바꿔 볼 거야."라고 하는 적극적인 성격으로 볼 때 조만간 새로운 출발을 할 것이다. 가장 적극적인 것은 태희와 지영이다. 자유를 향한 상상의 나래를 펴던 태희가 드디어 큰 결심을 한다.

　　"난 그냥 계속 돌아다니고 싶어. 어떤 곳이든 한 곳에 머물러
　　살아야 한다고 생각하면 너무 답답해. 배를 타고…… 물처럼

흘러 다니면서 사는 거야."

　그녀는 큰 가방에 신문지로 싼 돈뭉치, 책 몇 권, 여권, 영어 사전에 로프 줄까지 챙긴 후, 거실에 걸린 큰 가족사진에서 자기 얼굴을 동그랗게 도려낸다. 그러고는 "내가 졸업하고 일 년간 아빠한테 돈한 푼도 못 받고 일했어. 딱 그 정도만 훔쳐 갖고 나왔어."라고 한다. 그녀는 고양이를 온조와 비류에게 맡기고 지영이 출소할 심사분류원 앞에서 밤을 새우며 책을 읽는데, 그 책에는 그녀를 위로하고 격려하는 구절이 보인다.

　　'이제 용기를 잃은 자, 불행한 자, 피해자인 당신들에게 나는 말하련다. 당신들은 승리의 군대다. 왜냐하면 당신들은 이 순간에 다시 시작하고 있고, 젊다는 것은 언제나 아름답기 때문이다.'

　태희와 지영은 공항에 나타나 국제선 출발 시각표를 함께 본다. 두 사람의 표정은 진지하면서도 당당하다.

　고양이는 호기심이 많고, 환경에 예민하며, 도도하고 까칠해 보인다. 그러나 한편으로는 겁이 많고, 소심하면서도 애교가 있다. 고양이의 이런 성격은 고등학교를 갓 졸업한 스무 살 소녀들과 비슷하지 않을까? 그들은 이제 자신만의 길을 찾아 세상 한가운데로 나가야 한다. 경계를 넘어 이쪽에서 저쪽으로, '전우의 시체를 넘어서 앞으로 전진'해야 한다. 과연 이들은 앞으로 펼쳐질 험난한 삶의 길을 잘 헤쳐 나갈 수 있을까? 잘 살아가리라는 막연한 기대보다는 따뜻한 위로와 격려의 박수를 보낸다.

소설가 양선규는 이 영화에 대해 "태희, 혜주, 지영이의 '서툴고 사랑스러운, 그러나 눈물겨운' 입사식을 이 영화는 세필(細筆)로 그린다."라고 했다.[2] 이 영화가 막을 내린 후 '고양이 살리기 운동'이 전개되었다. 이는 2001년에 벌어진 작품성이 뛰어나지만 흥행이 저조해 일찍 간판을 내린 작품을 다시 보는 관객 운동을 일컫는다.

---

2) 양선규, 『용회이명』(작가와비평, 2013), 112쪽.

사랑, 아픈 만큼 성숙해지고

/ 2장 /

초원의 빛, 꽃의 영광, 그 속에 숨은 힘!
〈초원의 빛(Splendor In The Grass)〉

감독: 엘리아 카잔 | **개봉 연도:** 1962 | **제작 국가:** 미국

대공황 직전인 1928년, 미국 캔자스주 시골 마을, 고등학교 졸업 반인 '디니(나탈리 우드 분)'와 '버드(워런 비티 분)'는 서로 열렬히 사랑하는 사이이다. 디니의 부모는 딸에게 "남자들은 정숙한 여자를 부인으로 원하지."라며 순결을 강조한다. 버드는 농업 대학에 진학하여 아버지의 농장을 물려받고 싶어 하지만, 주식이 올라 큰 부자가 된 아버지는 아들에게 오직 명문 예일대학에 진학하기만을 강요한다. 이처럼 억압적인 사회 분위기 속에 젊은 남녀의 사랑이 순탄하게 흘러가기는 어렵다. 디니와 결혼까지 염두에 둔 버드는 그녀가 간단한 스킨십 외에는 요구를 들어주지 않자 다른 여학생에게 눈을 돌린다. 버드의 누나는 그들에게 면박을 준다.

> *"순결하고 올바른 것처럼 보이려고 노력하는 것을*
> *그만둘 수 없어?"*

그해 송년 파티는 광란의 축제가 된다. 샴페인에 흠뻑 젖은 남녀들이 춤을 추는 사이, 부풀어 오르던 풍선이 마침내 터지고 만다. 대공

황의 전주이다. 디니와의 관계가 잘 풀리지 않은 버드는 건강 악화로 폐렴을 앓게 되고, 급기야 다른 여학생을 가까이한다. 두 사람의 관계를 잘 아는 학교 친구들이 수군대는 가운데 이를 지켜볼 수밖에 없는 디니는 수업 시간에 윌리엄 워즈워스의 시 「초원의 빛」 중 '초원의 빛'과 '꽃 속의 영광'의 의미를 묻는 선생에게 대답한다.

> *"어렸을 때 우리는 사물을 이상적으로 바라보는 것 같아요.*
> *그러다 어른이 되면 젊음의 이상향을 잊어버려야만 해요."*

시를 낭송하던 중 디니는 북받쳐 오르는 감정을 추스르지 못하고 교실을 뛰쳐나간다. 소심한 성격 때문에 버드의 마음을 사로잡지 못했다고 생각한 그녀는 머리를 자르고, 화장을 하며, 화려한 옷을 입는다. 댄스파티에서 버드를 만난 디니는 그를 차로 유인한다. 그러나 버드는 "디니, 너는 정숙한 여자야."라며 만류한다. 그러자 그녀는 충동적으로 폭포에 뛰어든다. 결국 정신병원에 입원한 디니는 그곳에서 자신을 이해해 주는 남자 '존'과 사랑에 빠져 그로부터 청혼을 받는다.

한편 아버지의 강요로 예일대학에 진학한 버드는 자기 뜻과 맞지 않아 공부와는 담을 쌓고 바에서 일하는 '안젤리나'와 사귄다. 버드가 전 과목 낙제를 받자 그의 아버지는 학교에 호출된다. 그때 대공황이 발발하고 주가가 폭락하자, 그의 아버지는 아들에게 "너와 화해하고 싶구나."라는 말을 남기고는 창밖으로 뛰어내려 생을 마감한다.

2년 6개월간의 치료가 끝나 퇴원한 디니는 친구들과 버드를 만나러 나선다. 하얀 드레스에 흰 모자를 쓴, 눈부시게 아름다운 디니,

그녀는 농장에서 작업복 차림으로 일하고 있는 버드와 어색한 미소로 해후한 후, 임신 중인 그의 아내 안젤리나와 인사하고 그의 아들을 안아 보기도 한다.

"행복하니, 버드?"
"그런 것 같아."
"나 다음 달에 결혼해."
"행복하길 바랄게."

두 남녀는 조용히 헤어진다. 돌아오는 길, 차에서 친구가 "아직 그를 사랑하니?"라고 묻자 디니는 워즈워스의 시 마지막 부분을 조용히 암송한다.

초원의 빛, 꽃의 영광
다시 그 시간을 돌이킬 수 없어도
슬퍼하지 말고
그 속에 숨어 있는 힘을 찾으리

1920년대 말, 대공황 직전의 미국은 석유 사업의 번창과 주가의 급등 등으로 대호황기를 누려 물질적 가치가 풍선처럼 팽배하던 시기였다. 당시 부모들은 자식에게 순결을 강조하고 자신의 의사에 따를 것을 강요하였지만, 자식 세대는 이를 거부하였다. 전통적 가치관과 새로운 가치관이 충돌하던 시기였다. 영화는 그러한 시대적 분위기 속에서 여린 감성의 디니가 첫사랑의 아픔을 어떻게 앓고, 견디며, 또 어떻게 성숙해 가는지를 보여 준다.

이 영화는 '이루지 못한 첫사랑을 그린 불멸의 영화'라 불린다. 특히 인상적인 것은 버드의 농장에서 두 사람이 만나는 장면이다. 정신병 치료를 받을 정도로 격렬하게 사랑했던 커플이 몇 년 후 재회할 때, 그들은 과연 어떤 감정일까? 더구나 남자가 이미 결혼하여 아내와 아기까지 두고 있는 자리에서 말이다. 감독은 너무나 담담하게 이들의 재회를 보여 준다. 내면의 아픔은 깊이 감춘 채 멋쩍은 또는 어설픈 미소로 그 감정을 대신하고 있다. 마치 큰 폭풍우 뒤의 고요한 바다를 보여 주듯이 말이다.

> 한때 그처럼 찬란했던 광채가/이제 눈앞에서 영원히 사라진다 한들 어떠랴/초원의 빛, 꽃의 영광 어린 시간을/그 어떤 것도 되불러올 수 없다 한들 어떠랴/우리는 슬퍼하지 않으리, 오히려/그 뒤에 남은 것에서 힘을 찾으리라/지금까지 있었고 앞으로도 영원히 있을/본원적인 공감에서/인간의 고통으로부터 솟아나/마음을 달래주는 생각에서/죽음 너머를 보는 신앙에서/그리고 지혜로운 정신을 가져다주는 세월에서
> - 윌리엄 워즈워스, 「어린 시절을 회상하면서 영생불멸을 깨닫는 노래」 부분[3]

주인공 나탈리 우드의 청순미가 눈부시다. 그녀는 엘리자베스 테일러, 오드리 헵번과 함께 미국 영화 사상 청순미가 가장 뛰어난 3대 여배우로 꼽힌다.

---

3)　손현숙 번역, 영화에서는 다소 다르게 번역된다.

알지 못했던 사랑, 누군가가 나를 사랑한 이야기

<러브레터(Love Letter)>

감독: 이와이 슌지 | **개봉 연도:** 1999 | **제작 국가:** 일본

어떤 이는 잊지 못할 첫사랑을 안타깝게 보내고, 어떤 이는 자기를 향한 사랑을 긴 세월 뒤에야 깨닫는다.

2년 전에 산악 사고로 죽은 '후지이 이츠키(남, 카시와바라 다카시 분)'의 추도식 날, 연인이었던 '히로코(나카야마 미호 분)'는 졸업 앨범에서 그의 옛 주소를 발견한다. 그녀는 그곳이 이미 국도로 변했다는 얘기를 듣고도 천국으로 보내는 심정으로 편지를 보냈는데, 뜻밖에 답장을 받는다. 그가 보낸 것이라고 믿고 싶은 그녀는 몇 번 편지를 주고받다가 남자 친구 '아키바(토요카와 에츠시 분)'와 함께 그의 옛 주소로 찾아간다. 그곳에는 죽은 이츠키(남)와 동명이인인 '후지이 이츠키(여, 나카야마 미호 분)'가 살고 있다. 돌아오는 길에 히로코는 자신과 닮은 여자(이츠키)가 스쳐 지나가는 것을 본다. 실제 영화에서는 나카야마 미호가 1인 2역을 한다. 히로코는 이츠키(남)가 첫사랑과 닮았다는 이유로 자기를 좋아하지 않았나 하는 의문을 갖게 된다.

"닮아서라면 용서할 수 없어요. (나에게는) 첫눈에 반했다고 했어요."

그에 대해 기억나는 게 있으면 얘기해 달라는 히로코의 부탁에 이츠키(여)는 편지로 그와의 추억을 실타래 풀듯 늘어놓는다. 그녀는 중학교 3년 동안 그와 계속 같은 반에서 지내며 이름 때문에 곤혹스러운 일이 많았다고 한다. 입학식 날 담임 선생의 호명에 동시에 손든 일, 시험 성적표가 바뀌어 자전거 불빛에 의지해 확인했던 일 등의 추억을 얘기해 준다. 그녀는 같은 반 아이들의 놀림의 대상이 되어 마치 '아우슈비츠 안의 아담과 이브'처럼 고문당했다고 회상한다. 그리고 도서반 부원으로 있을 때, 그가 남이 잘 읽지 않는 책을 빌린 탓에 대출 카드에 남긴 '후지이 이츠키'라는 이름을 선명히 기억한다고 했다. 히로코가 그의 첫사랑에 대해 묻자 이츠키(여)는 답한다.

"그의 첫사랑을 아시나요?"
"그 정도까지 개인적인 것은 모릅니다."

이츠키(남)와의 추억에 빠져 헤어나지 못하고 있는 히로코를 지켜보던 아키바는 그가 조난당했던 산으로 가자고 한다. 히로코는 설원에 서서 눈 덮인 산을 향해 "오겡끼데스까(おげんきですか, 잘 지내고 있나요?)"라고 애절하게 외치며 이별 준비를 한다. 이츠키(여)는 편지로 그와의 마지막 추억을 전한다. 그녀가 아버지의 장례식 때문에 학교에 가지 못했던 어느 날, 이츠키(남)가 그녀의 집을 방문하여 책을 대신 반납해 달라고 부탁한다. 며칠 후, 교실에서 그가 전학 갔다는 소식을 듣게 된 그녀는 그의 빈 책상에 놓인 꽃병을 깨뜨려 버린다. 모든 추억을 전해 들은 히로코는 그동안 그녀에게서 받은 편지를 반송하면서 마지막 편지를 쓴다.

"이 편지에 담긴 추억은 당신 거예요. …… (도서 카드에) 그가 쓴 이름은 당신 이름인 것만 같아요."

그때까지 이츠키(여)는 그 말을 이해하지 못하여 고개를 갸우뚱한다. 그러나 학교 도서실 후배 학생들이 그녀의 집을 방문하여 건넨 마르셀 푸르스트의 책, 『잃어버린 시간을 찾아서』의 대출 카드 뒷면을 보고서야 진실을 알게 된다. 거기에는 '세일러복'을 입은 그녀 얼굴이 그려져 있다. 그녀는 눈시울이 뜨거워지더니 감정을 추스르지 못해 울먹인다. 그녀는 "히로코 씨, 가슴이 아파서 이 편지는 보내지 못하겠습니다."라며 마지막 편지를 접는다.

순백의 설원 풍경 속에 펼쳐지는 눈처럼 하얀 사랑의 이야기는 '첫사랑 영화'라고 하면 이 영화를 가장 먼저 떠올리게 할 정도로 팬들의 열광적인 찬사를 받았다. 또한, '첫사랑 소녀'가 연상되는 상큼하면서도 애잔한 느낌을 가진 나카야마 미호의 청순한 얼굴과 연기는 그러한 분위기를 더해 준다. 처음에는 히로코의 사랑 이야기가 중심이 되어 진행되다가, 뒤에 가서는 이츠키(여)를 향한 이츠키(남)의 첫사랑이 밝혀진다. 그때서야 이츠키(여)가 이를 깨닫고 받아들이며 가슴 아파하는 구성이 특히 인상 깊다.

하지만 다시 생각해 보면 그녀 역시 이츠키(남)를 마음속으로 좋아했던 것은 아닐까? 그에 대한 세세한 추억을 오랫동안 간직하고 있고, 그가 전학 갔다는 소식에 꽃병을 깨뜨린 것으로 짐작해 보면 말이다. 남자가 건네준 책 『잃어버린 시간을 찾아서』의 제목 또한 범상치 않다. '잃어버린 사랑의 기억' 또는 '알지 못했던 사랑의 시간'을 찾아 이 영화는 진행된 것이다.

소설가 양선규는 "진정한 사랑은 그렇게, 죽어서도 사랑의 메신저가 되는 모양이다. 살아서 진정했던 자들은 죽어서도, 자신의 살아생전의 자취로, 산 자들을 독려해, 세상을 살 만한 곳으로 만들어나간다."라고 평했다.[4]

누군가를 애틋이 사랑하고 있는 순간, 우리는 또 다른 누군가로부터 사랑을 받고 있을 수 있다. 그러한 사실을 알지 못하는 가운데 세월은 흘러가고, 그 사랑들도 함께 떠나가는 것이리라. 눈처럼 순수하고, 봄날에 흩뿌려지는 찬란한 벚꽃 잎처럼 아름다운 사랑이 알게 모르게 우리 곁에 머물다 떠나가는 것이다.

---

4) 양선규, 앞의 책, 62쪽.

운명적인 사랑과 이별, 그러나 필연적인 재회
〈첨밀밀(甛蜜蜜, Comrades: Almost A Love Story)〉

감독: 진가신 | **개봉 연도:** 1997 | **제작 국가:** 홍콩

인연이 있으면, 천 리 먼 곳에 있어도 만날 것이요.

인연이 없으면, 지척에 두고도 만나지 못하리.

(有緣千里來相會, 無緣對面不相逢)

영화는 1986년부터 1995년까지 10년 세월에 걸쳐 '홍콩 드림'을 꿈꾸던 두 남녀의 '운명적인 만남과 사랑, 이별, 그러나 필연적인 재회'를 그리고 있다. 1986년은 중국이 문화대혁명의 그늘에서 벗어나, 당시 지도자였던 덩샤오핑이 개혁을 부르짖으며 과감한 개방 정책을 추진하던 시기였다. 이에 영향을 받은 많은 중국 젊은이가 돈벌이에 큰 관심을 가지게 되었고, 홍콩이야말로 그들의 '꿈'을 실현할 수 있는 곳이라 여겼다.

1986년 3월 1일, '이교(장만옥 분)'와 '여소군(여명 분)'은 베이징과 홍콩을 잇는 열차를 타고 홍콩 구룡역에 도착한다. 운명처럼 서로 머리를 맞대고(그러나 두 사람은 이를 알지 못한다) 깊은 잠에 취한 채 말이다. 소군은 고모의 주선으로 닭 가게의 자전거 배달부 일자리를 얻

는다. 촌닭처럼 어리바리한 그는 대륙 표준어인 '보통화(普通話)'밖에 할 줄 모른다. 지역 언어인 '광동어(廣東語)'를 구사하고 영어 배우기에 열심인 이교는 홍콩에서의 적응에서 소군을 훨씬 앞선다. 두 사람은 그녀가 일하는 맥도날드 가게에서 만나게 된다. 당시 홍콩 사회는 중국 이민자를 동남아 출신 노동자보다 하찮게 여기고, 보통화를 사용하는 자들을 백안시하는 분위기였다. 이교가 소군에게 영어 학원을 소개해 주는 등 가까워지면서 자전거를 함께 타고 홍콩 거리를 달리기도 한다. 소군의 자전거 뒷자리에 탄 이교는 '첨밀밀' 노래를 흥얼거린다.

1987년 구정 무렵, 두 사람은 가수 덩리쥔(鄧麗君)의 음반을 판매하다가 큰 실패를 한다. 하지만 두 사람은 이를 계기로 가까워진다. 명절날 음식을 먹으며 외로움을 나누다가 함께 밤을 보내며 서로 절실한 관계로 변한다. 그때부터 소군은 고향에 있는 애인 소정에게 편지를 제대로 쓰지 못한다. 겨우 한두 줄 쓰고는 찢어 버린다.

1987년 10월, 경기가 좋지 않아 주식이 폭락하는 바람에 큰 손해를 본 이교는 경제적 궁핍으로 마사지 숍에서 일하게 된다. 거기서 만난 폭력 조직의 보스인 '구양표(증지위 분)'의 정부(情婦)가 된다. 그녀는 미래에 대한 불안한 마음을 내보이며 소군에게 이별을 고한다.

"내일은 어떤 일이 벌어질지 모르겠어. 난 두려워……. 한 푼도
없고 빚더미만 깔고 앉았어."
"나의 이상은 너와 완전 달라. 우리는 두 종류의 완전히
다른 사람이야."

그녀를 잊지 못하는 소군이 삐삐를 치지만, 더 이상 답이 없다. 이제 소군은 고향에 있는 애인 소정에게 다시 편지를 쓴다.

'대륙 사람들은 홍콩에 오기를 바라고, 홍콩 사람들은 미국이나 캐나다로 이민 가기를 원한다.'

이러한 편지 내용의 배경은, 1984년 등소평과 홍콩 총독이 서명한 '1997년 7월 1일부터 홍콩의 주권을 중국에 반환하기로 한다.'라는 내용의 합의문과 관련이 있다. 오랫동안 영국 통치하에 있던 홍콩 시민들은 비록 중국 당국이 '일국양제(一國兩制)'를 확고히 선언했지만, 공산당 체제가 들어설 홍콩의 앞날에 대해 불안할 수밖에 없었다.

1990년 겨울, 소군은 홍콩에 온 소정과 결혼식을 올리지만, 식장에서 이교를 만난 후 잠을 이루지 못한다. 보스 곁에 누운 이교 또한 마찬가지다. 보스의 도움으로 꽃가게와 부동산업을 하는 이교는 부자가 되었다. 어느 날, 이교와 자동차로 함께 이동하던 소군은 가수 덩리쥔을 보고 달려가서 입고 있던 점퍼에 사인을 받는다. 덩리쥔의 'Good bye, My Love' 노래 선율이 애잔히 흐르는 가운데 두 사람은 기약 없이 다시 헤어진다. 이교는 상념을 이기지 못해 고개를 숙이다가 자동차 클랙슨을 울리게 되고, 그 소리가 신호가 된 듯 달려온 소군은 그녀와 키스를 나눈다. 다시 '첨밀밀' 노래가 흐른다. 결국 두 사람은 예전에 정을 나누던 호텔로 가서 시간을 함께 보낸다.

"우린 결국 또 실패했어."
"이제 어쩌지?"
"난 더 이상 자신을 속이고 싶지 않아, 소정에게 말할 거야."

"매일 눈을 뜰 때마다 네가 보고 싶었어."

이교 역시 보스에게 사실대로 말하리라는 결심을 굳히고 집으로 돌아가지만, 그로부터 경찰 수배를 피해 홍콩을 떠난다는 삐삐가 온다. 그가 있는 부둣가로 달려간 그녀는 차마 말을 꺼내지 못하고 함께 배를 타고 대만으로 떠난다. 홍콩에 남은 소군은 아내 소정에게 이교와의 관계에 대해 고백한다. 모든 것을 잊고 고향으로 돌아가자는 소정을 뿌리치고 별세한 고모의 재산을 정리하여 그녀에게 주고는, 그는 요리 사부가 있는 미국으로 떠난다.

1993년 가을, 소군은 뉴욕 맨해튼 차이나타운을 자전거 타고 달린다. 홍콩에 있을 때 요리를 가르쳐 준 사부의 식당에서 일한다. 여자를 소개해 줘도 거절하는 소군에게 사부는 말한다.

"인연이 있으면, 천 리 먼 곳에 있어도 만날 것이요. 인연이 없으면, 지척에 두고도 만나지 못하리."

그즈음 대만을 거쳐 뉴욕에 도착한 보스와 이교 역시 차이나타운에 머문다. 우연히 보스가 소군이 일하는 식당에서 사 온 닭 요리를 먹으면서 이교는 연신 맛있다고 한다. 소군이 요리한 닭고기 맛을 기억하는 것이리라. 그러던 중, 거리 불량배와 시비 끝에 구양표는 허망하게 죽는다. 이때 웃는 듯 우는 표정을 짓던 장만옥의 연기는 경탄스럽다. 이교는 비자 만료로 뉴욕 이민청 직원에게 체포되어 호송되어 가던 중, 경적을 울리며 자전거를 타고 지나가는 남자의 뒷모습을 본다. 소군과 너무나 닮은 것이다. 이민청 차를 탈출하여 뒤쫓아 가지만 따라잡기에는 역부족이다.

1995년 뉴욕, 자유의 여신상 앞은 관광객들로 붐빈다. 중국 교포를 상대로 여행 가이드를 하는 이교는 변호사를 통해 여권을 만들고, 귀국 비행기 표를 산다. 그녀의 아버지는 전화로 말한다.

"예전에 사람들은 모두 외지로 나갔는데 지금은 다들 돌아오지.
홍콩 사람들도 본토에 돌아와 일한다."

1995년 5월 8일, 이제는 '그린카드(미국의 영주권 증명서)'를 확보한 이교가 맨해튼 거리를 걷는다. 이발을 마친 소군 역시 같은 길을 나선다. 그때 TV에서 가수 덩리쥔의 죽음을 알리는 뉴스와 함께 그녀의 대표곡 '월량대표아적심(月亮代表我的心)'의 선율이 들려온다. 홍콩에 있을 때 그녀의 노래를 좋아해서 자주 흥얼거렸고, 그녀의 음반을 판매하다가 큰 실패를 겪었지만, 두 사람을 결정적으로 가깝게 만든 것도 그 노래였다. 더구나 점퍼에 그녀의 사인까지 받은 적도 있으니 어찌 그냥 지나칠 수 있으랴. 두 사람은 TV 가게 앞에서 나란히 뉴스를 보다가 서로를 알아본다. 세상에서 가장 편안한 미소로 서로를 바라본다. 눈물이나 격한 포옹도 없이, 필연적인 재회를 믿어 왔던 사람들처럼 말이다. 영화 속 재회 장면을 수없이 봤지만, 이 장면처럼 사람을 울컥하게 하는 감동적인 장면도 드물 것이다.

이 영화는 젊은 남녀의 '사랑'을 주제로 전개되지만, 그 밖에도 관심을 가질 만한 요소가 많다. 앞에서 언급한 '1997년 홍콩 주권 반환'에 따른 홍콩 시민들의 불안감을 당시 수많은 홍콩 영화에서 다루었다. 당시 그들이 느꼈던 막연한 불안감은 2020년 현재 홍콩에서 현실화되고 있다. 그리고 중국 개방 정책에 따라 중국에서 홍콩, 대만 그리고 뉴욕을 거쳐 다시 중국으로 회귀하는 중국인들의 '신(新)이주

사(移住史)'를 보여 주기도 한다.

영화는 다양한 사연의 사랑 이야기를 들려준다. 이교와 소군의 10년간의 사랑 외에도 소군과 소정의 고향에서 맺어진 첫사랑, 단한 번 만나 본 미국 배우 윌리엄 홀덴에 대한 소군 고모의 영원한 짝사랑이 있다. 그리고 홍콩의 영원한 이방인으로서 마지막 길을 함께 가는 '개란'과 '제레미'의 사랑이 있고, 비록 첫사랑 같은 순수함은 없지만 모든 것을 포용하는 듯이 넉넉한 보스 구양표의 이교에 대한 사랑 또한 진정성이 느껴진다. 영화평론가 송희복은 "〈첨밀밀〉에 나타난 사랑은 오래 묵힐수록 상큼한 맛으로 잘 익어가는 매실주 같은 느낌의 사랑이다."라고 했다.

이 영화 전편에 흐르는 노래 '첨밀밀'은 원래 인도네시아 민요인데, 여기에 중국어 가사를 붙인 것이다. 이를 부른 가수 덩리쥔은 대만 출신으로 태국에서 사망하기까지 대만, 일본 그리고 홍콩을 누비며 가수 활동을 했다. '중국인이 있는 곳이면 반드시 덩리쥔의 노래가 있다.'라는 말이 있을 정도로 아시아 중화권 전체로부터 사랑을 받았다. 영화 제목이자 노래 제목인 '첨밀밀'은 '꿀처럼 달콤한'이라는 뜻을 지니고 있다.

> 달콤해요 당신의 미소는 달콤해요
> 마치 봄바람 속에서 꽃이 피는 것 같아요
> 봄바람 속에 있어요
> 거기서 당신을 봐요
> 당신의 미소는 그렇게 익숙해요
> 나는 잠시 아무 생각도 하지 못해요

아 꿈속에 있어요

나 꿈속에서 당신을 봐요

- '첨밀밀' 가사 일부

　　영화, 삶을 위로하다

알뜰한 그 맹세, 하지만

〈봄날은 간다〉

감독: 허진호 | **개봉 연도:** 2001 | **제작 국가:** 한국

청춘 남녀가 즐겨 찾는 유명한 관광지에서는 어김없이 자물통 퍼레이드를 볼 수 있다. 사랑에 빠진 남녀는 영원한 사랑의 약속을 철통같이 잠그고는 다시 열지 못하도록 그 열쇠를 멀리 던져 버린다. 하지만 신경과학자에 의하면 사랑은 보통 12~18개월 동안만 지속된다고 한다. 사랑의 쓰라림은 그 시작과 함께 진행되는 것일지도 모른다. 하물며 첫사랑의 아픔이야 오죽할까!

서울에서 일하는 사운드 엔지니어 '상우(유지태 분)'와 강릉 방송국 PD로 근무하는 '은수(이영애 분)'는 '자연의 소리'를 채집하려고 함께 여행을 간다. 두 사람은 바람에 일렁이는 대나무 잎의 속삭이는 소리, 개울물 소리, 파도소리, 눈 내리는 절간의 풍경 소리, 어르신의 아리랑 가락 등을 담는다. 상우의 마음만큼이나 순수한 자연의 속삭임이다. 두 사람은 함께 작업하다 서로 이끌리게 된다. 은수가 시골 마을의 쌍무덤을 보고는 "우리도 죽으면 저렇게 같이 묻힐까?"라고 말하는 순간, 이들 마음의 문이 살며시 열리는 듯하다. 녹음 작업이 끝날 즈음 은수가 상우에게 슬며시 손을 내민다.

"라면 먹을래요?"
"자고 갈래요?"

　상우는 기다렸다는 듯 그녀에게 정신없이 빠져든다. 두 사람은 만날 때마다 라면을 먹는다. 그가 슬쩍 "아버지가 사귀는 사람 있으면 데려와 보래."라고 말하자, 그녀는 "상우 씨, 나 김치 담글 줄 몰라."라고 대답한다. 사랑의 불협화음이 감지된다. 결혼에 실패한 적이 있는 은수는 사랑의 결말이 허망할 수도 있다는 것을 이미 알고 있을 것이다. 서울에서 저녁을 먹다가 갑자기 보고 싶다며 택시로 강릉까지 달려오는 '총각' 상우의 막무가내 순정이 못내 부담스러웠던 것일까? 그녀에게 상우는 그저 편한 남자, 가벼운 연애의 대상이었을 수도 있을 것이다. 두 사람이 지나치는 개울가에서 학생 관현악부가 연주를 한다. 은수는 그 음악에 맞춰 콧노래를 부른다.

"사랑의 기쁨은 어느덧 사라지고……."

　그녀가 방송국 내 다른 남자와 가까워지면서 두 사람의 사이에는 점차 균열이 생긴다. 녹음 작업이 끝날 즈음 어디 좀 다녀오겠다는 상우에게 은수가 "빨리 와서 라면이나 끓여."라고 하자, 상우는 "은수 씨, 내가 라면으로 보여? 말조심해!"라며 폭발하고 만다. 그 후에도 미처 식지 않은 사랑의 미련으로 만났다 헤어지고를 몇 차례 반복하다가 상우는 그녀의 변심을 받아들인다.

"어떻게 사랑이 변하니?"

한편, 치매를 앓고 있는 상우의 할머니는 젊어서 사별한 남편을 못 잊어 날마다 수색역에서 기다린다. 상우는 그런 할머니를 쫓아다니느라 힘들어하며 "할머니 이제 정신 좀 차리세요."라고 외치지만, 자신도 사랑의 아픔 앞에 정신을 차리지 못하고 있다. 할머니는 첫사랑의 상처로 우는 상우를 위로한다.

"힘들지. 버스하고 여자는 떠나면 잡는 게 아니란다."

어느 날 할머니는 연분홍 한복을 곱게 차려입고는 집을 나서서 다시 돌아오지 못할 먼 길을 떠나고 만다.

다시 찾아온 봄날, 활짝 핀 벚꽃이 보이는 찻집 창가에 앉은 두 사람. "우리 같이 있을까, 응?"이라고 하는 은수를 뒤로하고, 흩날리는 벚꽃에 몸을 맡긴 상우는 돌아선다. 어느 바닷가 보리밭에서 바람 부는 소리를 녹음하는 상우는 깊은 생각에 빠지며 입가에는 희미한 미소를 머금는다. 첫사랑의 시련을 딛고 한층 성숙해진 모습이다. 그렇게 상우의 첫사랑은 봄날과 함께 떠났다.

두려운 것은 사랑이 깨지는 것보다 사랑이 변하는 것이다.

철학자 니체가 한 말이라고 한다. "어떻게 사랑이 변하니?"라고 말한 상우의 그 마음이다. 영화에서 유난히 '라면' 이야기가 많이 나온다. 라면은 '일회성 사랑'의 은유라 볼 수 있다. 특히 상우가 라면을 먹으며 김치 이야기를 하자 은수는 자기는 김치를 담글 줄 모른다고 하는 장면에서 두 사람의 사랑이 지속되기 어려움을 감지할 수 있다. 그래도 상우는 자기가 담가 주겠다고 하며 사랑이 오래 지속되기를 바라지만, 결국은 이루지 못한다.

　이 영화에는 홀로 된 사람이 많이 나온다. 상우 아버지와 고모, 그리고 할아버지의 옛 여인, 첫사랑의 열병을 앓는 상우, 젊은 시절의 할아버지를 못 잊는 할머니, 그리고 첫 결혼에 실패한 은수도 결국 혼자로 남는다. 그들의 사랑은 찬란한 봄날에 흩날리는 벚꽃 잎처럼 어느 날 떠나간 것이다. 봄날은 간다! 하지만 어디에선가는 또 다른 사랑이 새로운 벚꽃이 피는 다음 봄날에 계속될 것이다.

　영화 〈봄날은 간다〉는 봄 하늘에 구름이 흘러가는 것 같은 조용하고 내밀한 정경을 보여 준다. 그러나 그 내면 깊숙한 곳에는 더 이상 견디지 못해 분출하는 격정적인 젊음의 기운이 있음을 느낄 수 있다. 영화평론가 정재형은 "이 영화 미학의 핵심은 정중동(靜中動)의 동양철학적 심오함이 감지된다."라고 말했다.[5]

5)　정재형, 『영화이해의 길잡이』, 개마고원, 2003, 180쪽.

질풍노도의 시절

/3장/

이유 있는 반항, '유사 가족'을 꿈꾸다
〈이유 없는 반항(Rebel Without A Cause)〉

감독: 니콜라스 레이 | **개봉 연도:** 1958 | **제작 국가:** 미국

영화 속 세 젊은이는 아버지의 사랑에 목말라한다. '짐 스탁(제임스 딘 분)'은 자기의 고민을 제대로 이해해 주지 못하는 아버지와 사사건 건 부딪친다. 반면 그의 아버지는 오히려 사고를 치고 다니는 아들을 이해하지 못한다.

> "해 줄 만큼 해 줘도 왜 이러지? 원하는 건 다 사 줬잖니."

'주디(나탈리 우드 분)'는 아버지의 사랑을 받고 싶어 하지만, 고지식한 그는 다정한 애정 표현은커녕 도덕적인 말만 딸에게 늘어놓는다. 그녀는 엄마에게 "아버지는 제가 너무 미운가 봐요."라 말하지만, 그녀의 엄마는 딸이 그럴 나이라며 대수롭지 않게 생각한다. 이들의 친구인 '존(살 미네오 분, 별명 플라톤)'은 아버지가 어디에 살고 있는지 모르며, 어머니마저 자기 생일날 여행을 떠나 자신이 버림받았다고 생각한다.

짐은 마을로 이사 온 첫날, 술에 취해 길거리에 누웠다가 경찰서로

연행되어 온다. 그는 아버지가 미워 가출한 주디, 그리고 강아지를 쏴 죽인 플라톤을 그곳에서 만난다. 짐은 경찰서에서 자기를 이해해 주는 레이 경관을 만나, 그로부터 "네 속이 부글부글 끓으면 사고 치기 전에 내게 올래?"라는 말을 듣고는 그러겠다고 약속한다.

짐의 등교 첫날, 그는 예쁜 주디가 옆집에 살고 있는 것을 알고 관심을 보이지만 그녀는 불량기 가득한 버즈 일행과 어울린다. 천문대 견학 후, 버즈가 짐에게 시비를 걸어 두 사람 사이에 결투가 벌어진다. 결투 중 짐에게서 칼을 낚아채여 자존심이 상한 버즈는 저녁에 밀러타운 절벽으로 와서 '치킨 런' 게임으로 승부를 낼 것을 제의한다. 고민에 빠진 짐은 아버지에게 의견을 묻는다. 그의 아버지는 성급한 결정은 내리지 말라며, "우리가 함께 이쪽저쪽 검토해야 돼."라며 하나 마나 한 얘기만 한다.

겁쟁이라는 말을 듣기 싫어하는 그는 게임에 나서기로 결심한다. 자동차로 절벽을 향해 달리되, 먼저 자동차에서 뛰어내리는 사람이 지는 위험천만한 게임이다. 두 사람은 친구들이 지켜보는 가운데 출발한다. 절벽에 가까워지자 짐은 뛰어내리지만, 버즈는 뛰어내리려는 찰나에 옷깃이 차 손잡이에 끼는 바람에 탈출하지 못하고 절벽 아래로 떨어져 죽는다. 겁에 질린 친구들은 도망가고, 짐과 주디 그리고 플라톤만 남는다. 짐이 부모께 자수하러 가겠다고 하자, 부모는 "너 혼자 책임질 일이 아니다."라며 말린다.

자수하러 경찰서에 간 짐은 레이 경관을 찾았으나 그가 자리에 없자 돌아선다. 경찰서에서 만난 버즈의 친구들은 짐이 고자질하러 온 줄 알고 복수하려 한다. 짐과 주디는 집으로 돌아가기 싫다며 플라톤이 가르쳐 준 성처럼 큰 빈집으로 가고, 뒤이어 플라톤도 합류한다. 세 사람은 촛불을 켜고는 그 집을 마치 자기들만의 궁전인 것처럼 '신혼부부 놀이'를 하면서 모처럼 즐거워한다. 플라톤은 "지금 행복해. 우리끼리 여기 살고 싶어."라고 말한 뒤 잠든다. 짐과 주디는 집을 구경하면서 서로에게 사랑을 고백한다.

> *"이게 사랑이라는 걸까?"*
> *"내 사랑을 찾았어. 짐, 사랑해."*

그때, 버즈의 친구들이 그 집으로 쳐들어온다. 홀로 남아 있던 플라톤이 그들과 다투다가 집에서 가져온 권총으로 버즈 친구 중 한 명을 죽인다. 짐을 만난 플라톤은 "왜 날 버리고 갔어?"라며 절규한다. 짐은 주디에게 말한다.

> *"(플라톤은) 우릴 자기 가족으로 만들려고 했어. 우릴 자기 부모처럼……."*

가족으로부터 철저히 외면받아 온 이들은 '유사 가족'을 꿈꾼 것일까? 플라톤은 낮에 견학 왔던 천문대로 도망가고, 경찰과 부모들도 사건 현장에 도착한다. 짐과 주디의 진정성 있는 권유에 플라톤이 자수하려고 문 밖을 나선다. 그때 쏟아지는 경찰차의 불빛에 당황한 플라톤이 뛰어 도망가자 경찰이 발포하여 플라톤은 쓰러지고 만다. 울부짖는 짐에게 아버지는 "넌 남자로서 최선을 다했어. 무슨 일이든 함께 헤쳐 나가자. 네가 바라는 대로 강해지도록 노력할게."라고 말한다. 주디는 구두를 주워 플라톤의 발에 신겨 준다. 이 장면은 한국 영화 〈맨발의 청춘〉(1964)의 한 장면을 떠올리게 한다. 죽은 '두수'의 시신을 수레에 실어 끌고 가던 '아가리'가 맨발인 두수에게 자기 구두를 신겨 주는 장면이 그것이다.

'비트족(Beat Generation)'은 1950년대 전후 미국의 풍요로운 물질 환경 속에서 보수화된 기성 질서에 반발해 저항적인 문화와 기행을 추구했던 젊은 세대를 일컫는 말이다. 당시 기성세대는 10대들의 욕구와 불만, 반항심에 대해서 잘 알지 못했고 도덕적인 견지에서 나무라기만 할 뿐이었다. 영화 속 젊은이들의 모습에서 그러한 분위기를 엿볼 수 있다. 게다가 영화에서처럼 아버지의 무기력과 보수적 성향, 그리고 아버지의 부재(不在)는 문제를 더욱 악화시켰다. 짐과 주디 그리고 플라톤도 그러한 환경에 놓여 있었다. 아버지가 아예 없거나 있으나 마나 한 존재였다. 짐은 외쳤다.

"난 절대로 아버지처럼 되기 싫어요."

그래서 그들은 빈집에 들어가서 신혼부부 놀이를 하고, 유사 가족을 꿈꾸었던 것이다. 특히 아버지로부터 적절한 도움을 받지 못한 짐이 아버지의 대역으로 기대했던 레이 경관의 도움마저 받지 못한 점이 아쉽다. 이유가 없는 것이 아니라 '이유 있는 반항'인 것이다.

〈이유 없는 반항〉(1958), 〈에덴의 동쪽〉(1957), 〈자이언트〉(1957), 단 세 편의 영화로 영원한 청춘스타로 불리는 제임스 딘은 1955년 9월(당시 24세)에 영화 속의 버즈처럼 자동차 사고로 사망했다. 이 영화는 그가 죽은 후, 두 달 뒤 미국에서 개봉했는데, '청춘 영화의 금자탑'으로도 불린다.

방황하는 청춘은 죽어서도 '맨발'인가?
〈맨발의 청춘〉

감독: 김기덕(1934~2017) | **개봉 연도:** 1964 | **제작 국가:** 한국

사회적 신분이나 계층을 뛰어넘는 남녀 간의 사랑은 동서고금에 있어 소설이나 영화의 단골 소재이다. 이 사회의 암이며 모든 사람이 '송충이보다 싫어하는 건달'이라 스스로 칭하는 밀수 조직의 하수인 '서두수(신성일 분)'와 외교관의 딸인 여대생 '요안나(엄앵란 분)'는 어울리기 힘든 한 쌍이다. 그러나 길거리 불량배로부터 희롱을 당하고 있던 그녀를 두수가 구해 주면서 두 사람의 인연은 시작된다. 그는 불량배와 다투는 과정에서 살인 혐의를 받지만, 그녀의 증언으로 풀려난다. 그는 '사람을 끌어들이는 것 같은 까만 눈'을 가진 요안나를 못 잊으면서도, 그녀의 집에서 감사의 뜻으로 보내온 돈 봉투를 거절한다.

> "돈이면 만사가 해결된다고 생각하는 것이 불쾌하다."

요안나는 감사의 뜻을 전하려 두수를 찾는다. 다방조차 가 본 적이 없는 그녀는 두수와 함께 시내를 쏘다니며 레슬링 경기도 보면서 즐거운 시간을 갖는다. 어머니로부터 심한 통제를 받아 온 요안나에

게 두수가 새로운 세상을 보여 준 것이다. 그녀는 두수가 즐겨 보는 권투 잡지를 몰래 보기도 한다. 두수의 삶에도 변화가 찾아온다. 그는 그녀가 자기 전에 듣는다는 베토벤의 '운명 교향곡'을 듣고, 성경책을 읽기도 한다. 두수의 심성이 착하다고 느낀 그녀는 차이콥스키 음악 연주회에 그를 초대하고 그의 팔짱을 낀다. 하지만 여대생과의 데이트에만 열중하기에는 두수의 삶이 너무 팍팍하다. 만나기로 약속한 날, 그는 데이트 비용을 마련하려다가 노상 공갈 혐의로 체포되어 감옥에 들어가게 된다. 그러나 이를 모르는 그녀는 답장이 오지 않는 편지를 계속 띄운다. 두수가 출소하자 '보스(이예춘 분)'가 충고한다.

> "그 여자와 우리는 신분이 다르다는 걸 알아야 해. 그 여자를
> 위해서라도 손을 떼란 말이야."

끈질기게 두수를 찾은 요안나는 그에게 어두운 세계에서 벗어나라고 간곡히 말하며 새로운 직장을 알선해 준다. 그러나 면접 과정에서 학력과 특기에 대한 질문에 제대로 답변을 할 수 없었던 그는 면접장을 뛰쳐나오며 요안나에게 다시 자신을 찾지 말 것을 요구한다.

밀수 조직에 대한 수사가 진전되면서 불안감을 느낀 조직의 보스는 두수에게 거짓 자수를 권하며, 출소 후에는 상당한 보상을 해 주겠다는 미끼를 던진다. 한편, 요안나가 두수와 사귀고 있는 것을 알게 된 그녀의 가족들은 불안감을 느낀다. 그래서 그녀를 아버지가 대사로 있는 태국으로 보내기로 한다. 출국을 앞둔 요안나의 방문을 맞은 두수가 감옥에 가겠다고 하자, 그녀는 뜻밖의 말을 한다.

"당신하고 나하고 다른 세계의 사람이 되기 위해서라도
감옥소로 가겠어."
"가지 말아요. 나도 집에 안 돌아가겠어요."

두 사람이 도피 행각에 나서자 경찰의 추격이 시작된다. 두 사람은 아무도 찾지 못할 시골의 어느 낡은 방앗간에 몸을 숨긴다. 집으로 돌아갈 것을 종용하는 두수에게 요안나는 행복하다며 그의 품에 안긴다. 종이학을 함께 접은 후, 두 사람은 '고향의 봄'을 나직이 부르면서 손을 꼭 잡고 다시는 깰 수 없는 깊은 잠에 든다. 혈육이 없는 두수는 자기를 따르는 후배 '아가리(트위스트 김 분)'에게 편지를 남긴다.

'만약 내가 이 세상에 다시 태어날 수 있다면 학이 되고
싶구나. 천 년을 살면서도 흰색을 지니고 때 묻지 않는 그런 학이'

하얀 눈이 세상을 덮은 날, 만장(輓章)을 앞세운 요안나의 운구 행렬을 많은 승용차와 검은 정장을 입은 무리가 뒤따른다. 그 저편에 수레에 거적으로 덮인 두수의 시신을 아가리가 홀로 끌고 있다. 거적 바깥으로 삐죽 나온 그의 발은 '맨발'이다. 아가리는 울면서 자기 구두를 벗어 두수의 발에 신겨 준다.

이 영화는 개봉 당시 서울 관객 25만 명을 동원한 당시 최고의 흥행 영화로서, 우리나라의 '청춘 영화의 원조'로 불린다. 하지만 일본 영화를 표절하였다는 비판을 받기도 했다. 영화는 주인공 남녀를 통해 마음 둘 곳 없어 방황하는 청춘을 잘 표현하고 있다. 두수가 즐겨 입은 청바지와 가죽점퍼, 그리고 그의 반항적인 눈빛은 사회적 불평등과 기존 질서에 반항하는 캐릭터의 상징이 되었다. 세계적으로 유명한 반항아 캐릭터인 미국 영화배우 제임스 딘을 떠올리게 한다. 앞서 말했듯 그가 주연한 영화 〈이유 없는 반항〉의 마지막 장면에도 외롭게 살다 죽은 친구 플라톤의 맨발에 신발을 신겨 주는 장면이 나온다. 〈맨발의 청춘〉이 〈이유 없는 반항〉을 '오마주(hommage, 예술 분야에서 어떤 작품이 다른 작품에 대한 존경의 표시로 일부러 모방하는 것을 가리키는 말)'한 것으로 볼 수도 있다.

동서양을 막론하고 방황하는 청춘은 죽어서도 '맨발'인 걸까?

갈 곳 없는 젊은이들의 초상화
〈바보들의 행진〉

감독: 하길종 | **개봉 연도:** 1975 | **제작 국가:** 한국

1970년대의 암울한 현실에 부딪혀 방황하는 청춘들에게 출구는 그
어디에도 없었다. 국가는 연일 반공 궐기 대회와 시위 단속으로 억압
적인 분위기를 띄우고, 혐오감을 준다는 이유로 젊은이들의 두발을
단속하거나 치마 길이를 자로 재었다. 부모들은 자식들과의 소통은커
녕 간혹 만나면 잔소리나 했다. 학교는 툭하면 휴강에다, '꼰대' 교수
는 학교 정신을 내세우며 학생의 뺨을 때리기까지 했다. 결국 젊은이
들은 생맥주를 마시고, 길거리를 질주하면서, 마음속에만 존재하는
'예쁜 고래'를 잡으러 바다로 뛰어들었다. 남자들은 속세를 떠나는 심
정으로 머리를 깎은 채 입영 열차를 탔고, 여자들은 '바겐세일'이 되
기 전에 좋은 조건의 남자를 만나 결혼을 하는 수밖에 없었다.

네 명의 대학생이 있다. '병태(윤문섭 분)', '영철(하재영 분)', '영자(이영
옥 분)', '순자(김영숙 분)'. 병태와 영철은 같은 철학과 친구이고, 영자와
순자도 불문과 친구 사이다. 병태는 미팅에서 여학생들과 처음 만난
자리에서 "우린 쪼다예요. 바보, 병신이에요."라고 스스럼없이 말한
다. 그는 술 마시기 시합에서 일등을 하지만, 축구 시합에서는 결정

적인 순간에 헛발질한다. 그러나 실체가 모호하긴 하지만 나름대로 '병태의 꿈'을 지니고 있다.

영철은 말을 더듬으며, 여자에게 지독한 숙맥이다. 그는 부잣집 아들이지만 집을 나와 생활하면서 술만 취하면 자조 섞인 말을 늘어놓는다.

"지금까지 제힘으로 뭐 하나 해 본 적이 없는 사람입니다.
중학교도 떨어지고, 고등학교도. 내 힘으로 할 줄 아는 것은
아무것도 없어요."

그는 징병 신체검사에도 불합격했다. 그러면서도 '빨부리(담배 파이프)' 장사로 돈을 많이 벌겠다고 한다.

"빨간 지붕 양옥집 사고, 정원에 빨간 장미도 심고…… 그리고
동해에 살고 있는 예쁜 고래 한 마리 잡으러 떠날 거예요."

영자는 통통 튀는 생기발랄한 여대생이다. 그녀는 학점을 놓칠 위기를 맞자 교수를 만나 애교를 떨다가는 울고불고해서 이를 모면하는 적극적인 성격의 소유자다. 미팅에서 만난 병태를 좋아하지만 그가 결혼 얘기를 하자, "철학과 나와서 날 어떻게 먹여 살릴래?"라며 당돌하게 말한다.

순자는 부잣집 딸로, 미팅에서 만난 영철이가 계속 데이트를 신청하자 팅기다가 몇 번 만나고서는 쉽게 돌아서는 냉정한 성격의 아가씨다. 그녀는 영철이 무작정 돈을 많이 벌겠다고 하자, "철학과 나와

서 어떻게 돈을 벌 거예요?"라며 직설적인 말을 서슴지 않는다. 네 명의 남녀가 엮는 대학 생활은 당시 시대상과 청춘 문화를 보여 준다.

장발 단속, 미팅, 포장마차, 연극 공연, 청바지, 통기타……. 생맥주 마시기, 돈 없어 술집에 시계 맡기기, 다방 DJ에게 노래 신청하기, 통행 금지에 걸려 파출소 신세 지기, 당구장, 인기 브랜드 테니스 라켓과 테니스 경기, 과 대항 막걸리 마시기 시합, 자전거 타기…….
같은 시대를 살았던 세대에게는 그 시절의 향수에 젖게 한다. 하지만 냉혹한 현실은 이들로 하여금 더 이상 젊음과 낭만에만 머물게 하지는 않는다. 어느 날 영자는 병태에게 이별을 통보한다.

"나 어쩌면 시집갈지 몰라……. 앞으로 찾지 마.
난 바겐세일 당하긴 싫어."

영철은 버스를 탄 순자를 자전거로 쫓아가다가 경찰 단속에 걸려 좌절하고, 교내에서 담배를 피우다가 교수에게 뺨까지 맞는다. 그는 교수에게 반항하고는 스스로 이름 붙인 '한국적 스트리킹'으로 달리고 또 달린다.

두 남자는 여행을 가서 많은 대화를 나눈다. 영철이가 고래를 잡으러 동해로 가겠다고 하자 병태도 함께 가겠다고 한다. 그러나 영철은 병태에게 선배들이 지켜 온 소중한 학교로 돌아가라고 한다. 하지만 소중한 학교로 돌아온 병태를 맞은 것은 휴강 공고문뿐이다. 더 이상 학교에 희망을 가질 수 없는 상황이다. 영철은 자전거를 타고 달려 마침내 푸른 동해를 마주한다. 깎아지른 바위 위에서 한참 바다를 바라보던 그는 결심을 한 듯 자전거를 몰아 드넓은 바다 품으로 뛰어든다. 그리도 꿈꾸던 한 마리 예쁜 고래를 잡으려는 듯. 한편 입대를 선택한 병태는 머리를 빡빡 깎은 채 입영 열차에 타고 창밖을 바라본다. 그때 달려온 영자, 뭐라고 서로 말하지만 입영 장정들의 우렁찬 군가 소리에 "3년", "너무 길구나."라는 소리만 들릴 뿐이다. 열차는 서서히 출발하고, 영자는 달려가며 병태와 입맞춤하려 하지만 키가 작아 입술이 닿질 않는다. 이를 본 헌병이 영자를 안아 줘서 두 사람은 겨우 키스에 성공한다. 영자는 병태에게 "세 끼 꼭꼭 먹고, 양치질하고……"라며 외친다. 군용 열차는 멀어져 간다.

그들의 몸부림은 현실의 벽을 넘지 못한 채, 이상으로만 존재하며 현실에서 이룰 수 없는 꿈인 '고래'를 잡으러 바다로 뛰어들거나, 현실을 회피하려 3년 유예를 받으려고 입대한다. 그렇게 그들의 젊은 시절은 끝이 난다.

이 영화는 소설가 최인호의 같은 이름의 소설을 영화화한 것이다. 하길종 감독은 검열을 거치지 않은 편집본으로 시사회를 열었다가 관계 기관에 의해 곤욕을 겪었다고 한다. '시대에 대한 저항'으로 인식한 검열 당국에 의해 이 영화는 결국 30분가량 잘려 나간 채 개봉되었다. 영화 전반에 각 장면들과 절묘하게 어울리는 노래, '고래 사냥'과 '왜 불러' 그리고 '날이 갈수록'도 한때 금지곡이 되었다.

이 영화는 '한국 청춘 영화의 대표작'이라는 찬사를 받고 있다. 그리고 한국영상자료원 주관으로 2013년에 우리나라 영화학자, 평론가, 영화계 종사자 등으로 구성된 62인의 선정위원이 뽑은 '한국영화 100선'에서 <하녀>(김기영, 1960), <오발탄>(유현목, 1961)과 함께 1위로 선정된 작품이다.

서로 어긋나, 외롭다 못해 허망한 청춘들
〈아비정전(阿飛正傳, Days of Being Wild)〉

감독: 왕가위 | **개봉 연도:** 1990 | **제작 국가:** 홍콩

모두가 외롭다, 이 영화 속의 청춘들은. 한 남자를 사랑하는 두 여자는 그 사랑을 얻지 못해 애태우고, 그 두 여인을 사랑하는 다른 두 남자 또한 그녀들의 마음을 얻지 못한다. 두 여자로부터 사랑을 받는 남자는 사랑의 의미도 모른 채 쉽게 여자를 바꾸고는 가볍게 떠난다. 그는 얼굴도 모르는 생모(生母)를 한 번이라도 만나는 것이 소원이다. 그 어머니를 찾아 타국으로 가지만, 만나지 못한다. 결국 그는 '발 없는 새'처럼 발을 땅에 내려 보지도 못한 채 돌아올 수 없는 먼 길을 떠난다. 그것을 모르는 여자는 그를 찾아 외국으로 간다. 그들의 사랑과 인간관계는 서로 어긋나고, 외롭다 못해 허망하기까지 하다.

생모가 자기를 버리고 떠났다는 사실을 알게 된 '아비(장국영 분)'는 사랑을 믿지 않고, 여자를 적극적으로 유혹하다가도 자기가 먼저 떠나 버린다. 체육관 매점에서 일하는 '수리진(장만옥 분)'은 아비에 끌려 동거 생활에 들어가지만 결혼은 하지 않겠다는 그의 말을 듣고는 떠난다. 하지만 그를 못 잊어 다시 그의 주변을 맴돈다. 그녀는 아비의

집 근처 구역을 주기적으로 순찰하는 '경관(유덕화 분)'에게 울면서 자기 이야기를 들어 달라고 애원한다.

> "1분은 짧은 시간인 줄 알았는데…… 영원일 수 있더군요."

경관은 그런 여자에게 서서히 호감을 느끼지만, 선뜻 가까이 다가가지 못한다. 아비의 다음 여자는 댄서인 '루루(유가령 분)'다. 그녀와의 만남도 잠시뿐이다. 적극적인 성격의 루루는 자기는 미련하지 않다며 아비의 마음을 잡으려 나서지만, 뜻대로 되지 않는다. 그녀를 아비의 친구(장학우 분)가 좋아한다. 아비의 마음을 말해 주는 듯한 내레이션(narration)이 나온다.

> '발이 없는 새가 있는데 늘 날아다니다가 바람 속에서 쉰다.
> 평생 한 번 땅에 내려오는데, 바로 죽을 때라고 한다.'

이 내레이션 뒤에 아비는 러닝셔츠와 트렁크 팬티 차림으로, '마리아 엘레나'(하비에르 쿠가 곡) 음악에 맞춰 그 유명한 '맘보춤'을 춘다. 널리 회자되는 명장면이다. 맘보춤은 그의 슬픔과 자유로운 영혼을 표현하는 것으로 읽힌다고 한다. 아비는 자기를 키워 준 양어머니가 사랑하는 남자와 미국으로 떠난다고 하자, "이제까지 망나니로 키워 놓고 이렇게 떠나다니……"라고 하면서 거세게 대든다. 집도 돈도 필요 없다는 아비에게 양모는 생모로부터 온 편지를 건네준다.

> "생모가 누구인지 알려 주지. 이젠 원하는 데로 날아가렴.
> 이제부터는 네 인생을 책임지고 살아 봐."

양모는 아비 생모의 부탁으로 금전적인 대가를 받고 그를 맡아 키워 왔던 것이다. 그는 마침내 생모가 있는 필리핀으로 떠난다. 루루는 아비를 만날 수 없게 되자 수리진을 찾아가 다투기도 하고, 아비의 양어머니를 찾기도 한다. 루루는 자기를 지켜 주겠다는 아비 친구에게 필요 없다며 필리핀으로 갈 거라고 한다.

1961년 4월 12일, 아비는 생모의 집을 찾았지만 이미 이사 가고 없다는 말을 듣고 돌아서면서 독백한다.

"난 머리 뒤에 꽂히는 시선을 느꼈으나, 고개를 돌리지 않았다.
단지 한 번 만나고 싶었을 뿐인데 기회를 안 주니
나도 기회를 주기 싫다."

그는 야자수 우거진 열대 우림의 길을 씩씩하게 걸어간다. 그곳 차이나타운 길거리에서 술에 취해 쓰러진 아비는 지나가는 여자에게 돈을 몽땅 털리지만, 어느 선원의 도움으로 깨어난다. 그 선원은 홍콩에서 경관이었던, 수리진을 좋아하던 바로 그 남자다. 아비는 여권 브로커를 만나 협상을 하다 돈이 없어 그를 칼로 찌르고 도망친다. 엉겁결에 싸움에 휘말린 선원이 총을 쏘아 탈출 길을 열어 준 덕분에 두 사람은 열차에 오른다. 아비는 다시 '발 없는 새' 이야기를 꺼낸다. "그건 여자 꼬드길 때나 써먹어. 날 수 있으면 왜 안 날아?"라며 선원이 면박을 준다. 선원이 잠시 자리를 비운 사이, 낯선 남자가 다가와 아비를 쏘고는 유유히 사라진다. 아비는 죽기 전 마지막 순간에 말한다.

"죽을 때 뭐가 보이는지 늘 궁금해했어. 난 눈 뜨고 죽을 거야.

…… 발이 없는 새는 태어나면서 날기 시작해서 죽을 때 땅에
내려올 줄 알았는데 그게 아니었다. 그 새는 처음부터
죽어 있었던 것이다. …… 나는 사랑이 뭔지 잘 몰랐는데
이제는 알 것 같다. 이미 늦었지만."

필리핀에 도착한 루루는 아비가 묵었던 호텔에 간다. 하지만 그는 이미 그곳에 없다. 수리진은 매점 문을 닫고 전화를 건다. 매일 경관이 순찰하던 길목의 공중전화로. 그러나 받는 사람이 있을 리 없다. 마지막 장면, 젊은 남자(양조위 분)가 정장에 행커치프를 갖추고 열심히 손톱 손질을 한다. 돈을 한 다발 챙기고는 여러 차례 빗질을 하여 머리를 다듬고는 다락집을 나선다. 새롭게 등장한 청춘의 행로는 어디로 향할까?

영화의 영어 제목인 'Days Of Being Wild'를 '막살아가는 나날들'이라 번역하면 적절할까? 꿈도 희망도 없이 살아가다 이역만리에서 숨을 거두는 아비의 모습이 '발 없는 새'처럼 허망하다. 많은 영화전문가가 "이 영화는 '1997년 홍콩 주권 반환'을 앞두고 불안해하는 홍콩 사람들의 이야기"라고 입을 모은다. 그렇다면 애써 찾아간 생모는 중국의 비유로 아직 따뜻한 애정을 기대할 수 없는 냉랭한 관계이고, 길러 준 양모는 영국의 비유로 이제 헤어질 준비를 해야 하는 관계로 볼 수 있다. 어디 한 곳 정을 붙일 데가 없는 셈이다. 그러고 보면 영화 속 아비와 그 주변의 인물, 수리진과 루루, 경관(선원)과 아비 친구 누구 하나 젊은이다운 이상과 패기로 살아가는 청춘이 없다. 사랑과 인간관계에서 서로 어긋나, 외롭다 못해 허망한 청춘들의 군상이라고나 할까.

제2부

홈, 스위트(sweet) 홈 또는
비터(bitter) 홈?

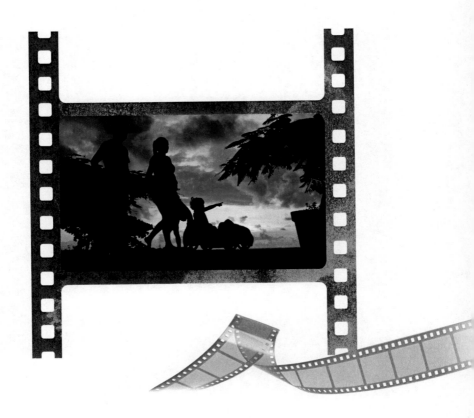

우리 결혼할까요?

/ 1장 /

딸 시집보내기, 걸림돌은 '오만'과 '편견'

<오만과 편견(Pride & Prejudice)>

감독: 조 라이트 | **개봉 연도:** 2006 | **제작 국가:** 영국

> 편견은 내가 다른 사람을 사랑하지 못하게 하고, 오만은 다른 사람
> 이 나를 사랑할 수 없게 만든다.
>
> - 제인 오스틴

19세기 초 영국의 한 시골에 사는 가난한 베넷가(家)에는 다섯 딸이 있다. 어머니 '미시즈 베넷(브렌다 블레신 분)'은 다섯 딸을 좋은 신랑감에게 시집보내는 것을 삶의 목표로 삼는 억척스러운 여인이다. 그녀는 "딸이 다섯이면 다른 건 생각할 수가 없다."라고 말한다. 당시 여성들은 직업 선택의 여지가 없었고 재산 상속권도 없었던 관계로, 돈 많은 남자와 결혼하여 지위와 부를 얻거나 이어 갈 것을 꿈꿨다.

그들이 사는 마을 이웃에 명문가 집안의 부유한 두 미혼 남자, '빙리(사이먼 우즈 분)'와 '다아시(매튜 맥퍼딘 분)'가 방문하고 무도회가 벌어지면서 베넷가 딸들의 사랑과 결혼 이야기가 펼쳐진다. 이야기는 베넷가의 둘째 딸 '엘리자베스(키이라 나이틀리 분)'와 첫째 '제인(로자먼드 파크 분)'을 중심으로 전개된다.

엘리자베스(리지)는 사랑하는 사람과의 결혼이야말로 진정한 결혼이라 믿는, 주관이 뚜렷하고 자존심이 강한 여성이다. 무도회장에서 만난 리지와 다아시는 서로 호감을 느끼면서도 무뚝뚝한 성격의 그와 자존심이 강한 그녀가 부딪히면서 쉽게 가까워지지 못한다. 그러다 그녀는 자신의 언니와 빙리 간의 관계를 깨지게 만든 장본인이 다아시임을 알고 난 후, 그를 오만하고 편견에 가득 찬 속물로 여긴다. 이를 알지 못한 다아시가 리지에게 청혼을 하자, 그녀는 단호히 거절한다.

> "당신의 오만과 자만심, 이기적이고 남을 무시하는 태도는
> 이 세상에서 최악의 남자로 느끼게 했고, 그런 남자와 결혼하는
> 일은 없을 겁니다."

하지만 진심이 담긴 다아시의 편지를 읽고 모든 오해가 자신의 심한 편견이었음을 깨닫고 청혼에 승낙한다.

리지는 사촌인 콜린스 목사로부터도 청혼을 받는다. 외모와 매너가 별로인 그는 베넷가가 살고 있는 집을 상속받았다는 사실을 들먹이며 청혼한다. 이를 거절할 경우, 콜린스의 말 한마디에 베넷 가족은 거리로 나앉게 될 위험에 처한다. 하지만 사랑 없는 결혼은 결코 하지 않겠다는 리지는 그 사실을 알면서도 거절한다. 그 후 콜린스는 리지의 친구 샬롯과 약혼하고, 샬롯은 의아해하는 리지에게 자신의 결혼에 대해 변호한다.

> "모두가 아름다운 사랑을 할 수 없어. 난 편안한 집과
> 보호막이 필요해. 난 27세로 이미 부모님께 짐이 되고 있어."

영화는 가난하게 살아가는 시골 마을 사람들의 모습을 자주 보여준다. 자신도 자칫하면 그런 상황으로 떨어질지도 모른다는 샬롯의 불안한 심리를 엿볼 수 있다. 그녀는 어쩔 수 없이 현실과 타협한 것이다.

첫째 딸 제인은 다섯 딸 중 가장 예쁜 탓에 무도회장에서 빙리로부터 춤출 것을 제안받고 그와 가까워진다. 하지만 그녀는 수줍은 성격에 자신의 감정을 잘 표현하지 못한다. 빙리는 자유롭고 맑은 영혼을 지녔으나 주변 이야기에 쉽게 흔들리는 유약한 성격이다. 그는 제인을 좋아하나 소심한 그녀로부터 확답을 받지 못한 데다 여동생과 친구 다아시가 신분과 가족 문제를 꺼내자 그녀를 떠난다. 그러나 끝내 그녀를 잊지 못한 그는 우여곡절 끝에 청혼을 하고 승낙을 받는다. 제인 어머니는 "제인은 예뻐서 좋은 남자 만날 줄 알았어."라며 기뻐한다. 가문과 신분 또한 중요한 요소였다. 다아시가 리지에게 청혼을 했다는 소문을 들은 그의 숙모 '캐롤라인'이 리지를 찾아와 가문을 들먹이며 승낙하지 말 것을 종용한다.

"(명문가 출신인 다아시가) 미천한 여자와의 약혼이 가당키나 하다고 생각하니?"

사실 다아시는 리지를 만나기 전, 캐롤라인 부인의 딸이자 자신의 사촌인 여성과 어릴 적 약혼한 사이다. 당시 영국에서는 사촌 사이도 결혼을 할 수 있었다. 명문가 부호끼리의 정혼에 가난한 집 출신 리지가 끼어든 것이다. 그러나 리지는 약속할 수 없다며 당당히 말한다. 청춘 남녀의 사랑과 관심이 결혼으로 이어지려면 남자의 재력과 매너, 여성의 미모는 주요 고려 사항이고 가문과 신분의 차이를 극복

할 수 있어야 하며, 특히 개인이 갖고 있는 '오만'과 '편견'을 극복하는 것이 무엇보다 중요하다는 것을 영화는 말하고 있다.

영화에는 푸른 숲과 초원, 언덕과 호수가 멋지게 어우러진 목가적인 풍경이 가득 펼쳐진다. 그리고 웅장한 성과 호화로운 내부 장식, 화려한 무도회 장면, 여성들의 아름다운 의상 등 풍부한 볼거리를 제공한다. 특히 결혼 적령기 여성들의 미묘한 심리를 탁월하게 묘사하고 있다. 이 영화는 동명의 원작 소설을 영화화한 것이다. 원작자인 제인 오스틴은 리지를 통해 자신을 투영하려 했다고 한다. 원작자 제인과 그녀의 언니는 평생 미혼으로 살았고, 그녀의 삶을 다룬 영화 〈비커밍 제인(Becoming Jane)〉(2007)에서 그녀는 언니와 약속을 한다. "내가 쓰는 소설에는 나와 언니는 결혼을 하고 평생 행복한 부자가 될 것"이라고 말이다. 그리고 이 영화에서 제인과 리지는 약속대로 결혼을 하고 '해피 엔딩'을 맞는다. 가슴이 아리는 대목이다.

결혼의 속내를 들여다보다
〈결혼은 미친 짓이다〉

감독: 유하 | **개봉 연도:** 2002 | **제작 국가:** 한국

결혼이 미친 짓이라니, 영화 제목이 아주 도발적이다. 결혼은 남녀가 '검은 머리 파뿌리 될 때까지' 변해서는 안 되는 '성스러운 출발점'이자, '행복의 원천'이 아닌가? 시인 출신인 감독은 말했다.

> 결혼이라는 제도를 뒤집어서 보여 주고 싶었다. 한국 사회에서 결혼이란 얼마나 우스꽝스러운 것인가. 눈에 보이는 조건을 따지고, 그 조건에 맞춰서 평생을 함께하기로 결정해 버리고…….

'연희(엄정화 분)'와 '준영(감우성 분)'은 맞선 본 날 밤, 귀가하는 택시비보다 방값이 싸다며 호텔에 가서 섹스를 한다. 그녀는 한 달 사이에 맞선 본 남자만 10명이 넘는다고 한다. 두 사람은 잦은 데이트를 하면서 만남을 이어 간다. 어느 날 연희가 또 선을 봐야 할 것 같다고 말하자, 준영은 자기는 결혼할 의사가 전혀 없다면서 말한다.

> *"네가 맞선에서 찾는 건 어떤 남자가 아니라 어떤 조건이잖아."*

얼마 뒤, 준영을 찾아온 연희는 의사와 선을 봤다고 한다. 그녀는 이제 신랑감을 선택해야 하는 골치 아픈 시간이 왔다며 그동안 보아온 남자들에 대한 평을 준영에게 한다.

"첫 번째는 의사라 먹고살 걱정은 별로 안 하겠지만, 단조로운
생활에, 콧대 높은 시댁 식구들 꼴 봐야지, 또 못생긴 신랑 얼굴…….
다음은 샐러리맨. 귀여운 연하의 남편과 잘 수 있어서 즐겁긴 한데,
너무 박봉이야. 집도 너무 가난한 것 같구……. 키는 또 왜 그렇게 작아?
그다음 역시 같은 샐러리맨이긴 한데, 일류대 출신에다
분양받은 아파트도 있다 하고…… 선량해 보이는데,
좀 마마보이 기질이 있는 것 같아."

그러자 준영은 말한다.

"나를 포함해서 가난한 자식들은 다 빼.
넌 절대 경제적 조건을 포기 못 해."

가난한 집안에 박봉의 시간 강사인 그는 연희의 기대 수준에 맞출 수 없다는 얘기다. 하지만 그는 그녀를 쉽게 떠나지 못한다. 결혼을 앞둔 그녀와 백화점에 가서 혼수품 쇼핑을 함께 하고, 신부 드레스를 입어 보는 데 동행하며, 심지어 바닷가로 가상의 신혼여행까지 간다.

드디어 연희는 의사와 결혼식을 올리고 준영은 멀리서 지켜보다 발길을 돌린다. 연희를 잊지 못해 은근히 전화를 기다린다. 그러다 두 달 뒤, 두 사람은 다시 만난다. 두 사람은 그녀의 경제적인 도움으로

한강이 내려다보이는 옥탑방에 새로운 보금자리를 꾸민다. 여느 주말 부부처럼 격주 간격으로 만나 쇼핑하고, 빨래와 요리를 함께 하며 즐거운 날을 보낸다. 예전에는 경제력 있는 남자가 아내 몰래 다른 여자에게 방을 구해 주는 일이 더러 있었다지만 이 경우는 반대다. 이제는 재력에 의해 남녀 관계가 변할 수 있는 시대이다.

시간이 흘러 결국 파국이 온다. 준영은 남편에게서 전화가 오면 뻔한 거짓말로 둘러대는 연희를 착잡하게 지켜보고, 연희는 준영과 제자와의 관계를 의심한다. 가까워졌다 멀어졌다 하는 갈등 끝에 준영은 연희에게 더 이상 오지 말라고 선언한다. 준영은 다툼 끝에 연희가 준비한 콩나물 비빔밥을 두고 말한다.

> "너한테는 '별미', 나한테는 '별로.'"

그러면서 자기 처지에 맞는 라면 먹기를 고집한다. 그들의 만남이 그녀에게는 '별미'가 될 수 있겠으나, 자기에게는 '별로'란 뜻일 것이다. 그렇게 두 사람은 서서히 멀어진다.

눈 내리는 어느 날, 준영이 없는 옥탑방을 다시 찾은 연희는 자신이 가진 열쇠로 방문을 열고 들어간다. "더 이상 오지 마. 네가 오면 다시 돌려보낼 자신 없어."라고 말했던 준영이 어떻게 나올지 궁금하다.

결혼을 앞두고 남녀 간의 애정 외에 외모와 재력, 그리고 집안을 따지는 것은 동서고금을 막론하고 비슷하다. '결혼은 미친 짓이다'라는 도발적인 영화 제목이 많은 것을 시사한다. 연희의 경우를 보자. 그녀는 경제적 조건을 내세워 풍요로움을 안겨 줄 남자와 결혼하지만 사랑으로 맺어진 준영을 못 잊는다. 이는 사랑 없이 경제적 조건만으로 결혼하는 것은 미친 선택이 될 수 있음을 의미하지 않을까? 그 반대도 성립될 수 있다. 그녀가 경제적 조건을 무시한 채 사랑만으로 준영과 결혼했다면 이 또한 미친 짓이 아닐까? 물론 외모와 재력은 물론 사랑까지 모두 갖춘 상대라면 더없이 좋으련만, 그런 상대를 어디서 구하나? 아무튼 결혼은 어렵다. 연희는 말했다.

> "결혼한 친구들 비슷비슷하더라. 걱정도 고만고만, 행복도 고만고만.
> 무슨 체인점 차린 것 같아."

이 영화의 원작자인 소설가 이만교는 "결혼에 대한 환상을 깨 보고 싶었다. 결혼에 대한 불필요한 환상이 우리를 억압할 수 있다."라고 말했다.

힘들어도 우린 가족

/2장/

부모의 마음, 자식의 마음
〈동경 이야기(東京物語, Tokyo Story)〉

감독: 오즈 야스지로 | **개봉 연도:** 1953 | **제작 국가:** 일본

"자식들을 우리 기대에 맞출 수는 없잖아요."
"잘 자라 준 것만도 기뻐하자고."

이웃들로부터 "자식들이 다 잘되어서 좋겠다."라는 말을 들으며 사는 노부부(료 치슈, 하야시마 치코 분)는 자식들을 만나러 여행을 떠날 채비를 한다. 들뜬 마음으로 여행 일정을 챙기고, 도시락과 마실 차도 준비한다. 일본 남부의 항구 도시 오노미치에서 도쿄에 사는 아들과 딸을 만나러 길을 떠나는 것이다. 하지만 막상 도쿄에 도착해 보니 도시 변두리에서 조그마한 병원을 운영하는 큰아들은 진료로 바쁘다. 아들 집이 도시 가운데에 있을 거라 짐작했던 부모들은 일순 실망한다. 큰딸도 미장원 일과 모임으로 바쁘다(또는 바쁜 척한다). 사위가 값비싼 케이크를 사 오자, 딸은 "과자면 충분한데."라며 남편을 타박한다. 오랜만에 보는 어린 손자들도 데면데면하긴 마찬가지다.

부모들의 시내 구경에 동행하기 어렵다고 자식들이 서로 눈치를 보자, 둘째 며느리 '노리코(하라 세츠코 분)'가 동행한다. 그녀의 남편,

즉 노부부의 둘째 아들은 2차 세계대전 때 죽었다. 시내 구경이 끝나자 아들과 딸은 '바빠서 시간을 낼 수 없다'며 돈을 모아 부모들을 온천장에 보낸다. 동행하는 자식이 없다. 그곳에서 노부부는 밤새 이어지는 젊은이들의 마작 놀이와 노랫소리에 잠을 이루지 못한다. "우린 여기 있기에는 너무 늙었어요."라며 하루 만에 도쿄로 돌아오자, 딸은 벌써 돌아왔느냐며 짜증을 낸다. 도쿄에 도착했을 때, "꽤 오래 머물 거란다."라고 말했던 노모가 무안해진다. 좌불안석이 된 노부부는 더운 날씨에 연신 부채질만 한다. 그날 밤, 노부는 고향 친구들을 만나 술을 마시며 옛이야기와 더불어 자식에 대한 얘기를 서로 주고받는다.

> *"내 아들은 실패자요. 거기다 나까지 짐으로 취급한다오."*
> *"우리도 자식들에게 너무 기대하면 안 돼요."*
> *"요즘 젊은이들은 부모를 죽이기도 한다던데."*

아버지는 밤새 마신 술에 엉망으로 취해 경찰의 도움을 받아 새벽에 겨우 딸의 집으로 돌아온다. 한편, 어머니는 홀로 어렵게 살고 있는 둘째 며느리 집에 가서 극진한 대우를 받고 떠날 때 용돈까지 받는다. 도쿄에 오래 머물 작정으로 왔으나 자식들에게 더 이상 부담을 주기 싫다며 노부부는 일찍 집으로 돌아간다. 하지만 자식들에게 "고맙다."라는 말을 하는 것을 잊지 않는다. 돌아가는 기차에서 노모가 병이 나서 오사카에 살고 있는, 미혼인 막내아들 집에 들러 쉬어간다. 노부부는 10일 만에 자식들을 다 만났다는 것에 위안을 찾자며 서로 위로한다.

> *"자식들을 우리 기대에 맞출 수는 없잖아요."*

"잘 자라 준 것만도 기뻐하자고."

    평소 건강 상태가 좋지 않던 노모는 집에 도착한 직후 숨을 거둔다. 장례에 참석한 딸은 "도쿄 여행에서는 즐거웠잖아요."라는 말을 쉽게 한다. 장례를 마치자마자 자식들은 바쁘다며 밤차로 떠나며 기모노 등 탐나는 어머니의 유품은 서둘러 챙긴다. 모두가 떠난 후, 노부는 마지막까지 남은 둘째 며느리 노리코에게 고맙다면서 재혼을 권하고는, 아내가 남긴 시계를 그녀에게 전한다.

"이상하구나. 자식이 4명이나 있는데 네가 가장 값지구나.
넌 피도 안 섞였는데 말이다. 고맙다."

    오빠와 언니가 일찍 떠난 데 대해 섭섭함을 토로하는 막내딸에게 노리코는 "그냥 자기 인생이 있을 뿐이에요."라고 한다. 그러자 막내딸은 항변한다.

"하지만 난 싫어요. 그렇게 되면 '가족'이란 것이
무의미하잖아요."

    아버지는 노리코마저 떠난 집에 혼자 쓸쓸히 앉아 있다. 영화의 첫 장면처럼 항구에는 배들이 무심하게 먼바다로 향해 나아가고 돌아온다.

    이 영화는 패전의 아픔이 채 가시기도 전에 맞은 산업화 과정에서 일본이 겪는 노년층의 소외와 붕괴되어 가는 가족의 문제를 담담하게 보여 준다. 감독은 이 영화를 통해 "부모와 성장한 자식들을 통해 붕괴되어 가는 일본의 가족 제도"를 그리려 했다고 한다. 실제 그가 평생 동안 영화에서 다룬 주제는 직업과 현대화로 붕괴된 일본식 가족 체제다.

이 영화는 감정의 서정성과 절제된 스타일을 잘 표현하고 있다. 특히 감독의 '다다미 숏'(카메라를 바닥에서 60㎝ 정도 떨어진 높이에 맞추고, 끊지 않고 길게 촬영하는 '롱 테이크'로 잡아내는 숏)은 세계적으로 유명한 촬영 기법이다. 이 영화에서 노리코 역을 맡은 하라 세츠코는 일본인들에게 전통적인 가치와 아름다움을 완벽하게 구현한 '영원한 처녀'로 남아 있다는 평을 받고 있다. 이 영화는 2012년 '영국영화협회(BFI)'가 선정한 세계 10대 영화 중 3위에 선정되었고, 같은 해에 세계 영화감독 358인이 뽑은 '최고의 영화'로 선정되었다.

미국 영화평론가인 로저 에버트는 이 영화에 대해 "우리의 가족, 우리의 본성, 우리의 결함, 사랑과 의미를 향한 우리의 서툰 탐구에 관한 영화라는 평을 받는다."라고 말했다.[6]

---

6) 로저 에버트, 『위대한 영화 2』, 윤철희 옮김, 을유문화사, 2006, 99쪽.

전통적 가부장제 가족의 위기와 봉합

〈마부(馬夫)〉

감독: 강대진 | **개봉 연도:** 1961 | **제작 국가:** 한국

1960년대 초, 서울 시내에는 자동차와 트럭들이 큰길은 물론 골목길을 누비고 다닌다. 그 사이로 짐마차를 힘겹게 끄는 '춘삼(김승호 분)'은 푸짐한 몸매에 순한 눈망울을 가졌다. 그는 아내를 먼저 저세상에 보내고, 두 아들과 두 딸의 아버지로 달동네에 사는 마부이다. 그가 끄는 짐마차는 황 사장으로부터 빌린 것이고, 트럭과 삼륜차가 많아져 일거리가 줄어서 그는 빚 독촉에 시달리는 처지다. 고등 고시 시험에 매달리고 있는 큰아들 '수업(신영균 분)'은 세 번이나 낙방하였고, 큰딸 '옥례(조미령 분)'는 벙어리로 툭하면 바람난 남편에게 매 맞고 친정으로 온다. 마부의 딸인 것을 창피스럽게 생각하는 둘째 딸 '옥희(엄앵란 분)'는 자신의 예쁜 미모를 이용해 신분 상승을 하려는 꿈을 지니고 거짓 행세를 하며 돈 있는 남자를 만나고 다닌다. 아직 학생인 막내아들도 툭하면 싸움질이다. 그러한 가정을 힘겹게 이끌고 있는 춘삼은 황 사장 집 가정부 '수원댁(황정순 분)'과 은근히 눈이 맞아 극장도 함께 가며 데이트를 즐긴다. 수원댁 역시 춘삼을 좋아하여 남몰래 챙겨 준다.

그러나 춘삼의 가족에게 좋지 않은 일이 연달아 발생하며 위기가 온다. 큰딸이 남편의 학대를 끝내 이겨내지 못하고 한강에 투신한다. 그동안 친정으로 피신해 오면 시집으로 돌아가라며 모질게 대했던 춘삼은 딸의 시신을 안고 오열한다. 그도 황 사장의 승용차에 놀란 말 때문에 마차 바퀴에 다리를 다친다. 황 사장은 다친 사람보다 자기 자동차에 흠집이 난 것에 더욱 신경 쓰며 오히려 춘삼을 타박한다. 큰아들이 찾아가 따져 보지만 철저히 무시당한다. 더구나 황 사장이 말을 팔려고 해서 춘삼은 마부 일마저 잃을 위기를 맞는다. 옥희도 만나던 남자에게 집안 사정이 탄로 나 신분 상승의 꿈이 깨지고, 막내아들도 도둑질을 하다가 경찰에 붙잡힌다.

하지만 춘삼의 가족에게도 따뜻한 날이 찾아온다. 수원댁이 그동안 모은 돈으로 말을 사서 그에게 넘겨주면서 그는 마부 일을 다시 시작할 수 있게 된다. 큰아들은 고등 고시에 합격하고, 딸은 제과 공장에 취업하고, 막내아들도 공부에 몰두함으로써 위기를 무사히 넘긴다. 고시 합격자를 발표하는 중앙청 거리에 온 가족이 모여 큰아들 수업의 고등 고시 합격을 축하한다. 그 자리에서 수업은 수원댁에게 말한다.

"아주머니, 오늘부터 저희 어머니가 되어 주세요."

함박눈이 펑펑 내리는 중앙청 앞길을 온 가족이 서로 의지하며 걷지만, 큰딸의 모습은 보이지 않는다.

영화 속 가족은 당시 전통적인 가부장제의 틀을 보여 주고 있다. 아버지는 어려움에도 용기와 꿈을 잃지 않고 자식을 보듬는 의연함을 보인다. 이 영화를 통해 배우 김승호는 자기희생적인 서민 아버지 상을, 상대역인 황정순 역시 주변을 푸근히 감싸는 서민 어머니상을 관객들에게 깊이 각인시켰다. 이제 집안의 중심은 당연히 고시에 합격한 큰아들에게 넘겨질 것이다. 당시에는 신분 상승 기회가 절대적으로 제한되었던 만큼, 그가 고시에 합격함으로써 어려움을 해결할 수 있게 된 것이다. 그런 만큼 아버지의 아들에 대한 '고등 고시 합격 기원'은 거의 맹목적이다.

> "너만 믿고 산다. 너만 성공하면 당장 죽어도 한이 없다."

자신이 제대로 배우지 못했던 것에 대한 한풀이이기도 하지만, 무너진 집안을 일으켜 세우기 위해선 그 길밖에 없어 보인다. 자식들이 일시 방황하지만, 마침내 각자 다시 자기 길을 잡아 가는 가운데, 새어머니를 모심으로써 한쪽이 허전하던 가족의 울타리는 더욱 굳건해진다. 더구나 경제적 기반인 말(馬)까지 집안의 일원으로 다시 합류하였다. 영화는 관객들에게 전통적 서민 가족의 훈훈함을 선물한다. 영화평론가 정종화는 "무척 고되지만 그래도 희망을 가질 수 있었던 그 시기 서민들의 동화"라고 평했다.[7] 그리고 당시 서울의 거리 풍경, 판잣집 등 주택가와 상점들, 그리고 시내를 누비는 마차 행렬 등을 보는 즐거움도 함께 맛볼 수 있다. 하지만 마차 행렬은 자동차와 트럭들의 행렬에 묻혀 한 시대가 저무는 순간을 실감하게 한다.

〈마부〉는 6.25 전쟁 이후의 가난하고 힘든 시대를 살아가던 서민들의 애환을 담은 영화로서 전근대와 근대가 뒤섞인 가운데 양자가

---

7) 강성률 외, 『한국영화 100선』, 한국영상자료원, 2013, 63쪽.

충돌하는 시대적 상황을 실감 나게 묘사했다. 자동차와 마차가 충돌하여 춘삼이가 다치는 장면은 전근대와 근대가 부딪힌 것이다. 그리고 황 사장으로 대변되는 자본가 계층과 춘삼으로 대변되는 노동자 계층 간의 충돌도 보여 준다. 그 충돌에서 춘삼은 철저하게 '을'의 입장이다. 그래서 이 영화는 '서민적 리얼리즘'을 잘 표현했다는 평가를 받고 있다.

이 영화는 한국 영화 전문가가 선정한 '한국영화 100선' 중 베스트 10에 선정되었다. 특히 세계 3대 영화제 중 하나인 제11회 베를린국제영화제에서 특별 은곰상인 심사위원특별상을 수상하였다. 이는 한국 영화로는 최초로 국제 영화제에서 수상한 쾌거이다.

'웬수' 같은 가족, 그래도 함께 갈 수밖에

〈길버트 그레이프(What's Eating Gilbert Grape)〉

감독: 라세 할스트롬 | **개봉 연도:** 1994 | **제작 국가:** 미국

가족이 '웬수'같이 느껴질 때가 없는가? 따뜻한 사랑으로 맺어져 어려울 때 서로 살갑게 돌봐 줘야 할 가족이 오히려 무거운 등짐이 되어 어깨를 천근만근 짓누르는 존재로 느껴지는 순간 말이다. '길버트 그레이프(조니 뎁 분)'에게 가족은 그런 존재이다. 하지만 그는 자기가 짊어져야 할 운명인 것처럼 가족 부양을 묵묵히 온몸으로 감내한다. 불평할 줄도 모르고, 모든 희생을 받아들이며 그들과 함께한다.

길버트의 아버지는 17년 전 목을 매 자살했다. 그에게 남겨진 것은 언제 무너질지 모르는 집과 부양하기에 힘겨운 네 식구이다. 남편의 자살로 인한 충격으로 엄마(다렌 케이츠 분)는 7년 동안 한 발짝도 집 밖을 나간 적 없이, 소파에 앉아 졸거나 TV를 보면서 담배를 즐긴다. 그녀는 초고도 비만의 몸으로 홀로 걷기도 어렵고, 마을 아이들로부터 '고래 아줌마'로 불린다. 형은 가출하여 소식이 끊긴 지 오래다. 34살의 누나 '에이미(로라 해링턴 분)'는 실직 상태로 엄마 대신 가족을 보살피고, 여동생 '엘렌(메리 케이트 쉘하트 분)'은 15세로 한창 외모에 신경 쓴다. 남동생 '어니(레오나르도 디카프리오 분)'는 곧 18세 생일을 앞

두고 있는 지적장애인이다. 그는 항상 높은 나무나 굴뚝에 올라가길 좋아하여 그 탓에 소방관이 출동한 적도 여러 번 있다.

길버트는 마을의 조그만 가게에서 점원으로 일하지만, 마을에 대형 마트가 들어서는 바람에 그 가게도 파리만 날리는 실정이다. 하지만 그는 항상 말썽을 일으키는 어니를 끔찍이도 돌보며, 어머니에게도 훌륭한 아들이다. 길버트는 집 앞길로 지나가는 여행 카라반(caravan, 자동차에 매달아 끌고 다니는 이동식 주택) 행렬을 보면서 부러워할 뿐, 자기는 떠날 엄두도 내지 못한다.

"항상 떠날 수 있는 그들이 부럽다."

어쩔 수 없이 집안을 책임져야 하는 가장으로서의 의무감과 그들로부터 벗어나고 싶어 하는 갈등이 읽힌다. 그런 그에게 변화가 찾아온다. 어니를 찾으러 다니다가 카라반 고장으로 마을 근처에 머물게 된 '벡키(줄리엣 루이스 분)'와 그녀의 할머니를 만나게 된 것이다. 안 가 본 곳이 없다는 벡키와의 만남을 통해 다른 세상을 엿볼 기회를 가지게 되었고, 또 훗날 자기가 사는 좁은 세상을 떠날 용기를 가지게 된다. 벡키는 어니와 잘 놀아 주고 길버트에게서도 따뜻한 정을 느끼며 그들이 함께 보내는 시간도 많아진다. 그녀가 길버트에게 원하는 걸 떠오르는 대로 말해 보라고 한다.

"모든 걸 바꾸고 싶어. 새집, 가족들이 다 같이 살 집. 엄마가
에어로빅이라도 할 수 있었으면 좋겠고, 엘렌도 어서 커야겠고,
어니의 두뇌를 바꿀 수만 있다면."

그녀는 다시 묻는다. "자신을 위해서 바라는 것은 없니?"라고. 그는 "그냥 좋은 사람이 되고 싶어."라고 말한다. 그의 말에는 젊은이다운 이상이나 꿈은 없다. 가족의 먹을거리 마련을 위해 매일 시간 외 근무를 하는 신세다. 시간이 나면 친구를 만나고, 이웃에 사는 유부녀와 가끔 밀회를 가질 뿐이다. 그가 사는 곳은 미국 아이오와주에 위치한, 겨우 1,000여 명이 거주하는 조그마한 엔도라 마을이다. 지루한 날들이 계속되고, 변화도 없고 변할 기미조차 없는 곳이다. 자신의 불륜 상대였던 카버 부인이 남편 장례식 후 이사 가기 전에 그에게 말한다.

"가족한테 꽁꽁 묶여, 자신을 잊고 사는 불쌍한 길버트."

의사가 10살을 넘기기 어렵다고 한 어니는 성년의 나이인 18세가 되었다. 가족들은 케이크를 굽고, 집안을 풍선으로 장식하여 그의 친구들을 불러 생일 파티를 열어 준다. 벡키도 길버트의 집을 방문하여 그의 어머니께 인사를 하고 가족과 함께 즐거운 시간을 보내고는 길을 떠난다. 생일잔치가 끝난 후, 어머니는 육중한 몸을 이끌고 2층으로 한 걸음, 한 걸음 올라간다. 근래에 없었던, 아니 시도조차도 안 했던 일이다. 가족들은 이를 불안하게 쳐다본다. 침대에 누운 어머니는 아들을 불러 말한다.

"길버트, 넌 나의 갑옷을 입은 기사님이야.
넌 희미하게 반짝이면서 타오르지."

그리고 그녀는 긴 죽음의 잠에 빠진다. 가족들은 '엄마의 시신을 옮기기 위해 크레인을 동원해야 할까?'라며 고민한다. 하지만 더 이상 웃음거리로 만들지 않겠다며 어머니를 침대에 눕혀 둔 채 집을 불태운다. 그러고는 한 사람, 한 사람 제 갈 길을 찾아 떠난다. 길버트의 내레이션이 나온다.

'에이미는 제과점에 취직했고, 엘렌은 전학 간다고 들떠 있다.
어니가 우린 안 떠날 거냐고 묻기에, 원한다면
어디든 갈 수 있다고 했다.'

형제도 길을 떠날 준비를 한다. 평생 벗어나지 못할 것 같은 집을 떠나 새로운 세상으로 향한다. 길에는 다시 카라반 행렬이 지나간다. 그 행렬을 따라 벡키와 할머니의 카라반이 오고, 그들은 반가이 재회한다. 그리고 이제는 함께 길을 떠난다. 새로운 가족의 탄생으로 이어질 것인가?

영화의 원제목을 직역하면 '무엇이 길버트 그레이프를 좀먹고 있는가?'라는 뜻이다. 가장으로서 무거운 짐을 짊어진 길버트는 불평불만 없이 묵묵히 가족을 건사해 낸다. 그러다 자기를 좀먹게 하던 가족이 스스로 제 갈 길을 찾아갈 즈음, 그도 자기 세상을 향해 떠난다. 그러면서 앞가림을 못 하는 어니는 자신이 데리고 간다. 영화에는 길버트 가족 외에도 두 가족이 더 나온다. 먼저 카버 씨 가족이다. 신경증을 지닌 것으로 보이는 카버 부인은 젊은 길버트와 바람이 나고, 남편 카버 씨도 가정 문제가 도화선이 되어 죽는다. 결국 카버 부인은 자식들을 데리고 다른 곳으로 이사를 간다. 그리고 어릴 적 부모가 이혼한 벡키도 할머니와 함께 외롭게 살고 있다. 하지만 길버트 형제가 합류하여 새 가족을 꾸릴 수 있지 않을까 하는 기대를 해 본다. 세 가족 모두 힘든 과정을 겪은 후 각각 다른 이유로 현재의 상태를 벗어나 새로운 길로 떠난다. 영화 〈길버트 그레이프〉는 못난 가족과 살고 있다는, 사춘기 소년소녀 대부분이 통과했을 법한 그 감정에 대한 가슴 따뜻한 위로"라고 말한 영화평론가 주성철의 평이 와닿는다.

이 영화에서 인상 깊은 것은 어니 역으로 나오는 레오나르도 디카프리오의 연기다. 가장 연기하기 어렵다는 역 중 하나로 여겨지는 지적 장애인 역을 그보다 잘할 수 있는 배우가 과연 있을까? 그의 연기를 보는 것만으로도 이 영화를 볼 가치가 있다는 생각이 든다.

해체되는 가족

/3장/

화려한 포장 속에 무너져 내리는 미국 중산층 가정
〈아메리칸 뷰티(American Beauty)〉

감독: 샘 멘더스 | **개봉 연도:** 2000 | **제작 국가:** 미국

이 영화는 장미꽃으로 넘친다. 정원, 식탁과 사무실 꽃병은 물론, 욕조와 소녀의 벗은 몸을 가득히 뒤덮기까지 한다. 지독하리만큼 빨간 장미꽃은 부와 섹스를 끝없이 추구하는 현대인들의 욕망을 암시하는 것일까? '아메리칸 뷰티'는 장미 품종 중 하나다. 이 영화는 겉모습의 아름다움에 갇힌 채 내면의 진정한 아름다움을 깨닫지 못하고 붕괴되어 가는 미국 중산층 가정의 허상을 보여 준다. 누구나 살고 싶은, 반듯하고 아름다운 마을 정경이 영화 시작과 함께 펼쳐진다. 멋진 집과 고급 승용차, 그리고 잘 가꾸어진 정원에 예쁜 장미꽃이 피어 있는 중산층이 사는 지역이다. 그러나 그곳의 네 가정을 자세히 들여다보면 그들은 철저하게 무너져 내리고 있다.

상품을 멋지게 포장하여 소비자를 유혹하는 광고 회사에 근무하는 주인공 '레스터(케빈 스페이시 분)'는 42살이다. 그는 해고될 처지에 있는 자신의 직장 생활에 대해 '14년간 광고판에서 창녀 짓만 했다.'라며 스스로 냉소한다. 삶에 대해서는 "난 뭔가를 잃었다. 그게 뭔지는 모르겠지만."이라며 무력감에 빠져 있다. 가정마저 파탄 상태다.

> "우리 결혼은 일종의 쇼예요. 속은 맹탕인데
> 아닌 척 포장한 광고처럼."

아내와 딸은 그를 패배자로 여긴다. 아내 '캐롤린(아네트 베닝 분)'은 부동산업으로 성공하려는 의욕이 강한 여성으로, 유능한 사람이 되고자 끊임없이 자기 최면을 건다. 그리고 남편을 멸시하며, 속물적인 성격이다. 되바라지고 반항적인 성격을 지닌 고등학생 딸 '제인(도라 버치 분)'은 자기 친구를 넘보는 아빠가 세상에서 사라졌으면 한다. 하지만 마음속으로는 아빠가 자기를 '내 친구 대하듯 봐 줬으면' 하는 소망을 지니고 있다. 다정히 포즈를 취한 가족사진 아래 촛불이 켜진 식탁 위에는 근사한 만찬이 차려졌지만, 가족 간의 대화는 어긋나기만 하고 소통은 꽉 막혀 있다. 제인이 말한다.

> "몇 달째 우린 입 닫고 살았잖아."

무력감에 빠져 있던 레스터는 딸의 친구인 '안젤라(미나 수바리 분)'에게 첫눈에 반한다. 그는 "20년간 혼수상태였다가 막 깨어난 기분이다."라며 벗은 몸 위로 장미꽃이 가득 덮인 채 누워 있는 안젤라를 상상한다. 제인에게 "네 아빠는 귀여워. 근육만 좀 키우면 훨씬 섹시할 텐데."라고 말하는 그녀의 말을 우연히 엿들은 그는 근육 키우기에 돌입한다. 조깅을 시작한 그의 얼굴에는 알 수 없는 자신감이 넘친다. 이웃에 이사 온 청년 '릭키(웨스 벤틀리 분)'를 통해 대마초에 손대고 자기 자신이 원하는 게 무엇인지를 생각하게 된다. 그는 상사와의 갈등 속에 직장을 그만두면서 공갈로 돈을 뜯어내 스포츠카를 산다. 그러나 아내와의 관계는 계속 악화 일로이다. 레스터의 아내도 같은 업계의 부동산 제왕인 '버디(피터 갤러거 분)'와 바람이 난다. 버디의 가정 또한 해체되었다. 그의 아내는 일에 미친 남편을 '성공을 향한 성격 장애자'로 규정짓고 그와 헤어진 상태다. 레스터의 또 다른 옆집에는 게이 커플이 사는데, 역시 전통적인 가정이 아니다. 하지만 두 사람 간의 애정이나 옆집에 대한 매너는 오히려 이웃한 가정들보다 나아 보인다.

그들의 옆집으로 이사 온 전직 해병대 대령 '프랭크' 가족 또한 허상의 가정이다. 프랭크는 군대 영화를 즐겨 보며, 그의 비밀 서재에는 총과 나치 유품으로 가득하다. 그의 아내는 남편에 짓눌려 삶의 의미를 잃은 지 오래인 표정이다. 그의 집 가족들은 함께 있을 때 대화 없이 소파에 앉아서 TV만 본다. 프랭크는 권위를 중시하는, 전형적인 마초적인 성격으로 폭력성의 상징이다. 그의 아들 '릭키'는 아버지의 폭력 앞에서는 철저히 굴복하면서 뒤로는 대마초를 밀매한다. 그는 아름답다고 느끼는 것을 비디오카메라에 담는 취미를 가지고 있다. 자기가 녹화한, 하얀 비닐봉지가 바람에 춤추는 화면을 보면서 제인에게 말한다.

"저 봉지는 나랑 춤추고 있었어. 같이 놀자고 떼쓰는 아이처럼.
그날 난 체험했어. 눈에 보이지 않는 세상과 신비롭고
자비로운 힘을! …… 너무나 아름다운 것들이 존재해.
이 세상엔. 그걸 느끼면 참을 수 없어."

그는 일상적인 삶 속에서 아름다움을 느끼는 유일한 사람이다. 제인은 릭키를 이해하며 사랑하게 된다. 하지만 그녀가 "평범한 것처럼 슬픈 것은 없다."라고 말하는 것을 보면 아직 진정한 아름다움을 깨닫지는 못하고 있다.

레스터는 마침내 기회가 와서 안젤라에 대한 욕망을 채우려고 한다. 그 순간, "남자와의 관계는 처음"이라는 그녀의 말을 듣고 놀라면서 살며시 안아 준다. 그녀의 순수성을 발견하고 이를 지켜 주려는 듯 말이다. 그리고 자기 딸의 생활에 대해 묻는다. 안젤라가 "제인은 무척 행복해요. 사랑에 빠졌거든요."라고 말하자, 그는 아주 기뻐한다. 레스터는 장미 화병 앞에서 옛날 가족사진을 보면서 중얼거린다.

> "난 행복해. 내가 미쳤지. 이런 가족을 두고."

바로 그 순간, 그는 옆집 프랭크가 쏜 총에 맞아 숨진다. 레스터를 동성애자로 오해하여 그에게 키스를 시도했다가 거절당하자 수치심을 이기지 못해 총을 쏜 것이다. 프랭크는 폭력성과 함께 아내를 두고도 동성애 성향을 지닌, 역시 심각하게 포장된 인간이었던 것이다.

레스터는 죽어 가는 순간, 보이 스카우트 시절 바라보았던 별똥별, 노란 빛깔의 단풍잎, 할머니의 살결, 그리고 공주라 부르던 어린 시절의 딸과 젊은 시절의 아내를 떠올린다. 그리고 일상적인 삶의 아름다움과 가족의 소중함을 깨닫는다. 그의 마지막 독백이 오랫동안 여운으로 남는다.

> '살다 보면 화나는 일도 많지만 분노를 품어서는 안 된다.
> 세상엔 아름다움이 넘치니까. …… 가슴이 벅찰 때가 있다.
> 하지만 마음을 가라앉히고 집착을 버려야 한다는 걸 깨달으면
> 희열이 몸 안에 빗물처럼 흘러 소박하게 살아온 내 인생의

모든 순간들에 대해 오직 감사의 마음만이 생긴다.'

'무슨 뜻인지, 어려운가요? 하지만 걱정 마세요.
언젠가는 알게 될 테니.'

그의 독백처럼 세상이 아름다움으로 넘친다는 것을 우리도 언젠
가는 깨닫게 될지 모르겠지만, 너무 늦게 알게 되면 비극이 아닐까?
되돌리기에는 이미 늦을 테니까. 미국 중산층 가정의 허상을 신랄하
게 보여 주는 이 영화는 오히려 미국 사회의 건전성을 보여 주는 것
이라는 생각이 든다. 영화를 통해 그 사회의 치부를 드러내 보이고
경고를 보내고 있으니까 말이다. 이 영화는 제72회 미국 아카데미 시
상식에서 작품상·감독상·각본상 등 5개 부문에서 수상하고, 골든 글
로브 시상식도 휩쓸었다.

내가 편히 쉴 집은 어디인가?
〈바람난 가족〉

감독: 임상수 | **개봉 연도:** 2003 | **제작 국가:** 한국

영화의 마지막 부분, 엔딩 크레딧(ending credit, 영상이 끝나고 제작 참여자들의 명단이 자막을 통해 나열되는 것)이 나오며 헨리 비숍(Henry Bishop)이 작곡한 노래 'Home Sweat Home'이 울려 퍼진다. '즐거운 곳에서는 날 오라 하여도. 내 쉴 곳은 작은 집 내 집뿐이리……' 하지만 영화 속 이들에게 내 집은 더 이상 편히 쉴 곳이 되지 못한다.

온 가족이 바람났다. 명색이 인권 변호사인 '영작(황정민 분)'은 젊은 애인 '연(백정림 분)'과, 그의 아내 '호정(문소리 분)'은 옆집 고등학생 '지운(봉태규 분)'과 만난다. 멋진 양옥집에 사는 부부는 잠자리를 함께 한 지 오래고, 하나 있는 아들 '수인(장준영 분)'은 입양아다. 두 사람 사이는 완전 불통으로, 무늬만 가족이다. 호정은 남편이 애인과 통화하는 소리를 듣고는, "당신 속마음을 그렇게 털어놓을 사람이 있다는 게 진짜 다행"이라고 빈정댈 따름이다. 그리고 그녀는 입원 중인 시아버지를 두고 남편에게 말한다.

> *"야, 각자 아버지는 좀 각자 해결하자."*

물론 영작의 젊은 애인 연도 복근을 자랑하는 또래 남자 친구를 두고 있다. 영작의 아버지 '창근(김인문 분)'은 간암 말기 상태로, 알코올 중독자이다. 그는 실향민으로 함께 남하한 아버지의 전화번호조차 모른다. 영작이 수소문하여 찾아보니 6개월 전에 세상을 떠났다고 한다. 창근은 자기가 죽으면 제사를 지내지 말라고 당부한다. 가족의 해체가 '조상 모시기 해체'로까지 연장된다. 영작의 어머니 '병한(윤여정 분)'은 남편이 중환자실에 입원해 있음에도 초등학교 남자 동창생과 데이트를 즐기고 춤을 춘다. 그러고는 아들과 며느리에게 남자 동창생과 15년 만에 섹스를 했다며, "생전 처음 오르가슴을 느꼈어."라고 당당히 얘기한다. 그들의 옆집에 사는 지운도 아버지와 만나기만 하면 싸우고, 엄마를 찾아 프랑스로 간다고 하니 그 집에도 꽤나 골치 아픈 사연이 있을 것으로 짐작된다. 창근의 장례 후, 아내 병한은 애인과 외국으로 떠나며 아들과 며느리에게 선언한다.

> "니들 행여 같이 살자, 뭐 그런 소리 하지 마라. 나두 인제
> 나비처럼 훨훨 자유롭게 살 테니까. …… 나 만나는 남자 있다.
> 결혼할지도 몰라."

그러다 영작 부부의 아들 수인이 납치되어 살해되는 사건이 발생한다. 영작의 차와 우편배달부(성지루 분)의 오토바이가 부딪히는 사고에서 비롯된 것이다. 사고 당시 배달부는 음주 상태여서 불리한 입장이었다. 그러나 사건을 해결해 나가는 과정에서 영작이 거짓말을 했던 사실이 드러난다. 상류층에 속해 있는 영작의 위선이 드러난 것이다. 배달부는 수인을 살해한 후 자살하고, 남루한 행색의 그의 가족들도 풍비박산이 될 가능성이 높다. 그는 아이를 죽이기 전, 울부짖는다.

"너는 상행선, 나는 하행선. 갈 데까지 가 보자."

　입양아 수인의 죽음으로 영작 부부 사이에 마지막으로 남았던 연결 고리마저 끊겼다. 자신의 행실에 대해 용서를 구하는 영작에게 호정은 임신 사실을 알리며 외친다.

"이 애기 당신 애기 아니야. 당신 아웃이야."

　그녀는 지운의 아이를 밴 상태로, 혼자 아이를 키우겠다고 선언하고는 방을 따로 얻어 집을 나간다. 영작도 허탈하게 웃으며 이를 선뜻 받아들인다. 영작은 젊은 애인에게도 차인다.

　이 영화 속 남자들은 모두가 지지리도 못나고, 비열하며, 무책임하다. 자기 마음대로 놀아나다가 아내 호정과 젊은 애인 두 여자 모두에게 거부당한 영작, 죽는 날까지 실향민으로서 한을 품은 채 아무렇지 않은 척 버텨 온 창근, 어린이를 살해하고 자살한 술주정뱅이 우편배달부, 외국으로 도피하려는 지운. 가정을 책임지고 가족을 돌보는 믿음직한 가장의 모습은 어디에도 없다. 오히려 여자들에게 위로를 받으려는 남자들의 모습이 곳곳에 눈에 띈다. 영작은 마지막에 몰려 아내에게 이제 잘하겠다며 자세를 낮추나, 진심으로 반성하는 모습은 아니다. 그리고 그는 젊은 애인과 헤어지면서 그녀의 품에 안겨 운다. 병한의 남자 친구 역시 그녀보다 다소곳한 행동을 보이고 있다. 지운은 프랑스에 있다는 엄마를 대신해 호정에게서 모정을 느꼈을 수도 있다. 그도 아버지를 떠나 엄마 찾아 프랑스에 간다고 한다.

반면 여자들은 당당하다. 병한은 남편이 죽자마자 첫사랑을 찾은 듯 행복한 표정으로 자식에게 말한다.

"요즘 진짜 어른 된 기분이야. 내 인생 책임지는.
인생 솔직하게 살아야 해. 내 느낌대로.
그렇지 않으면 사는 게 아니야."

호정은 아비 없는 아이를 키우며 '홀로서기'를 결심하고는 남편에게 '아웃'이라 외쳤다. 무용 학원 마루를 힘차게 대걸레질하는 그녀의 마지막 모습은 당당하고 거침이 없다. 영작과 헤어지는 젊은 연도 한 점 아쉬움이 없는 듯, 오히려 울먹이는 영작을 안아 준다.

영화를 보고 나면 '인류가 오래전에 만들고 그동안 유지해 온 오늘날 형태의 결혼 제도가 앞으로도 존속이 가능할까?'라는 의문이 든다. 영화평론가 김재희는 "임상수의 〈바람난 가족〉은 이른바 근대적 핵가족의 붕괴와 가족에 대한 가치관의 변화를 가부장적 가족 제도 바깥의 '바람'이라는 매개물을 통해 보여준다."라고 평했다.[8]

---

8)   김이석 외, 『영화와 사회』, 한나래출판사, 2012, 206쪽.

새로운 가족의 탄생

/4장/

가족은 함께 '밥'을 먹는 사람들
〈가족의 탄생〉

감독: 김태용 | **개봉 연도:** 2006 | **제작 국가:** 한국

첫 번째 이야기

'미라(문소리 분)'는 제대 후 5년 동안이나 연락이 없던 동생 '형철(엄태웅 분)'이 불쑥 나타나자 반가워하지만, 그가 데려온 스무 살 연상의 아내 '무신(고두심 분)'을 보자 당혹해한다. 무신의 전남편의 전 부인의 어린 딸 '채현'이 나타나자 형철은 친딸을 만난 듯 반가워한다. 그는 이를 못마땅해하는 누나에게 말한다.

> *"새로 낳아서도 기를 판에 잘 됐지, 뭘 그래."*

어색한 동거를 하는 가운데, 말끝마다 책임지겠다고 말하는 형철에게 미라는 "너, 뭐 할 수 있는데? 사고 치고 감방 가고……"라며 타박한다. 어느 날 형철은 홀연히 사라진다. 무신도 아이를 데리고 떠난 뒤, 미라의 모습이 쓸쓸해 보인다. 마당에서 뜀박질하며 놀던 채현을 생각하는 것일까?

두 번째 이야기

홀로 살면서 여행 가이드를 하는 '선경(공효진 분)'에게 엄마 '매자(김 혜옥 분)'가 나타난다. 매자는 딸과 떨어져 살면서 여러 남성과 동거해 왔는데, 큰 병을 얻은 상태이다. 그녀가 하고 있는 가게도 폐업 직전 이다. 선경은 그러한 엄마를 받아들이지 못하여 모질게 대한다. 사귀 던 남자와도 헤어지게 되면서 선경은 일본으로 취업차 떠나려 서두 른다. 그러다 엄마가 죽고, 유품으로 남겨진 가방 속에 보관되어 있 는 자신의 어릴 적 물건을 보고는 엄마를 이해하게 된다. 그녀는 출 국을 취소하고 아버지가 다른 동생 '경석'을 적극적으로 돌본다.

세 번째 이야기

세월이 흘러 우연히 열차에서 만난 채현(정유미 분)과 경석(봉태규 분)은 서로 좋아하는 사이다. 두 사람은 너무나 외롭게 성장하였다. 채현은 오지랖 넓게 누구에게나 잘 대해 주고, 돈도 잘 빌려주며, 남 자 친구 상갓집에 가서도 자기 일처럼 열심히 일을 돕는다. 이에 소 외감을 느낀 경석은 "나한테 집중 좀 해 주면 안 되니?"라며 불만을 터뜨린다. 그러다 채현이 고향 집을 방문할 때 경석이 동행하게 되 고, 거기에서도 티격태격하다가 채현의 집 앞에서 헤어지려는 순간 미라를 만나게 된다. 그 집에는 무신과 미라, 두 사람이 언니·동생 하 며 서로 의지해서 살고 있다. 채현이 경석을 자신과 헤어진 관계라고 소개하자 미라는 말한다.

"야, 헤어지면 밥도 안 먹나?
헤어지고 나서도 세 끼 잘 먹고 그래!"

그러면서 집으로 끌어들여 함께 밥을 먹는다. 그 자리에서 채현은 미라와 무신에게 말한다.

> *"엄마들, 밥 좀 더 줘."*

이 영화는 가족의 개념과 범위가 달라지고 있음을 말한다. 위에 소개한 대사를 보자. 첫 구절은 피붙이 아닌 아이를 한 가족으로 받아들이는 의미가 담겨 있다. 두 번째는 서로 싸워 서먹한 관계가 되었다 할지라도 밥을 함께 먹는 사이라면 다시 가까워질 수 있다는 의미로 볼 수도 있을 것이다. 위 대사에서 '밥'이라는 단어와 함께 '엄마들'이라는 단어도 중요하다. 사실 채현은 미라나 무신, 두 사람 모두와 피 한 방울 섞이지 않은 관계다. 하지만 돌봐 주고 함께 밥 먹는 관계로서 두 사람 모두를 엄마라 부르는 것이다. 두 엄마는 채현을 서로 자기가 키웠다고 주장한다. '혈연'에 기반한 가족 개념이 밥을 함께 먹는 '식구(食口)'라는 개념으로 바뀌고 있는 것이다. 감독은 영화를 통해 '새로운 가족'이 탄생하고 있음을 알린다.

영화평론가 김재희는 "이 영화는 더 이상 혈연은 가족을 이루는 데 중요한 요소가 아니라 가족은 타인들을 새롭게 수용하고 배제하는 과정에서 파생되는 하나의 구성체임을 말하고 있다."라고 했다.[9]

영화 속 남성들은 하나같이 제 역할을 하지 못하는 존재들이다. 나이가 한참 많은 아내를 데리고 불쑥 나타나서는 홀연히 사라진 책임감이라고는 손톱만큼도 없는 형철, 본부인과 내연녀 사이에서 엉거주춤한 매자의 내연남, 자신에게 좀 더 관심을 가져 달라며 채현에

---

9)   김이석 외, 『영화와 사회』, 한나래출판사, 2012, 211쪽.

게 폭발하는 경석. 반면 미라, 선경, 채현 등 여성들은 당당하고 상황을 주도적으로 끌고 간다. 새로운 '모계 사회'의 도래인가? 특히 영화 말미에 다른 여자를 데리고 다시 나타난 형철을 가차 없이 문밖으로 내쫓는 미라의 행동에는 새로운 가족의 경계선을 확실히 긋는 결기가 엿보인다. 혈연인 동생을 내치고 인연으로 맺어진 사람을 가족으로 받아들인 것이다.

영화의 마지막 부분이 특이하다. 지금까지 진행되어 온 것과는 전혀 다른 장면들이 전개된다. 기차역에는 사람들이 오간다. 많은 이가 차 시각이 급한지 종종걸음을 걷거나, 어떤 이들은 두리번거리며 누군가를 기다린다. 이들을 피해 다른 장소로 이동하는 사람, 계단을 오르내리고 신문을 보면서 기차를 기다리는 사람도 보인다. 영화 속 주인공들도 모두 오고 가지만 서로가 전혀 모르는 사람처럼 스쳐 지나간다. 세상을 살아가는 우리는 어차피 남일 수밖에 없고, 각자의 시각에 맞춰 열차를 타고 떠나야 하는 존재들이란 의미일까? 그리고 벤치에 앉은 채현이 뜨개실을 감는 장면이 나오는데, 이는 우리의 인연은 실처럼 서로 연결되어 있다는 것을 의미하는 것이 아닐까? 이 영화는 제44회 대종상 영화제와 제27회 청룡영화상 등에서 최우수작품상과 감독상 등 각종 상을 받았다.

선택하고, 선택당하는 가족
〈어느 가족(万引き家族)〉

감독: 고레에다 히로카즈 | **개봉 연도:** 2018 | **제작 국가:** 일본

부부 사이인 '오사무(릴리 프랭키 분)'와 그의 아내 '노부요(안도 사쿠라 분)', 아들 '쇼타(죠 카이리 분)'와 어린 딸 '유리(사사키 미유 분)', 그리고 할머니와 처제. 이 정도면 일반적인 가족 구성 형태로 보인다. 연금을 받는 할머니, 건설 일용직인 아빠, 세탁 공장에서 일하는 엄마, 유흥 업소에 다니는 처제……. 비록 풍족하지 않지만 도란도란 함께 우동을 먹고, 고로케를 즐기며, 한 지붕 아래서 웃고 장난치는 행복한 가정이다. 더운 여름날에는 함께 바닷가에 가서 해수욕을 즐기는 것을 보면 여느 가족과 다름없어 보인다. 아니, 더 행복해 보인다. 하지만 다른 일반적인 가족과는 달리 그들은 피로 맺어져 있지 않고, 서로가 '선택'하고 '선택당한' 사이다. 이들의 대화를 들어 보자.

"선택받은 건가, 우리가?"
"나도 널 선택했지."
"보통은 부모를 선택하지 못하지. 스스로 선택하는 것이 더 강하지 않겠어?"
"피가 안 이어져서 더 좋은 점도 있잖아."
"괜한 기대를 안 하게 되는 건 좋지."

옛날에 함께 술집을 했다는 것 말고는 부부의 만남 과정이 석연치 않고, 부자간으로 보이지만 쇼타는 남자를 아빠라 부르질 않는다. 남자는 쇼타에게 도둑질을 지도하고, 물건을 훔칠 때 서로 망을 봐 준다. 손녀로 여겨지는 젊은 여자도 할머니와의 관계가 모호하며, 그녀의 실제 부모는 딸이 호주에 있는 줄 안다. 그러다 할머니가 죽자, 남자는 모든 가족이 모인 자리에서 말한다.

> "잘 들어. 이건 비밀이야. 할머니는 원래 없었고,
> 우리 가족은 다섯 명이야."

그러고는 몰래 집 앞마당에 할머니를 묻는다. 계속 연금을 수령하기 위해서다. 그러다 쇼타가 마트에서 도둑질하다가 잡힌 후, 경찰의 수사가 진행되면서 이들의 관계가 밝혀진다. 비록 정당방위라지만 부부의 살인 전과가 드러난다. 그들은 파친코에 빠진 어느 부모가 방치한 아이를 구해 왔는데, 그 아이가 바로 쇼타다. 아동 학대를 당해 온몸이 상처투성이인 아이를 데려온 것이 막내딸 유리인데, 법적으로는 유괴이다. 두 아이가 도둑질을 해서 가계에 보탠 것은 애들을 유괴해서 앵벌이 시킨 것으로 비칠 수도 있다.

어느 가족의 갈가리 찢긴, 지독한 생채기가 드러난다. 법적인 잣대를 들이댄 경찰(또는 국가)에 의해 이들은 뿔뿔이 흩어진다. 하지만 새로운 상황에 대해서 누구도 만족하지 못한다. 전과가 있는 남편 대신 모든 것을 뒤집어쓰고 감옥에 간 노부요는 "나 그동안 즐거웠어. 이런 거 삶의 덤이지."라고 말한다. 쇼타는 눈 내리는 밤, 오사무와 함께 눈사람을 만들고 컵라면을 먹으며 하룻밤을 보낸다. 그 후, 그를 조용히 (처음으로) "아빠"라고 불러 본다. 이제야 진정한 아빠가 된

남자는 "아빠는 이제 아저씨로 돌아갈게."라고 한다. 유리는 친엄마의 여전한 무관심 속에서 혼자 놀다가 옛 시절이 그리운지 담 너머로 먼 곳을 하염없이 바라본다. 슬픈 눈망울이다. 노부요의 외침에 경찰은 무심하게 답변한다.

> *"낳으면 다 엄마가 됩니까?"*
> *"하지만 안 낳으면 엄마가 될 수 없죠."*

'과연 어느 쪽이 진정한 가족일까?'라고 영화는 강렬한 물음을 던진다. 이 영화를 연출한 고레에다 히로카즈는 오늘날 일본을 대표하는 감독 중 한 명이다. 그의 작품 중에는 〈아무도 모른다(誰も知らない)〉(2004), 〈그렇게 아버지가 된다(そして父になる)〉(2013), 〈바닷마을 다이어리(海街diary)〉(2015) 등 가족 영화가 널리 알려져 있다. 그는 일본의 사회 문제인 '유령 연금(연금 수혜자가 죽은 것을 숨기고 연금을 계속 받는 것)' 사건을 보고, 생계를 위해 범죄를 저지른 이들에게 중대한 범법 행위를 한 사람들보다 더 가혹한 비난이 쏟아지는 것에서 영화의 모티프(motif, 하나의 이야기를 구성하는 데 중요한 요소가 되는 단위)를 얻었다고 밝혔다. 감독은 이 영화로 제71회 칸영화제 황금종려상을 수상하였다.

'입양된 로봇'은 가족인가?
<에이 아이(A.I. Artificial Inteliigence)>

감독: 스티븐 스필버그 | **개봉 연도:** 2001 | **제작 국가:** 미국

반려동물을 가족으로 대하는 것은 이제 자연스러운 현상이다. 돌보는 사람들이 그 동물들을 아기라 부르고, 스스로를 그들의 '엄마' 또는 '아빠'로 부르는 것을 주변에서 흔히 볼 수 있다. 그렇다면 머지 않아 본격적으로 전개될 'A.I.(Artificial Intelligence, 인공 지능)' 시대에 필연코 등장할 '인간 로봇'도 가족으로 대우할 것인가? 로봇이 반려 동물보다 좀 더 우려스러운 것은 이들이 인간과 같은 외양을 한 채 살아갈 수 있고, 사랑과 미움과 같은 감정을 지닐 수도 있기 때문이다. 영화에서 A.I.를 연구하는 '허비 박사(윌리엄 허트 분)'가 학회에서 "아기 없는 부모를 위해 아이 로봇을 만들 것입니다. 영원한 사랑을 가진 로봇이요."라고 발표하자, 다른 참석자가 윤리적인 문제를 제기하는 것은 큰 의미가 있는 지적으로 보인다.

> *"로봇이 사람을 순수하게 사랑할 수 있다면, 그 보답으로*
> *사람이 어떤 책임을 져야 하는 건 아닌가요?"*

온실 효과로 인해 빙산이 녹고 해수면이 높아져 암스테르담, 베니

스, 뉴욕 같은 해안 도시가 영원히 사라지자, 인간들은 출산 제재와 함께 '먹지 않고, 자원도 소비하지 않는' 로봇을 만든다. 허비 박사는 부모를 사랑하는 감정을 지닌 아이 로봇을 만든다. 그리고 그 결과물인 '데이빗(할리 조엘 오스먼트 분)'을 5년 전 아들 '마틴(제이크 토마스 분)'을 잃어 상심해 있는 '헨리(샘 로바즈 분)'와 '모니카(프랜시스 오코너 분)' 부부에게 판매하는 것이 아닌 '입양'시킨다. 이들의 아들 마틴의 시신은 훗날 과학 기술이 발전되면 회생시킬 수 있도록 냉동 보관되어 있다.

초기의 어색한 동거를 딛고 데이빗이 새 아들로 적응할 무렵, 마틴이 기적적으로 깨어나면서 문제가 발생한다. 엄마의 사랑을 간절히 희구하는 데이빗을 마틴은 엄마의 머리카락을 가지면 사랑을 얻을 수 있다고 꾄다. 그 말에 속은 데이빗은 밤에 칼을 들고 엄마의 머리카락을 얻으려 침실에 들어간다. 데이빗은 놀란 부부에게 "엄마한테 사랑을 받고 싶었어요."라고 한다. 이어 마틴 친구들의 괴롭힘에 놀란 데이빗이 "날 지켜줘."라며 마틴을 끌어안고 풀장으로 뛰어드는 바람에 마틴이 익사할 뻔한 사건이 발생한다. "사랑할 수 있게 만들었으면 미워할 수도 있는 거야."라는 남편 의견에 따라 부부는 고민 끝에 데이빗을 포기하기로 한다. 로봇을 제작사에 반납하면 파괴되는 것을 아는 모니카는 그를 숲속에 유기하면서 다른 로봇들과 함께 살 것을 당부한다. 데이빗은 헤어지길 거부하며 간절히 외친다.

"싫어요, 엄마. 피노키오처럼 내가 인간이 되면
집에 가도 되나요?"

데이빗은 동화 '피노키오'를 보고 사람이 되기 위해서는 나무 인형인 피노키오를 사람으로 만든 푸른 요정을 만나야 한다고 생각한 것이다. 그는 숲에서 만난 섹스 로봇 '조(주드 로 분)'와 함께 험난한 여정을 시작한다. 그리고 로봇 곰 인형 '테디'가 동행한다. 그들은 로봇 사냥꾼을 피해 도망 다니지만 결국 붙잡힌다. 폐로봇을 이용한 광란의 축제를 벌이고 있는 쇼 무대에 끌려갔다가 겨우 탈출한다. 이어 조가 이끄는 대로 루즈시에 도착하여 무엇이든 다 안다는 '다 알아' 박사를 찾아가 푸른 요정을 만날 수 있는 곳을 묻는다. 박사는 "사자가 우는 세상의 끝이다. 꿈이 태어나는 곳이지."라고 가르쳐 준다. 세상의 끝이 맨해튼이라는 것을 아는 조와 함께 데이빗은 그곳으로 간다.

높은 건물의 꼭대기 부분만 남기고 물에 잠긴 뉴욕에서 그들은 사자 모형의 조각상을 발견한다. 그곳에서 자기를 만든 허비 박사를 만난 데이빗은 실험실에 자신을 닮은 여러 모형의 로봇 소년을 보고 충격을 받는다. 마침내 데이빗은 엄마를 부르며 물속으로 뛰어든다. 허비 박사가 자기를 진정한 인간으로 만들어 줄 수 없다는 것을 알게 된 것이리라. 물고기들의 안내로 물속에 푸른 요정이 있다는 확신을 하게 된 데이빗은 잠수정을 타고 피노키오 세계로 진입하여 꿈에도 그리던 푸른 요정을 만나 간절히 애원하고는 긴 잠에 빠진다.

"푸른 요정님, 제발 저를 인간으로 만들어 주세요."

데이빗이 다시 깨어난 것은 2천 년이 지난 후다. 지구에서 인류는 멸망한 듯 외계인이 나타난다. 데이빗은 "단 하루가 영원이 될 수도 있어요."라며 엄마를 만나기를 소원한다. 외계인의 도움으로 옛날 집으로 오게 되고, 그곳에서 요정의 도움으로 2천 년 동안이나 고대하던 엄마를 만나게 된다. 그러나 외계인의 인간 재창조는 아직 미완성 단계로, 부활한 인간들은 단 하루밖에 살지 못한다.

이른 아침, 잠에서 깨어난 엄마를 보고 데이빗은 눈물을 흘린다. 커피를 끓여 엄마에게 드린다. 자기를 괴롭히던 마틴과 자기를 버리자고 제안한 헨리가 없는 집에서 엄마, 테디와 함께 숨바꼭질을 하고, 그림도 그리며 즐거운 시간을 보낸다. 그리고 엄마로부터 생전 처음으로 생일 케이크도 받는다. 케이크 앞에서 엄마가 소원을 빌라고 하자 데이빗은 "이미 소원이 이루어졌어요."라고 한다. 정말 소중한 것은 오래 누리지 못하는 법이다. 어김없이 하루해가 저물고 데이빗은 엄마에게 이불을 덮어 주고 그 옆에 조용히 눕는다. 테디도 함께 눕는다. 엄마가 말한다.

"정말 멋진 하루였어. 사랑한다, 데이빗. 항상 사랑했단다."

우리는 본격적인 A.I. 시대에 인간 형상을 한 로봇과 공존할 수밖에 없다. 그들과 우리의 관계는 어떻게 설정해야 할 것인가? 수많은 영화에서 로봇, 외계인 또는 복제 인간을 다루고 있지만, 이 영화는 가족 관계에 대한 근원적인 질문을 던진다. 겉모습은 완벽한 아이에 늙지도 죽지도 않으며, 사랑의 감정과 꿈을 지닌 로봇은 함께 살 때는 완벽한 가족이리라. 하지만 용도가 끝났을 때 그 로봇은 어떻게 될까? 진정한 가족으로 여긴다면 로봇 처리장으로 보낼 수는 없을 것이다.

그리고 영화는 인류와 일반 로봇의 관계 설정에도 많은 질문을 던지고 있다. 이 영화에는 섹스 로봇, 소속 없는 로봇을 추적하는 로봇 사냥꾼, 로봇 처리장은 물론 로봇 빈민가도 등장한다. 특히 폐로봇

을 이용하여 로켓을 발사하는 잔인한 축제인 '피와 전기의 최후 의식'
에서 인간들은 로봇이 파괴되는 장면을 보고 광란에 빠진다. 로봇은
이를 보고 "우리 수를 줄여서 인간이 수적으로 우세하려는 거야."라
고 진단한다.

　인간과 로봇 간의 전쟁을 그린 영화도 많다. 과연 인류는 오늘날
이 문제에 대한 진지한 고민에 대처할 능력이 있을까? 복제 인간 문
제를 다룬 영화 〈6번째 날(The 6th Day)〉(2000) 마지막에 이런 자막
이 나온다.

> '머지않은 미래에. 여러분이 생각하는 것보다
> 더 가까운 미래에⋯⋯.'

제3부

흔들리는 삶

수렁에 빠지다

/ 1장 /

우물에 빠진 돼지가 우리 일상의 모습이라면

⟨돼지가 우물에 빠진 날⟩

감독: 홍상수 | **개봉 연도:** 1996 | **제작 국가:** 한국

돼지가 우물에 빠지면 어떻게 될까? 비만한 몸으로 존재하지 않는 출구를 찾아 좁은 공간에서 허우적거릴 것이다. 감독은 오늘날을 살아가는 소시민들의 일상이 그것과 크게 다르지 않다고 말하는 것일까? 사실 우리의 일상 대부분은 벅찬 감동이나 미래에 대한 확실한 희망 없이, 지루함과 비루함으로 점철되어 있다. 이 영화는 이러한 우리의 일상을 세밀하게 묘사함으로써 현대인의 삶을 지극히 냉소적으로 표현하고 있다.

'효섭(김의성 분)'은 내세울 변변한 작품 하나 없는 소설가다. 후배가 운영하는 출판사로부터 읽히지 않은 채 방치된 원고를 되돌려 받고는, 애인 '민재(조은숙 분)'를 만난다. 그녀는 극장 매표원으로 일하며, 그의 소설을 애독하고 원고 교정을 봐 주고 있다. 그녀로부터 구차하게 용돈을 얻은 그는 또 다른 애인인 유부녀 '보경(이응경 분)'을 불러내 호텔에서 관계를 갖는다. 그러고는 그녀에게 "너 남편과도 섹스를 하니?"라면서 질투에 못 이겨 한다. 그날 대학 동기회에 정식 연락을 받지 못하여 뒤늦게 참석한 그는 선후배들과 마찰을 일으킨다. 선배

평론가와 다투고, 시비 끝에 종업원에게 욕설과 폭행을 하게 되어 파출소로 끌려가 구류 처분을 받는다. 판사에게 항변하는 말에서 그의 심한 열등감이 느껴진다.

> "아무리 세상에서 돈이 중요하다고 해도 단지 제가 글이
> 잘 팔리지 않는 소설가라 해서 무시할 수 있는 권리는
> 그 아무에게도 없다는 것입니다."

'동우(박진성 분)'는 보경의 남편으로, 회사를 다니는 샐러리맨이다. 아내의 행실에 의구심을 갖고 있는 그는 수시로 집으로 전화를 걸지만 부재중이라는 안내 음성만 돌아온다. 출장을 가던 중 결벽증이 있는 그는 고속버스 옆 좌석 손님 때문에 지저분해진 구두를 닦느라 휴게소에서 버스를 놓치고 만다. 출장 목적지에 도착하지만 거래처 상대방은 자리를 비운 채 연락이 되지 않아 하룻저녁을 그곳에서 보내게 된다. 시간이 남아 찾아간 후배와의 만남 또한 겉돈다. 여관에 든 그는 망설이다가 티켓 다방 아가씨를 불러 관계를 갖는다. 관계 후 콘돔이 찢어진 것을 발견한 그는 크게 놀라 병원에 가서 주사를 맞는다. 뭐 하나 제대로 풀리는 일이 없다.

민재는 '똑순이' 같은 아가씨다. 효섭을 사랑하는 순정파로서 그에게 경제적 지원도 마다 않는다. 그녀는 원고 교정 일을 하면서, 아침마다 모닝콜 서비스 일을 하고 틈틈이 녹음 일도 한다. 그러나 그녀의 주 직업은 극장 매표원이다. '포 잡(four job)'을 하는 관계로 자주 자리를 비운 것이 극장 사장에게 발각되어 해고된다. 효섭의 생일날 케이크를 사 들고 그의 옥탑방을 찾아가나 그 방에서 보경이 나오는 것을 보고는 오열한다. 하지만 효섭은 왜 미리 전화하지 않았느냐며

호통을 치고는 오히려 그녀를 폭행한다. 같은 극장에 근무하는 '민수(손민석 분)'는 민재를 사랑한다. 그는 민재를 감싸 주며 사랑한다고 고백한다. 그녀는 효섭을 사랑하지만 그로부터 사랑을 받지 못하고, 민수로부터 사랑을 받으나 그를 사랑하지 않는다. 엇갈린 사랑이다.

보경은 '차도녀(차가운 도시 여자)'이다. 대낮에 효섭을 만나 호텔에서 관계를 갖고 바로 가방을 싸서 가출을 한다. 하지만 같이 가자고 한 효섭은 터미널에 나타나지 않고, 그녀는 가방을 소매치기당하여 무일푼 신세가 된다. 남편의 회사에 전화를 걸지만 바쁘다는 대답이 돌아온다. 그러다 그녀는 우연히 남편이 병원에 가는 것을 보게 되는데, 비뇨기과 병원이다. 병원의 간호원에게 남편의 진료 명목을 물었지만 끝내 답을 듣지 못한 그녀는 스스로 짐작하고는 절망한다. 효섭의 옥탑방에 들르나 인기척이 없어 옆집 여자에게 돈을 빌려 친구를 찾아간다.

보경은 친구 집에서 잠깐 잠이 드는데, 자기가 죽어 장례식을 치르는 꿈을 꾼다. 그 장례식에서 상주인 동우, 효섭과 민재가 모여서 케이크를 먹는다. 그녀는 친구 집을 나와 과거에 가족사진을 찍은 사진관에 들른다. 그녀는 그곳에 걸린 남편, 아기와 함께 찍은 자신의 가족사진을 발로 짓밟는다. 그녀는 다시 효섭의 옥탑방으로 간다. 문을 두들겨도 인기척이 없는 방 안에 피범벅이 된 채 넋을 잃고 앉아 있는 민수 모습을 카메라가 비춘다. 그리고 그 옆에는 효섭과 민재가 죽어 있다. 그 사실을 모른 채 그녀는 귀가한다. 동우는 거부하는 아내 보경의 손길을 뿌리치고 섹스를 하면서 "넌 깨끗한 여자야."라고 한다. 그녀는 효섭의 자동 응답 전화기에 "정말 사랑해요. 보고 싶어요."라는 메시지를 남긴다. 다음 날 아침, 보경은 신문을 한참 읽는다. 그러다 신문을 가지런히 펼치고는 그 위를 밟고 지나 베란다 쪽으로 걸어가서 창문을 연다. 그녀의 마지막 행로는 어디일까?

영화에 등장하는 젊은이들의 삶이 비루하다. 서로 진정한 마음을 나누지 못한 채 도시의 거리를 부유물처럼 떠돌다가 효섭과 민재는 살해당하고, 민수는 살인자가 되었다. 베란다 끝에 선 보경의 말로는 어딜까? 한밤에 담배를 사러 나간 동우는 집으로 귀가하지 않는다. 우물에 빠진 돼지보다 나을 것이 없다. 생활 전선이 너무 힘겹고, 부부간에는 신뢰를 바탕으로 한 따뜻한 애정이 보이지 않고, 연인 간의 애정도 위태롭기 그지없다. 그저 위선에 빠진 채 만나 섹스를 하고, 태연히 거짓말하며, 배신하고는 미안해하는 기색도 보이지 않는다. 우리가 살아가는 일상의 모습이라 하기에는 너무 두렵다.

영화는 감동적이거나, 스릴감 넘치거나 아니면 애절한 삶의 이면을 담은 이야기로 관람자에게 감정 이입을 요구하는 것이 일반적이다. 우리는 거기에 빠져 함께 웃고 울면서 영화를 즐긴다. 하지만 이 영화는 이런 요소를 완전히 배제한다. 정서의 과잉이나 억지 감동 없이 지극히 냉소적인 자세로 우리 삶을 사실적으로 묘사하고 있다. 우리 내면에 자리 잡고 있는 음험한 것들을 가차 없이 끄집어낸다. 그런 면에서 홍상수 감독의 장편 데뷔작인 이 영화는 평단으로부터 그동안 우리 영화에서 볼 수 없었던 '새로운 형식의 영화'라는 극찬을 받았다. 영화평론가 주성철은 "그것은 한국영화사의 시간 그 이전과 이후 어디로부터도 빚지지 않은 채 시작된 새로운 시간이었다."라고 말했다.[10] 그리고 홍상수 감독 스스로도 이 영화는 "삶을 안개 속에

---

10)   주성철, 『영화를 좋아하는 사람이라면 꼭 알아야 할 70가지』, 소울메이트, 2014, 550쪽.

가두어 놓는 우리 자신에 대한 근거 없는 희망과 눈먼 이상주의의
선동들"을 보여 주고 있다고 했다.[11]

11)   허문영, 『세속적 영화, 세속적 비평』, 강, 2010, 95쪽.

지옥 같은 삶이지만 희망은 있다
〈씨클로(Cyclo)〉

감독: 트란 안 홍 | **개봉 연도:** 1996 | **제작 국가:** 베트남, 프랑스

> *"아들아! 씨클로는 우리의 밥줄이었다. 페달을 밟는 게*
> *삶의 전부였어……. 정처 없이 달리는 게 바로 내 삶이었단다.*
> *난 너한테 물려줄 거라고는 없구나. 그래도 네가 가치 있는 일을*
> *찾게 되길 바란다."*

씨클로를 몰다가 트럭에 치여 사망한 아버지의 뒤를 이어 씨클로를 운행하는 18세의 소년(레 반 록 분), 그는 그냥 '씨클로 보이'로 통한다(이 영화에는 사람 이름이 나오지 않는다). 씨클로는 페달을 밟아 운행하는 일종의 자전거 택시이다. 자전거 바퀴를 수리하는 할아버지, 거리에서 구두를 닦는 어린 여동생, 매춘에 나선 누나(트란 누 엔 케 분). 이들 가족은 호치민시 허름한 동네에서 힘겹게 살아가지만 심성만큼은 선하다.

어느 날 씨클로를 건달패에게 빼앗기면서 소년의 삶은 예기치 못한 방향으로 흘러간다. 그 씨클로는 대여료를 내고 빌린 것이다. 씨클로 주인인 콜롱의 마님은 소년에게 그 값을 갚는 대신 자신이 거느린 갱

조직에서 일할 것을 요구한다. 사실은 갱 조직이 씨클로를 강제로 빼앗고 이를 미끼로 그를 범죄에 끌어들인 것이다. 소년은 강압에 의해 첫 임무를 완수하면서 손쉽게 돈을 벌자 말한다.

"나도 갱이 되고 싶어요."

그 말을 들은 소년의 보스인 시인(양조위 분)은 크게 노한다. 시인은 매춘을 알선하는 자이다. 그는 소년의 누나를 사랑하지만 그녀에게 매춘을 요구한다. 소년의 누나는 싫어하면서도 응하는데, 시인의 말을 거역 못 할 만큼 사랑하고 있는 것일까? 그녀는 시인에게 "남들처럼 나를 사랑하면 안 돼요?"라며 안타까움을 토로한다.

소년은 갱단으로부터 새로운 임무를 부여받는다. 마약을 숨긴 돼지고기를 씨클로로 운반하는 것이다. 도중에 경찰의 검문으로 들킬 위험에 처하나, 주변에서 패싸움이 벌어져 겨우 위기에서 벗어난다. 그날 밤 꿈에 자기를 구하려다 두 번이나 죽는 아버지를 본 후, 소년은 마님을 찾아가 그동안 받은 돈을 내놓으면서 조직에서 떠나겠다고 한다. 하지만 조직은 오히려 새로운 임무를 준다. 권총 쏘는 법을 알려 주고 겁이 없어지는 알약을 주는 것을 보면 아주 위험한 임무이리라. 소년은 절망에 빠져 술을 마시고, 알약도 삼키고는 인사불성이 되어 권총을 마구 쏜다.

마님은 소년과 동갑인, 지적 장애를 겪던 아들이 소방차에 치여 죽은 후, 충격을 받고 소년을 부둥켜안고 울부짖는다. 그것이 계기가 된 것일까? 소년은 범죄 세계에서 풀려난다. 한편, 그동안 비록 매춘은 하지만 유사 성행위만 허용하여 순결을 지키고 있던 소년의 누나는 남자 손님에게 겁탈을 당하자 손목에 자해를 한다. 이 사실을 알게 된 시인은 크게 분노하여 남자 손님을 살해한다. 이어 그는 범죄 소굴에 불을 지르고, 자신의 몸에 옮겨붙은 불에 타 죽고 만다. 비록 올바르지 않은 일을 하고 있었지만 순수성을 간직하며 살아온 그가 한순간에 무너져 내린 것이다.

거리는 새해를 맞이하는 폭죽으로 야단법석이다. 카메라는 새롭게 변신하고 있는 호치민 시가지를 훑는다. 신축한 고층 건물이 즐비하고 고급 아파트, 호화 빌라, 테니스를 치는 사람들, 풀장에서 수영하는 어린이들의 모습도 보인다. 거리에는 씨클로 대신 수많은 오토바이가 질주하고 있다. 그 가운데 멀리서 소년이 할아버지, 누나, 여동생을 씨클로에 태우고 달리는 모습이 보인다.

1990년대 베트남 호치민시 뒷골목 모습과 당시 사회의 혼란상을 잘 보여 준다. 그중에서도 빈민가의 모습은 충격적이다. 온 가족이 생활 전선에 뛰어들어도 가난을 면하기 어렵다. 어린 소녀까지 구두 닦이에 나서고 소년은 학교에 가지 못한 채 힘들게 씨클로를 끈다. 할아버지도 돈벌이에 나서고, 누나는 매춘업에 종사한다. 갱단 조직은 어린 소년을 마약 거래, 청부 살인에까지 끌어들인다. 거리에는 청년들의 패싸움이 벌어지고, 목발을 짚은 전쟁 상이용사들이 무수히 오가며, 심지어 탱크 등 전쟁의 잔재도 방치되어 있다. 그러나 이러한 극한의 상황도 그들의 선한 삶에 대한 마지막 의지마저 꺾지는 못한다. 자신의 것이 아닌 것에 눈길을 주지 말라는 할아버지, 가치 있는 일을 찾으라는 아버지, 그 아버지가 생각나 결국 범죄 조직으로부터 탈출하고자 하는 소년, 늦게나마 소년을 풀어 주는 마담, 소년의 누나를 사랑하며 그녀를 위해 자기 몸을 던진 시인.

이 영화는 1995년 제52회 베니스영화제에서 황금사자상을 수상했다. 베트남 정부는 이 영화가 사회의 혼란과 부정적인 면을 지나치게 부각시켰다며 상영 금지시키기도 했다.

이룰 수 없는 꿈, 초록물고기를 잡으려다
〈초록물고기〉

감독: 이창동 | **개봉 연도:** 1997 | **제작 국가:** 한국

폭력 조직의 두목 '배태곤(문성근 분)'은 '막동(한석규 분)'에게 네 '꿈'이 뭐냐고 여러 차례 묻는다. 막동은 처음에는 답변을 못 하다가 나중에 말한다.

> *"흩어져 있는 식구들하고 함께 살면서 조그만 식당이나*
> *같이 했으면……"*

그의 꿈은 여느 조직 폭력 영화 주인공처럼 조직의 일인자가 되어 회장님 소리를 듣고자 하는 것이 아니다. 아주 소박하다. 영화 끝부분에 마침내 그의 꿈은 이루어진다. 신도시 건설 광풍이 휘몰아치고 지나간 일산 신도시 외곽에 온 가족이 함께 모여 토종닭을 전문으로 하는 '큰 나무집'이라는 식당을 연 것이다. 하지만 그 꿈의 주인공인 막동은 그 자리에 존재하지 않는다.

막 제대하고 고향행 열차를 탄 막동은 바람에 날린 '미애(심혜진 분)'의 장밋빛 스카프를 줍는다. 이를 돌려주려고 찾아갔을 때, 그녀는

건달들에게 희롱을 당하고 있었다. 그녀를 구해 주려다 자신도 건달들에게 집단 폭행을 당한다. 폭력이 난무하는 세상이다. 자기 고향에 도착했으나 낯선 느낌이다. 고향 땅이 신도시로 개발된 것이다. 전철역 표지판에 '일산신도시'라는 글자가 보이고 길 양변에는 온통 붉은색 네온사인이 번쩍인다.

막동의 가족은 아버지가 일찍 죽었고, 어머니와 4남 1녀로 구성되어 있으나 뿔뿔이 흩어져 살고 있다. 그에게는 뇌성 마비 장애인인 큰형, 경찰이지만 알코올 중독자인 둘째 형, 트럭 행상을 하는 쾌활한 셋째 형이 있다. 막동은 "나 돈 많이 벌 테니까 이제 파출부 일 그만두세요."라며 엄마를 챙긴다. 농사 일이 없어진 대신 인근 아파트 단지에 파출부 일자리가 많이 생겨났으리라. 그리고 엄마 몰래 다방에서 일하지만 막 제대한 오빠에게 용돈을 챙겨 주는 착한 여동생이 있다. 그는 여동생에게도 "내가 돈 벌 테니 이런 짓 하지 마."라며 나무란다. 그런 만큼 이제 제대한 그는 돈 버는 일이 급선무다. 하지만 아무런 기술도, 밑천도 없는 그가 당장 할 수 있는 일은 없다.

막동은 가방을 갖고 있다는 미애의 연락을 받고, 아직 간직하고 있던 그녀의 스카프를 돌려주기 위해 찾아간다. 그곳은 서울의 어느 나이트클럽으로, 미애는 그곳에서 노래를 부르는 가수이다. 스카프를 그녀에게 건네나, 그녀는 선물로 가지라고 한다. 그때 조직폭력배로 보이는 무리가 미애를 강제로 데려가려 하자, 의협심이 발동한 막동은 그녀를 구하러 나선다. 그들 사이에 싸움이 일어나고 그 과정에서 알게 된 조직의 보스 배태곤 사장은 그에게 주차장 관리 일자리를 준다. 미애가 애인인 배 사장에게 그의 일자리를 부탁한 것이다.

"엄마, 나 서울에 취직했어! 좋은 직장이야."

집에 전화하는 막동의 목소리에는 기쁨이 배어 있다. 그는 주차장 일을 하다가 배 사장의 조직원들과 시비가 붙어 맞아 가면서도 각목으로 조직원의 뒤통수를 후려갈긴다. 그 '깡다구'가 마음에 든 부두목은 이를 배 사장에게 보고한다. 조직에 합류한 그에게 첫 임무가 부여된다. 자신의 손가락을 부러뜨리는 자해 공갈로 그 임무를 완수한 그에게 배 사장은 자기를 형님으로 부르라고 한다. 이제 막동은 본격적인 조직폭력배가 되었다. 어느 날, 취객에게 봉변을 당하던 미애를 보호해 주면서 두 사람 사이에 조금씩 사랑의 감정이 싹튼다. 어릴 적 사진도 함께 보고, 배 사장 몰래 밤 열차도 함께 타면서 위험한 애정을 키워 간다. 미애는 막동의 큰 나무가 있는 옛집 사진을 기념으로 갖는다.

그 무렵, 과거 배 사장이 형님으로 모시던 '김양길(명계남 분)'이 출소한다. 양길은 사업을 확장하면서 배 사장의 구역을 침범한다. 그와의 갈등이 깊어지지만, 아직 맞붙기에는 역부족이라 느낀 배 사장은 당하기만 한다. 그러다 일부 부하들까지도 그를 배신하는 등 조직 와해의 위기를 맞는다. 배 사장은 막동에게 꿈을 들먹이며, 어릴 적 김밥 세 줄을 훔쳐 먹고 유치장 신세를 진 적이 있는 '새카만 양아치 새끼'였던 자신의 과거를 들려준다. 그리고 마침내 한 조직의 보스 자리에 오르고, 나이트클럽을 운영하면서 상가 건물 재개발 사업을 따낸 것은 젊을 적 꿈이 있었기에 가능했다고 강변한다. 그러면서 공짜로 그 자리에 올라온 것은 아니라는 말도 덧붙인다. 그 말에 마음이 움직인 것일까?

막동은 그때까지 간직하고 있던 미애의 스카프를 태운다. 장밋빛 연정 따위는 잊고 한 밑천 잡아 가족 식당을 여는 꿈을 실현하고자 나서겠다는 의미이리라. 양길이 운영하는 나이트클럽을 찾아간 막동은 화장실에서 그를 칼로 살해한다. 사건 직후 그는 공중전화 부스에서 집에 전화를 걸어, 큰형에게 초록물고기를 잡고자 했던 어린 시절을 이야기하며 오열한다.

> "큰성! 생각나? 빨간색 철교. 우리 어렸을 때 빨간 다리 밑으로
> 물고기 잡으러 많이 다녔었잖아. 내가 언젠가 초록색 물고기
> 잡는다고 그러다가 쓰레빠 잃어버려 가지구, 큰성이랑
> 형들이랑은 하루 종일 놀지도 못 하고 쓰레빠 찾으러
> 다녔었잖아. …… 큰성, 그때 생각나?"

돈을 벌어 가족과 함께 오순도순 살아 보겠다는 소박한 꿈 때문에 끝내는 스스로 감당할 수 없는 큰 잘못을 저지른 막동은 그 순간 허탈과 슬픔, 그리고 세상에 대한 원망이 한꺼번에 떠올랐으리라. 이제는 예전의 순수했던 시절로 돌아갈 수 없다는 서러움도 함께 북받쳤을 것이다. 큰형과 통화하며 오열하는 장면은 한석규가 '명품 배우'로 찬란히 꽃핀 순간으로, 우리 영화사에 명장면으로 자주 불린다. 막동은 사건 직후 복합 상가 재개발 공사장에서 배태곤과 만난다. 불안해하는 그를 위로해 주는 척하던 배 사장은 그의 배에 칼을 꽂는다. 미애도 차에서 막동의 최후를 지켜본다.

세월이 흐른 뒤, 일산 아파트 단지가 멀리 보이는 곳에 위치한 조그만 식당 '큰나무집'에 배 사장과 함께 임신한 미애가 들른다. 삼계탕을 준비하려 막동의 가족들이 닭을 쫓는 모습이 보이고, 닭 몰기에 배 사장도 합류한다. 필사적으로 도망치는 닭의 모습은 마치 죽음의 손아귀에서 벗어나려는 막동의 모습을 보는 것 같다. 식사를

마친 후 마당에 나온 미애는 마당 앞의 큰 버드나무를 보고는 갑자기 주변을 살핀다. 그리고는 과거 막동이 주었던 사진을 미친 듯이 찾는다. 결국 울음을 터뜨린다. 그곳은 바로 큰 나무가 있는 막동의 옛집이었던 것이다. 가족들은 막동이 죽고 나서야 그의 꿈대로 함께 모여 살게 되었다. 하지만 새 삶터에는 막동이 없다.

세상에 초록색 물고기가 있는가? 존재하지도 않는 '초록물고기'를 잡으려다 '쓰레빠'만 잃어버린 막동이. 신도시 건설과 재개발 광풍이 휩쓸고 간 자리에 그가 설 땅은 없었다. 하이에나같이 먹을 것을 찾아 헤매는 검은 자본과 폭력이 난무하는 세상이 순수했던 한 청년을 집어삼키고는 묻어 버린 것이다. 살아남은 자들은 꾸역꾸역 밥을 먹으며 닭 다리를 뜯고, 덕담을 하고, 돈 계산을 하고, 잘 가라 다시 오시라 인사하고……. 오직 한 여인만이 그를 기억하며 그의 제단에 눈물을 헌사한다. 이 영화가 'IMF 외환위기 관리체제'가 시작되던 그해(1997년) 초에 발표되었다는 것도 시사하는 바가 크다. 감독의 예지였던가?

이창동 감독은 신도시 일산에 대해 "거기 살던 사람들의 삶을 흔적조차 없이 밀려낸, 세계적으로 유례없이 빠르게 만들어 낸 도시에서 밀려난 사람들에 대해 관심을 기울이게 되었다."라고 말했다고 한다.

어릴 적 트라우마, 시간의 흐름을 멈추게 하다

〈미스틱 리버(Mystic River)〉

감독: 클린트 이스트우드 | **개봉 연도:** 2003 | **제작 국가:** 미국

미국 동부 도시 보스턴의 한 마을에 사는 11살의 동갑내기 세 소년 '지미', '숀', '데이브'. 그들은 영원한 우정을 다짐하며 양생 중인 시멘트 보도 위에 각자의 이름을 새긴다. 데이브가 자기 이름을 미처 다 쓰지 못한 상황에서 경찰로 위장한 성폭행범들에게 납치된다. 두 친구는 그냥 지켜볼 수밖에 없다. 비록 나흘 만에 가까스로 탈출하는 데 성공했지만, 끔찍한 성폭행을 당한 데이브는 그 후 세상을 외면한 채 무기력하게 살아간다. 나머지 두 친구도 데이브를 지켜 주지 못했다는 자책감 속에 서로 피하는 사이가 된다. 하지만 20여 년 뒤, 그들은 뜻하지 않은 사건으로 다시 만나게 되고 헤어날 수 없는 운명의 올가미에 얽매인다.

한때 범죄 세계에 빠졌던 지미(숀 펜 분)는 재소 중 아내를 잃고, 출소 후 식품점을 운영하면서 새 삶을 살고 있다. 그런데 끔찍이도 사랑하는 19살 딸 '케이티'가 어느 날 밤 공원에서 처참하게 살해된다. 공교롭게도 그녀가 살해되던 날, 데이브(팀 로빈스 분)는 술에 취해 길에서 누군가와 심한 격투를 벌인 듯 손에 핏자국을 묻힌 채 새벽에

귀가한다. 전날 밤 일을 기억 못 한 그는 아내에게 아마도 자기가 싸움 끝에 강도를 죽인 것 같다고 말하며 불안해한다. 형사가 된 숀(케빈 베이컨 분)은 케이티 피살 사건을 맡게 되면서 그들은 다시 얽히게 된다.

수사가 시작되어 먼저 케이티의 남자 친구 '브랜든'이 용의 선상에 오르나 그는 거짓말 탐지기를 통과한다. 계속된 탐문 조사 결과, 케이티가 살해되던 날 밤에 그녀가 들른 바에서 데이브가 술을 마시고 있었다는 사실이 밝혀진다. 숀의 동료 형사는 그의 손에 난 상처와 차에서 발견된 핏자국 등으로 그를 의심한다. 그 과정에서 숀을 만난 지미는 소년 시절 일을 회상한다.

> *"순간의 선택이 인생을 뒤바꿔. 우리가 그 차를 탔더라면*
> *어땠을까? 그랬다면 내 인생도 달라졌겠지. 난 미쳤을 거고.*
> *케이티는 태어나지도 않았겠지."*

딸을 죽인 범인을 자기 손으로 잡겠다고 나선 지미는 데이브의 아내로부터 남편이 의심스럽다는 말을 듣자, 그를 의심한다. 더구나 데이브가 경찰에 연행된 사실도 알게 되어 더욱 확신하게 된다. 미스틱 강가 술집으로 데이브를 불러낸 지미는 그에게 범행을 인정하면 살려 주겠다고 한다. 술에 취한 데이브는 그때서야 자기가 죽인 자는 아동 성매매를 하고 있던 남자였음을 기억해 낸다. 자기가 과거에 당했던 일에 대한 끔찍한 트라우마로 그 남자를 죽이고 사체를 유기한 것이다. 그러나 사체가 그때까지 발견되지 않아 지미를 끝내 설득하지 못한다. 술에 취해 횡설수설하던 데이브는 지미의 압박이 집요하게 계속되는 데다 살인 사실을 인정하면 살려 주겠다는 그의 말을 믿고 자기가 케이티를 죽였다는 거짓 자백을 한다. 하지만 지미는 데이브를 죽이고는 사체를 어두운 강물 속에 던진다. 그러한 과정에서 지미는 브랜든의 아버지 '레이'가 자신을 밀고했기 때문에 그를 죽여 강에 버렸다는 사실을 말한다.

숀이 케이티가 맞은 총알을 면밀히 분석한 결과, 그 총이 과거 브랜든의 아버지 레이가 강도 짓을 했을 때 사용했던 것과 일치한다는 사실을 밝혀낸다. 경찰이 브랜든의 집을 급습하면서 사건의 전모가 밝혀진다. 케이티는 가출하여 브랜든과 라스베이거스에 가서 결혼식을 올리려 했다. 이를 알게 된 그의 남동생은 집 안에 숨겨 놓은 총으로 그녀를 협박하려다 실수로 살해한 것이다. 동생은 형만을 의지하며 살아가던 중이라 형을 잃으면 안 된다는 생각에 그런 일을 저지른 것이다. 숀은 지미를 찾아가 사건의 전 과정을 얘기한다. 그리고 그때서야 사체가 발견된 아동 성 학대자 살해 사건과 관련하여 용의자인 데이브를 만나야 한다며 그를 마지막으로 언제 봤느냐고 지미에게 묻는다.

"25년 전 이 거리에서 그 차를 탔을 때였지."

그들의 우정은 그 시점에서 끝났던 것이다. 숀은 지미의 "조금만 빨랐더라면……"이라는 독백을 듣고 그가 데이브를 살해했음을 직감한다. 하지만 그는 더 이상 지미를 추궁하지 않는다. 지미는 아내에게 자기가 데이브를 죽여 미스틱강에 던졌다고 고백한다. 하지만 그의 아내는 "힘들더라도 사랑하는 가족을 위해선 뭐든 하는 거야."라며 그의 입을 막는다.

길거리에 퍼레이드가 한창이다. 브라스 밴드 연주에 맞춰 전개되는 가장행렬을 구경하는 데 여념 없는 시민들. 그들 속에는 가출했던 아내와 재회한 숀, 그리고 지미와 그의 아내가 있다. 숀이 지미를 향해 손가락으로 총을 쏘는 시늉을 해 보이자, 지미는 어깨를 으쓱하고는 선글라스를 쓴다. 세상의 눈길에서 벗어나고자 함일까? 마지막으로 카메라는 길바닥에 새겨진 세 소년의 이름, 미처 다 쓰지 못한 데이브의 이름을 비춘다. 그리고 유유히 흐르는 미스틱강도 함께 비춘다.

영원한 우정을 맹세했던 친구들이 불가항력의 사건으로 평생 멍에를 뒤집어 쓴 채 살아가는 모습이 애잔하다. 지미는 과거에 자기가 죽였던 자(레이)의 아들에 의해 딸을 잃었다. "애비 죗값을 네가 치르는구나."라는 그의 독백이 떠오른다. 더구나 그는 옛 친구 데이브를 자기 손으로 죽이는 한까지 쌓는다. 데이브는 어린 시절, 자기 잘못 없이 당한 일로 평생 세상과는 담을 쌓고 살다가 예전 친구에게 살해당한다. 지미는 그를 죽이기 직전에 왜 케이티를 죽였느냐고 묻는다.

> *"술집에서 케이티를 봤을 때, 예전에 가졌던 꿈이 생각났어.*
> *젊음의 꿈. 내겐 없었던 시절. 내 말 이해할 거야.*
> *그때 그 차를 자네가 탔더라면."*

데이브의 말을 들은 지미는 "차를 탄 사람은 바로 자네였어."라며 냉혹하게 잘라 말한다. 하지만 숀은 다르게 말한다.

> *"어찌 보면 우리 모두가 그 차를 탄 거야. …… 현실 속의 우린*
> *겁에 질린 11살 꼬마야. 탈출해서 다르게 살길 상상하는 꼬마."*

손의 말은 어린 시절에 그 차를 함께 타지 않았던 자신들도 그 사건으로 인해 트라우마를 갖게 되었다는 뜻이다. 정신과 전문의 김준기는 "어린 시절 트라우마를 받은 사람들의 정신세계에서는 시간의 흐름이 멈추어져 있어 아무리 시간이 지나도 트라우마를 받았던 당시의 연령에 멈추어 있는 어린 인격이 존재한다."라고 설명한다.[12] 지미가 데이브를 죽인 후 "우리는 죄를 이 강에 묻는 거야."라고 말한다. 오직 미스틱강만이 그들 사이의 잔혹한 운명을 아는 듯 유유히 흘러갈 뿐이다.

이 영화에서 가장 인상 깊은 것은 숀이 지미가 데이브를 죽인 것을 알아채고도 모르는 척 넘어가는 것이다. 이러한 결말에 대해 클린트 이스트우드 감독은 다음과 같이 말했다고 한다. "모두 한배를 탔다는 얘기다. 되돌릴 수도 없고, 중간에 내릴 수도 없는, 급행열차를 함께 탄 것이다." 숀 펜은 이 영화로 아카데미 남우주연상을, 그리고 팀 로빈스는 남우조연상을 수상할 정도로 탁월한 연기를 선보였다.

12)   김준기, 『영화로 만나는 치유의 심리학』, 시그마북스, 2016, 176쪽.

역사가 남긴 상흔

/2장/

역사의 소용돌이에 짓밟힌 사랑과 운명

〈패왕별희(覇王別姬, Farewell My Concubine)〉

감독: 천카이거 | **개봉 연도:** 1993 | **제작 국가:** 중국, 홍콩

청나라 멸망 후 군벌 시대, 1937년 중일 전쟁의 발발, 일본의 중국 점령, 1949년 인민 해방군의 북경 입성 그리고 1966년 문화대혁명에 이르기까지 중국의 역사는 심하게 요동쳤다. 그 역사의 회오리바람은 인기 절정의 경극(京劇) 배우인 두 남자와 한 여인을 질곡의 삶으로 몰아넣어 돌이킬 수 없는 파멸로 이끈다. 삼각관계, 그러나 그것이 한 여인을 향한 두 남자의 구애가 아니라 한 남자 배우를 두고 그의 상대 남자 배우와 한 여인이 얽힌 관계라면 더욱 비극적으로 흐를 수밖에 없으리라.

1924년 북경, 다 큰 사내아이를 홍등가에 데리고 있을 수 없다며 여자는 육손인 아들 '도즈'의 손가락 한 개를 절단하면서까지 경극단에 가입시킨다. 경극단의 혹독한 훈련 과정에서 '시투'는 형이자 친구로서 그를 돌봐 주며 우정을 쌓아 간다. 배역에 있어서 도즈는 예쁘장한 얼굴에 몸짓이 유연하여 여자 역으로 인정을 받고, 시투는 장군 역을 맡아 한 쌍이 됨으로써 두 사람은 더욱 가까워진다. 극단을 졸업한 두 사람은 당대 최고의 배우가 되어 '두 젊은 영웅'으로 인정

받는다. 유명한 경극 '패왕별희'에서 데이(장국영 분, 어릴 적의 도즈)는 우희 역을 맡고, 샬로(장풍의 분, 어릴 적의 시투)는 초패왕 역을 맡아 잘 어울리는 한 쌍으로 인기와 명예를 누린다.

하지만 두 사람의 삶은 예기치 않은 방향으로 흘러간다. 어릴 적부터 자기를 알뜰히 돌봐주던 샬로에 대한 데이의 감정이 남성 간의 우정 또는 형제간의 우의의 단계를 벗어난 것이다. 극장주가 경극 후견인에게 말한다.

"(데이는) 현실과 극을 구분 못 하고 자신이 우희인 줄 알아요.
무대와 현실, 남녀의 구별이 되지 않습니다."

하지만 샬로는 데이를 같은 극단 출신의 동생 또는 극 중 파트너 이상으로 생각하지 않는다. 더구나 그는 술집 출입을 하면서 거기서 만난 기녀 '주샨(공리 분)'을 가까이하고, 얼떨결에 그녀와 결혼 약속까지 한다. 이 사실을 알게 된 데이는 화를 내면서 샬로에게 고백한다.

"샬로, 나는 너 따라서 죽을 때까지 함께하면 안 될까?"
"우린 반평생이나 함께 했는걸."
"안 돼. 한평생이어야 해. 일 분 일초만 모자라도 한평생이 아니야."

샬로가 이를 거부하자 데이는 반발심으로 경극 후견인 '원대인'과 가까이 지내는데, 동성애 분위기가 엿보인다. 일본군들이 중일 전쟁 이후 북경을 점령하고, 그들과 충돌한 샬로가 구속된다. 데이는 일본군 앞에서 공연을 하여 그를 구출해 준다. 일본군 대장이 데이의 공연을 좋아했던 것이다. 데이는 아편을 가까이하는 등 날로 피폐해진다.

1945년 일본이 패전으로 물러간 후, 장개석 정부가 북경을 수복하자 데이는 일본군 앞에서 노래를 했다는 이유로 구속된다. 이번에는 샬로가 원대인을 통해 데이 구명에 나선다. 하지만 데이는 재판정에서 자발적으로 일본군에게 가서 노래를 했다며 구명의 손길을 거부한다. 다행히 장개석 군대 사령관의 도움으로 가석방되나, 그는 다시 아편을 가까이한다.

1949년, 인민 해방군이 북경에 입성하자 그동안 경극을 후원하던 원대인이 악질 반동으로 몰려 처형당한다. 샬로의 적극적인 도움으로 데이는 겨우 아편을 끊는다.

경극에도 큰 변화가 왔다. 젊은 학생들로 구성된 극단에서는 왜 경극에는 영웅과 미녀만이 주인공이 되어야 하느냐며 노동 인민을 주인공으로 내세운다. 그 과정에서 데이가 제자인 '서'를 꾸짖고 벌을 주자, 서는 새로운 세상이 도래했다는 말을 남기고는 그를 떠난다. 그 후 서는 경극에서 우희 역을 데이로부터 뺏은 후 말한다.

"사부님, 영원히 그날은 다시 오지 않을 겁니다."

1966년, 문화대혁명이 시작된다. 구(舊)사회 잔재를 청산하기 위해서라며 홍위병들이 길거리로 나선다. 샬로는 "필요하다면 공산당과 싸우겠다."라고 과거에 뱉은 말, 홍등가 출입 등의 이유로 홍위병에 의해 길거리로 끌려 나온다. 샬로는 살기 위해 데이를 끌어들인다. 데이가 과거 일본군, 자본가, 지주 앞에서 노래를 부르고 아편도 했다고 말한다. 그러자 데이도 배신감에 분을 참지 못해 샬로에게 외친다.

"너 패왕은 남들 앞에 무릎을 꿇었어."

그가 생각하는 초패왕은 결코 무릎을 꿇어서는 안 되는 것이다. 데이는 그 순간에도 극 중에 살고 있는 것처럼 보인다. 그리고 샬로의 아내 주샨이 창녀 출신이라며 고발한다. 막다른 길에 몰린 샬로는 심판관에게 주샨을 사랑하지 않는다며 그녀를 부정한다. 함께하던 극단주도 샬로를 배신하는 증언을 한다. 배신이 배신을 낳고, 또다른 배신으로 이어진 것이다. 그 말로 인해 주샨은 자살하고, 서도 과거 패왕별희의 구습에서 벗어나지 못했다는 이유로 동료 홍위병들에게 구속된다.

11년 후인 1977년, 텅 빈 무대에 패왕과 우희 복장을 갖춘 두 사람이 나타난다. 경극을 연습하는 과정에서 우희가 검을 달라고 하자, 패왕은 "네가 죽도록 둘 수 없다."라며 거절한다. 그러자 우희는 직접 칼을 뽑아 자신을 찌른다.

패왕별희(覇王別姬)는 '(한나라 유방과의 싸움에서 진) 초나라 패왕 항우(項羽)가 애첩 우희(虞姬)와 이별하다.'라는 의미로, 두 사람의 비극적인 죽음을 담고 있는 중국 고사를 바탕으로 한 작품이다. 천 감독은 중학생 때 문화대혁명을 겪어 직접 홍위병으로 참가하였으며, 그 과정에서 아버지를 부정하는 행위를 하였다고 한다. 설문 조사로 홍콩인이 제일 사랑한 남자 배우로 선정된 적 있는 장국영은 중성적인 데이와 경극에서의 '우희' 역할, 그리고 동성애 성향을 완벽히 소화해

냈다는 평가를 받고 있다. 몸짓을 비롯한 손가락 움직임, 그리고 표정까지 말이다. 그에게는 사랑하는 남성이 있었음이 세상에 알려진 바 있다. 역시 설문 조사에서 홍콩 사람들이 가장 사랑하는 영화로 알려진 〈패왕별희〉는 문화대혁명을 다룬 정치성과 동성애를 묘사했다는 등의 이유로 중국에서 상영이 금지되었다. 그러나 국제적 흥행 후, 중국 대륙에서도 해금되었다. 이 영화는 제46회 프랑스 칸영화제 황금종려상을 수상하였다.

영화 마지막 부분 "1990년 북경에서는 경극 일좌 북경 입성 200주년을 기념하여 축하 공연이 열렸다."라는 자막이 뜬다. 그들의 힘들고 외로웠을 영혼에 다소 위로가 되었을까?

그래도 삶은 계속된다
〈비정성시(悲情城市, The City Of Sadness)〉

감독: 허우 샤오시엔 | **개봉 연도:** 1989 | **제작 국가:** 대만

1945년 8월 15일, 51년간 일본의 통치를 받던 대만은 드디어 해방
되었다. 하지만 대만인들은 그 기쁨을 채 누리지 못하고 새로운 고
통과 시련을 겪게 된다. 중국 대륙에서 국공(國共) 간의 전쟁이 시작
되고 그 여파로 외성인(外省人, 장개석과 함께 공산당에 밀려 대만으로 피
난 온 사람)이 밀려들어 오기 시작한 것이다. 그들과 기존 대만인들 간
의 갈등으로 급기야 1947년, '2·28 사건'[13]이 발발하였다. 그 과정에
서 무려 수만 명의 사람이 희생되었다고 한다. 역사의 거대한 물굽이
가 휘몰아칠 때 개인은, 그리고 가족은 그 격랑 속에서 어떻게 살아
갔을까?

---

13) 대만 2.28 사변: 1947년 2월 27일, 대북역 근처에서 전매품인 담배를 몰래 팔고 있던 여성을
     본토 출신의 단속원이 구타하면서 시작되었다. 대만인들이 거세게 항의하자 경찰이 군중을
     향해 발포하여 사상자가 나왔다. 다음 날 대북 전역, 그리고 3월 1일 섬 전체로 시위가 확산
     되자 국민당은 계엄령을 선포하고 진압군을 불러들여 대대적인 살육과 약탈을 시작했다. 당
     시 정부 발표로는 2만 8천 명이라는 희생자가 발생했다고 한다. 이때 선포한 계엄령은 1987
     년에 이르러서야 해제되었다.

일본 천황의 항복 선언이 라디오를 통해 전국에 방송되는 동안 임씨 집안에는 새 아기가 탄생한다. 그 순간 정전으로 꺼져 있던 집 안의 전등불도 환하게 켜진다. 아기 이름을 '광명'이라 짓는다. 새로운 세상이 시작되는 것일까? 가족들은 큰돈을 벌자고 호기롭게 외치지만, 역사의 물결은 전혀 예기치 않은 방향으로 흐른다.

임씨 집안의 제일 큰 어른 '임아록(이천록 분)', 그는 일제 강점기 시절 마을 사람들을 보호하기 위해 주먹을 휘둘렀지만 스스로 깡패는 아니라고 말한다. 그에게는 네 아들이 있다. 장사를 하는 첫째 '문웅(진송용 분)'은 형제애가 두터워 동생들을 끝까지 챙긴다. 그러나 만나는 사람들 면면을 봐서는 주먹 세계와 연결되어 있다. 둘째는 의사지만 일제에 징용되어 간 후 소식이 두절되었다. 셋째 '문량' 역시 징용되어 행방불명이 되었다가 미쳐서 돌아온다. 넷째 '문청(양조위 분)'은 여덟 살 때 나무에서 떨어진 후 말을 하지도 듣지도 못한다. 그는 사진 기술을 배워 사진관에서 일한다.

해방을 맞은 대만 사람들은 모이기만 하면 대륙 소식을 묻고 대만의 장래를 걱정한다. 진보적 사고를 가진 지식인 '관영(오의방 분)'의 친구들도 국민당의 부정부패와 대만인을 차별하는 편파적 인사, 쌀값 폭등, 실업 문제 등 정부에 대한 강한 불신을 토로한다.

"우리의 팔자는 노예야. 청나라도 우리의 의견을 무시해 버리더니,
국민당의 법이 바뀌지 않는 한 우린 계속 고통받으며 살 거야."
"우리 대만인이 불쌍해. 일본인과 대륙인에게 차례로 괴롭힘을 당하다니."
"기다려 봐야 소용없어. 국민들이 들고일어나서 뒤엎어야 해."

한편, 사진관에서 일하는 넷째 아들 문청은 간호원인 '관미(신수분 분)'와 필담으로 대화를 나누며 애정을 키워 간다. 관미는 관영의 여동생이다.

그러다 1947년, 2·28 사건이 터졌다. 대만인과 외성인들이 크게 싸워 대북에 계엄령이 선포되었고, 많은 사람이 죽었다는 소식이 들려온다. 문청은 관영과 함께 그곳을 방문한 후, 자기도 대만을 위해 투쟁하겠다고 결심한다. 그는 정부에 의해 요주의 인물로 찍힌 관영의 주변 사람들과 관련 있다는 이유로 잡혀가지만, 큰형 문웅의 도움으로 풀려난다. 문웅이 돈을 써서 해결하는 것을 보면 부정부패가 만연한 것 같다. 문청은 교도소에서 만난 자의 편지를 그의 형에게 전달하는데, 그 내용이 사뭇 비감하다.

'태어나서 조국을 이별했고 죽어서 조국으로 돌아갑니다.
생사는 하늘에 달린 것. 슬퍼하지 마십시오.'

관영은 시골에 숨어서 농촌 사람들을 지도한다. 문청이 함께 일하겠다고 그를 찾아가지만, 그는 "나라를 사랑하는 마음이 변하지 않으면 어느 곳에서나 할 수 있다."라며 문청을 돌려보낸다. 관영은 그에게 자신은 죽었다고 생각하라고 가족에게 전해 달라며, 여동생 관미와 결혼해 줄 것을 당부한다. 셋째 아들 문량은 겨우 정신이 돌아왔으나 예전 동료들과 어울려 밀수 사업에 손을 대다가 조직 간 싸움에 말려든다. 그러다 매국노로 밀고되어 구속되고, 폭행을 당하여 다시 미치게 된다. 그 또한 문웅이 관청과 잘 통하는 패거리들에게 돈을 쓴 덕에 풀려난다. 조직 간의 갈등은 계속되어 문웅마저 피살된다. 문청은 관미와 결혼식을 올리고 아기도 갖게 되지만, 어느 날

잡혀간 후 돌아오지 않는다. 농촌 활동을 하다가 붙잡힌 관영에게 자금을 몰래 제공한 것이 발각된 것이다. 아버지 아록은 "이제 귀머 거리도 잡아가는구나."라며 분노하지만, 현실은 무기력할 뿐이다. 문 청이 잡혀가기 전 찍은 가족사진에는 그와 아내 관미, 그리고 아기가 다정하다.

아록의 집에서는 그와 미친 아들 문량, 그리고 문웅의 아들 광명 으로 보이는 학생까지 남자 셋이서 식사를 한다. 비록 세 아들이 자 리에 없긴 하나, 3대가 한자리에 모인 것이다. 영화의 마지막에는 "1949년 12월 대륙은 공산화되고 국민 정부는 대만으로 철수하여 임 시 수도를 대북으로 정했다."라는 자막이 뜬다.

이 영화는 해방 직후의 혼란한 시기에 대만에서 벌어진 비극적 역 사와 그 소용돌이에 휘말린 어느 가족사를 담담하게 보여준다. 대만 은 청나라와 일본의 지배를 거쳐, 본토 대륙인에 의해 처참하게 짓눌 린다. 그리고 그 속에서 살아간 임씨 일가 또한 풍비박산이 된다. 총 맞아 죽은 첫째, 일제에 의해 행방불명된 둘째, 공권력에 의해 미친 셋째. 넷째 아들 문청 역시 마지막 순간에 잡혀간 후 소식이 없다. 하지만 그 거센 풍파가 지난 후에도 3대가 모여 식사하는 장면에서 는 끈질기게 이어지는 민초들의 삶의 모습을 볼 수 있다.

'그래도 삶은 계속된다.'

허우 샤오시엔 감독은 평소 "영화는 역사에 대한 예의를 갖추어야 한다."라고 말했다고 한다. 이 영화는 1989년에 만들어졌는데, 그때 서야 비로소 대만에서 40년간 지속된 계엄령(1947. 2. 28~1987)이 해제

되어 가능했던 것이다. 영화는 다소 지루하리만큼 한 장면을 멀리서 오랫동안 비추고, 인물들도 멀리서 보여 주는 등 카메라의 이동을 최소화함으로써 역사와 삶의 묘사에 대한 직접적인 개입을 최대한 자제한다. 이를 통해 인생에 대한 관조의 경지를 최대한으로 끌어올리고 있다는 평을 받고 있다. 제46회 베니스국제영화제에서 황금사자상을 수상했다.

"나 돌아갈래!", 가장 순수하고 아름다웠던 순간으로
〈박하사탕〉

감독: 이창동 | **개봉 연도:** 2000 | **제작 국가:** 한국

이 영화의 내용은 잘 몰라도 "나 돌아갈래!"라는 대사는 들어 본 사람이 많을 것이다. 죽기로 결심한 주인공이, 그리고 우리가 못내 돌아가고 싶어 하는 그 시점은 어딜까?

'이제 우리는 …… 한 인간의 인생에 있어 가장 순수하고
아름다운 순간에 도착하게 된다.'

'김영호(설경구 분)'에게 그 시점은 1979년 가을 소풍이다. 서울 구로 공단에서 함께 일하는 동료들과 소풍을 온 영호는 순박한 얼굴의 '윤순임(문소리 분)'에게 들꽃을 건넨다. 순임은 꽃을 받아들고는 수줍어 하며 영호에게 박하사탕을 준다. 기타 반주에 맞춰 일행들과 노래 '나 어떡해'를 함께 부르다가 개울가에 홀로 누운 영호는 들꽃을 바라 보다가 먼 하늘을 응시한다. 그의 표정은 행복을 느끼는 듯, 어찌 보면 울먹일 듯하다가 일순간에 굳어진다. 순임과의 사랑을 꿈꾸는 듯, 행복을 예감하는 설렘과 동시에 미래에 대한 막연한 불안감이 교차하는 것일까? 그의 눈망울에 이슬이 맺힌다.

영화는 총 7개의 시퀀스(sequence, 영화에서 하나의 이야기가 시작되고 끝나는 독립적인 구성 단위)로 구성되어 있다. 1999년 봄부터 시작하여 시간을 역순으로 거슬러 올라가, 1979년 가을까지 전개된다. 감독의 연출 의도가 순수로의 '회귀'인 만큼 역순으로 진행하는 방식을 택했으리라.

'야유회'-1999년 봄

20년 만에 가진 가리봉 옛 동료들의 야유회장에 나타난 영호의 눈은 충혈된 채 눈빛마저 흐릿하다. 그는 술에 취한 채 '나 어떡해'를 울부짖듯 부르다, 개울물에 뛰어들어 엎어진다. 잠시 안 보이나 싶더니, 철교 위에 올라가 있다. 내려오라는 동료들의 외침에 아랑곳하지 않고, 그는 마주 오는 기차를 향해 두 눈을 부릅뜨고는 두 팔을 하늘 높이 쳐든 채 외친다.

"나 돌아갈래!"

'사진기'-사흘 전, 1999년 봄

은밀히 권총을 구입한 영호의 눈빛이 광기에 홀린 듯하다. 아파트의 초인종을 누르자, "왜 왔냐?"라고 묻고는 끝내 문을 열어주지 않는 여자에게 그는 딸과 강아지 이름을 들먹인다. 어느 건물 지하 주차장에서 그는 어떤 남자에게 총을 쏘지만, 빗나가자 달아난다. 비 오는 날 밤, 그는 홀로 사는 한강 변 비닐하우스 집으로 찾아온 낯선 사내에게 총을 겨누며 말한다.

"마지막 남은 돈으로 권총을 구입했어. 내 인생을 요렇게

망쳐 놓은 딱 한 놈만 죽이려고……."

　미동도 않던 사내가 "윤순임 씨 아시죠?"라고 하자 영호는 움찔한다. 순임의 남편에 이끌려 병원 중환자실을 찾아간 영호의 손에는 박하사탕이 들려 있다. 말을 못 하고 움직이지도 못한 채 누워 있는 순임에게 박하사탕을 건네며 영호가 말을 걸자, 그녀의 눈에 눈물이 흐른다. 병실을 나오자 그녀의 남편은 카메라를 건넨다. 그 카메라를 중고 가게에 싼값에 넘기고 집에 돌아온 그는 과거의 기억을 지우듯 남겨 놓은 필름을 죽 뽑아 버리고는 괴로워하며 운다.

'삶은 아름답다'–1994년 여름

　주식 열풍이 뜨겁다. 가구점 사장인 영호는 겉보기에는 중산층 가정을 이루었다. 그러나 아내 '양홍자(김여진 분)'는 운전 학원 강사와 바람이 났고, 그도 가게의 '미스 리(서정 분)'와 불륜 관계이다. 식당 화장실에서 과거 자신이 고문했던 '명식(김경익 분)'과 우연히 마주친 영호는 그에게 묻는다.

　　　　"아직도 삶은 아름답다고 생각하나요?"

　식당을 나오면서 집어 든 박하사탕을 쉽게 입에 넣지 못하는 영호는 골똘히 생각에 잠긴다. 편한 얼굴이 아니다. 아파트를 마련한 영호의 집들이 행사에서 식사 전에 아내의 기도가 길어진다. 그러자 영호는 조용히 일어서서 집을 나선다. 아내 홍자가 찾아 나서도 보이지 않는다. 어디로 간 것일까? 어두운 먹구름이 몰려오는 느낌이다.

'고백'—1987년 봄

작지만 단란한 신혼 방에 비치는 햇살이 곱다. 오랜만에 집에 들른 영호가 밥을 먹는데, 홍자는 임신한 몸이다. 신문과 방송은 학생 시위와 민주화 관련 기사로 넘친다. 목욕탕에서 이발을 하는데, 그동안 뒤를 쫓고 있던 젊은이가 스쳐 지나가자 부리나케 뒤따라가 체포한다. 경찰서 취조실에서 그에게 물고문을 하고 무자비한 폭행을 가한다. 결국 동료가 숨은 곳을 실토하는 명식에게 영호는 압수한 그의 일기장에 적힌 것을 보며 묻는다.

> *"너 정말 삶이 아름답다고 생각하니?"*

군산에 내려가 잠복근무를 하던 영호는 순임의 고향이 그곳인 것을 기억해 낸다. 비 오는 날 밤을 카페 물망초 여종업원과 함께 보내면서 영호는 순임의 이름을 조용히 불러보며 눈물을 쏟는다.

'기도'—1984년 가을

영호는 형사가 되어 처음으로 취조하게 된다. 처음에는 혐의자를 부드럽게 달래다가 어느 순간 선배 형사가 하던 것처럼 격렬한 고문을 자행한다. 내면에 감춰진 폭력성이 폭발한 듯하다. 손에 뭉클한 것이 만져지는데, 오물이다. 냄새는 씻고 또 씻어도 사라지지 않는다. 고참 형사가 "그 냄새 오래갈걸."이라고 한다. 그때, 순임이 면회를 온다. 식당에서 두 사람이 마주 앉으나 영 어색하다. 순임이 "영호 씨 손이 참 착했어요."라고 말한다. 그는 시니컬하게 웃으면서 "맞아. 내 손 착해요."라고 하고는, 그 손으로 지나가는 종업원 홍자의 엉덩이를 만진다. 보다 못한 순임이 선물로 카메라를 내놓고 일어서자, 그는 카메라는 더 이상 필요 없다며 받기를 거부한다. 그날 동료들과의 회식에서 영호는 엉망으로 취해 난동을 부린다. 늦은 밤 여관에서 영호가 자기 몸에 손을 대려 하자, 홍자는 "기도하자"라고 한다. 영호는 잠을 못 이룬다.

'면회'—1980년 5월

순임은 영호를 면회하러 온다. 군대 위병소에는 '비상으로 면회 금지'라는 안내문이 붙어 있다.

내무반 병사들은 군장을 꾸리느라 정신이 없다. 이등병인 영호가 짐을 꾸리는데, 반합에서 하얀 것들이 쏟아진다. 순임이 보내온 박하사탕이다. 침상에 쏟아진 하얀 박하사탕은 군화들에 의해 사정없이 짓밟힌다. 광주 시내에 투입된 영호는 총성 가운데 내달리는데 군화에 물이 찬 듯 영 불편하다. 군화를 벗어 보니 피가 홍건하다. 그 순간, 앞에 부스럭거리는 소리와 함께 순임을 닮은 여학생이 나타난다. 울면서 "살려 보내 주세요."라고 말하는 그녀에게 영호는 빨리 도망가라며 위협 사격을 한다. 하지만 엎어진 소녀는 말이 없다. 그는 여학생을 안고는 "얘, 빨리 일어나. 빨리 일어나 집에 가야지."라며 울부짖는다.

'소풍'—1979년 가을

이제 영화는 이 글의 앞부분, 동료들과 함께 온 소풍 장면과 연결된다. 그날 영호와 순임은 꿈결 같은 대화를 주고받는다.

> *"이거 드실래요? 박하사탕."*
> *"나 박하사탕 좋아하는데. …… 나중에 사진 찍고 싶어요.*
> *이름 없는 꽃들을. …… 이상해요. 여기는 한 번도 와 본 적이*
> *없거든요. 그런데 옛날에 한 번 와 본 것 같아요. 저 철교랑,*

강이랑, 다 낯익어요."
"꿈에서 본 거래요. …… 영호 씨,
그 꿈이 좋은 꿈이었으면 좋겠어요."

들꽃을 보며 아름다운 사랑을 꿈꾸던 스무 살 청년 김영호, 5·18 광주민주화운동은 그의 삶을 송두리째 무너뜨린다. 그는 역사의 소용돌이로 피해를 입었지만, 동시에 본의 아니게 가해자가 되었다. 결국 그는 혼자 감당하기 힘든 짐을 벗지 못한 채 20년 뒤 극단의 길을 택한다. 거기에는 90년대 말, 거품 경제 속 IMF 관리체제도 한몫했다. 그가 죽는 순간, 곁에는 아무도 없다. 가족도, 친구도, 전우도, 그리고 그에게 명령을 내린 국가, 순임마저도……. 그는 자신을 망치게 한 놈들을 열거한다.

"내 인생을 요렇게 망쳐 놓은 딱 한 놈만 죽이려고.
날 깡통 차게 만든 증권 회사 직원 놈? 흡혈귀 같은 사채업자?
동업한다 해 놓고 사기 친 놈."

자기 삶에 대한 스스로의 잘못은 인정하지 않고 남의 탓으로만 돌린다고 그를 비난할 수 있을까? 그러나 그의 잘못만을 탓할 수도 없으리라. 그는 남들이 겪지 못한 처절한 생지옥을 경험했다. 순수한 청년일수록 그 절망은 더욱 깊었으리라. 그가 절규하며 부르는 노래 '나 어떡해'는 역사의 큰 물줄기 속에 무력할 수밖에 없는 개인의 울부짖음으로 들린다.

이 영화가 2000년 1월 1일 자정, 새천년에의 기대가 고조되는 시점에 첫 상영 되었다는 것은 큰 의미가 있다. 영화는 그 시점에서 미래에 대한 희망을 보여 주는 것이 아니라, 우리가 힘겹게 살아온 과거로 회귀하기 때문이다. 새 시대를 즐거이 맞이하기 전에 과거를 냉철하게 짚어 보자는 것일까? 영화는 시간 여행을 통해 한국의 어둠의 역사와 눈부신 경제 성장의 허상에 감추어진 한국인의 상처를 집요하게 묘사한 "슬퍼서 너무나 아름다운 영화"라는 평(국문학자 박태상)을 받고 있다.[14]

이 영화를 연출한 이창동 감독은 다음과 같이 밝혔다고 한다.

> (이 영화는) 시간에 대한 영화다. 우리 현대사가 출발했던 시간을 되짚어 보고 싶었다. 내 젊음의 순수했던 시점으로 돌아갔으면 좋겠다는 내적인 충동으로 작용한 것이 이 영화다. 단순한 과거 지향이나 복고 지향이 아니라 …… 원점으로 돌아가서, 과연 그곳에서의 내 본래 모습은 무엇인가를 스스로 질문해 보는 것을 의미한다.[15]

14) 박태상, 『영화, 어떤 문화코드로 읽을 것인가』, 집문당, 2002, 92쪽.
15) 유응오, 『영화, 불교와 만나다』, 아름다운인연, 2008, 121쪽.

전쟁은 끝나지 않았다

/3장/

모든 구원이 차단된 절망의 시각
⟨25시(La Vingt-Cinquieme Heure)⟩

감독: 앙리 베르누이 | **개봉 연도:** 1978 | **제작 국가:** 프랑스

영화 도입부, 소설가 '트라얀'과 그의 어머니가 나누는 대화가 의미
심장하다.

> *"하루는 24시간뿐이란다. 시간 낭비하지 말거라."*
> *"이미 낭비해 버렸어요. 25시예요.*
> *과연 누가 살아남을지 걱정이에요."*

인간에게 주어진 하루는 24시간이다. 밤 12시가 지나면 새로운 날
이 시작된다. 하지만 밤 12시를 이미 지난 25시는 인간에게는 주어
지지 않은, 아니 신의 손길마저 벗어난 시각이다. 영화는 말한다. 그
것은 "모든 구원이 차단된 절망과 불안의 시각"이라고. 우리는 과연
몇 시에 살고 있는가?

1939년 3월 15일, 루마니아 시골 마을 폰타나에서 순박한 농부 '요
한 모리츠(앤터니 퀸 분)'의 어린 아들의 세례식이 거행된다. 이를 축하
하기 위한 마을 잔치에서 그는 아내 '스잔나(비르나 리지 분)'와 춤추면

서 "난 지금 행복해."라고 속삭인다. 그 순간 라디오에서 흘러나오는 히틀러 목소리와 독일이 체코를 침공했다는 소식이 그 행복을 송두리째 앗아 간다. 소환장이 날아와 경찰서로 출두한 요한은 영문도 모른 채 그 자리에서 노동수용소로 끌려간다. 지역 경찰서장이 그의 아내 스잔나의 미모에 빠져 그를 유대인으로 몰아 거짓 소환장을 발부한 것이다. 요한을 제거한 경찰서장은 스잔나에게 수작을 걸어 보지만, 그녀는 총을 겨누면서 그를 쫓아낸다. 노동수용소에서 군사 방어용 수로공사에서 일하는 요한은 자기는 유대인이 아니라고 여러 차례 말하지만, 현장 지휘관은 "왕은 실수하지 않는다."라며 들은 척도 하지 않는다. 요한이 아내에게 보낸 편지들은 바로 쓰레기통에 버려진다. 그의 아내는 남편을 구출하기 위해 마을 신부와 함께 장관 대리인을 만나 남편은 기독교인이며 아들 또한 세례를 받았다고 말한다. 하지만 관계자는 1급 비밀에 해당된다며 진상 파악을 거부한다.

1940년 10월 7일, 독일군이 루마니아를 침공하여 폰타나 마을도 독일군에 점령된다. 경찰서장이 찾아와 유대인인 요한과의 이혼 서류에 서명하지 않으면 집이 몰수된다고 위협하자 스잔나는 결국 이에 서명한다. 아내가 남편 요한을 유대인으로 공식 인정한 셈이다. 이혼 소식을 들은 요한은 풀려날 것이라는 기대를 접고 동료들과 수용소를 탈출하여 헝가리 부다페스트로 간다. 그곳에서 유대인 봉사 단체를 통해 미국으로 갈 방법을 알아보지만, 이번에는 유대인이 아니라는 이유로 거부당한다.

"1년 반 동안 유대인이었는데 왜 이제 와서 안 되죠?"

하지만 그의 절규에 귀 기울이는 이는 아무도 없다. 오히려 현지

경찰에 체포되어 '헝가리인 지원자'로 둔갑되어 독일로 보내지는데 이름마저 '쟝 모리츠'로 바뀐다. 그가 탄 열차에는 '헝가리 노동자는 독일 형제를 환영한다.'라는 글귀가 적혀 있다.

1942년 12월, 독일 노동수용소에서 작업 중이던 요한의 얼굴을 유심히 살피던 독일 장교는 그의 코뼈와 두개골 구조는 물론, 흉부와 쇄골까지 자세히 측정한다. 그 장교는 얼굴을 통해 요한의 조상을 살펴본 결과, 우수한 게르만족의 혈통에 속한다고 발표한다. 순수한 게르만 혈통을 유지해 왔다고 말이다. 그들은 요한에게 SS(나치 친위대) 제복을 입히고, 수용소 감시병 임무를 준다. 그의 사진은 연구원들에게 보내지고 많은 잡지와 신문에 실리게 된다.

1944년 4월 20일, 소비에트 군이 루마니아를 침공했다. 세상이 다시 바뀌어 폰타나 마을 경찰서에는 소비에트기가 내걸리고, 주민들은 소련군을 환영한다. 마을 경찰서장은 유격대원에게 붙잡혀 간다. 스잔나는 남편의 얼굴이 독일 잡지에 실린 것을 보고는 박해가 두려워 아이들과 함께 마을을 떠난다. 수용소에는 미군 진격이 가까워졌다는 소문이 들리고, 연합군의 폭격이 개시된다. 요한은 탈출하는 수감자들에 휩쓸려 엉겁결에 독일군을 죽여 그들의 탈출을 성공으로 이끌게 된다. 그 공로로 그는 SS 제복을 입었음에도 불구하고 미군에 인도되어 포로로 대접받게 된다. 포로수용소에서 폰타나 마을 신부의 아들인 소설가 트라얀을 만난다.

1946년 9월, 트라얀은 65번의 탄원서를 올리지만 응답을 받지 못한 데다 아버지는 감옥에 갇히고, 어머니는 사망했으며, 교회는 문닫았다는 소식을 접하자 죽음의 길을 택한다. 어머니가 정해 준 책

제목 '25시'를 쓰지 못한 채 말이다. 죽기 전에 그는 요한에게 말한다.

"요한, 25시는 마지막 시간이야."

마침내 전쟁이 끝나, 2차 세계대전 전범들에 대한 재판이 벌어진 뉘른베르크 법정 심판대에 요한도 오른다. 나치 숭배의 가장 사악한 본보기가 되었다며, 그의 얼굴이 실린 책과 잡지 3,728점이 재판정에 증거물로 제시된다. 요한은 재판정에서 말한다.

"저는 8년 동안 영문도 모른 채 끌려다녔습니다."

이어 재판정에서 스잔나의 편지도 공개된다. 그녀는 편지에서 폰타나를 떠나 독일에 머물 때 소련군에 끌려가 강제로 보드카를 마시고 몹쓸 일을 당했다고 밝혔다. 그러나 아이들 때문에 죽지 못했고, 또 다른 아들을 갖게 되었다고 고백한다. 편지 낭독을 마친 변호인은 호소한다.

"이 부부를 만나게 해 주는 것이 세계 평화라고 생각합니다."

1949년 11월 독일 어느 기차역, 기차에서 내린 사람들은 가족을 만나 포옹을 한다. 보따리를 안고 주위를 두리번거리던 요한은 저 멀리 역사 근처에 아내와 세 아이가 서 있는 것을 발견하자 달려간다. 그는 포옹도 않고 아내에게 "당신은…… 변한 게 없구려."라고 말한다. 스잔나도 "당신도 그래요."라며 응답할 뿐, 더 이상 말을 잇지 못한다. 요한은 두 아들과 악수를 한 다음, 처음 보는 꼬마에게도 조심스레 이름을 묻는다. 그때 카메라를 든 기자가 그들을 발견하고는

다가온다. 뉘른베르크 재판에 대해 기사를 쓰고 있다고 자기를 소개한 기자는 요한에게 앞으로의 계획을 묻는다. 요한은 "계획? 계획은 없어요."라고 답한다. 사진을 찍겠다며 꼬마를 그의 가슴에 안긴 기자는 카메라를 들이대면서 활짝 웃을 것을 요구한다. 카메라를 향한 요한은 처음에는 웃는 듯한 얼굴이었으나, 거듭된 기자의 요구에 표정이 묘하게 일그러진다. 웃으려다 말고 한없는 슬픔과 아픔, 그리고 세상과 역사를 향한 분노로 가득 찬 얼굴을 한다.

'인생유전(人生流轉)'은 '세상을 살아가는 동안 이런저런 변화가 있었음'을 이르는 말이다. 하지만 요한만큼 이런저런 변화를 겪은 이가 또 있을까? 그의 인생이 더욱 가혹했던 것은 그 시련의 출발이 너무나 엉뚱한 데서 비롯되었고, 왜 그렇게 되었는지를 본인은 영문도 모른 채 당했기 때문이다. 본인의 의지나 잘못 없이 루마니아에서 헝가리, 독일로 그리고 마지막에는 미군 휘하로 돌고 돈 것이다. 루마니아 태생의 기독교인이 거짓 유대인으로 둔갑했지만, 악순환에서 벗어날 수 있는 결정적인 순간에는 유대인이 아니라는 이유로 미국으로의 탈출 기회를 놓치게 된다. 그러다 헝가리인으로 바뀌고, 독일 게르만족의 우수한 혈통의 본보기로 추켜세워진다. 마지막에는 소련군 자식까지 떠안게 된다. 그의 삶을 이처럼 기구하게 만든 것은 우연이나 몇몇 개인의 행위가 아니라, 인간이 만든 사회 조직 내지는 구성체다. 인종, 종교, 국가 그리고 정치 이념 등이 그를 절망의 나락으로 떨어뜨린 것이다. 끝까지 그를 비참하게 만드는 것은 그와 가족에게 사진 찍을 테니 웃으라고 여러 차례 말하는 기자의 요구다.

누가 그의 인생유전을 보상해 줄 것인가? 신의 손길마저 벗어난 시각, 25시에 일어난 일에 대해……

조물주의 오발탄, 갈 길을 잃다
⟨오발탄(誤發彈)⟩

감독: 유현목 | **개봉 연도:** 1961 | **제작 국가:** 한국

영화의 마지막 부분, '송철호(김진규 분)'가 택시 뒷좌석에서 피를 흘린 채 쓰러지면서 중얼거린다.

> "오발탄! 아들 구실, 남편 구실, 애비 구실, 형 구실, 오빠 구실,
> 또 서기 구실. 해야 할 구실이 너무 많구나. 그래, 난 아마도
> 조물주의 오발탄일지도 모른다. 정말 갈 곳을 모른다. ……
> 그런데 지금 나는 어딘지, 가긴 해야 할 텐데…….'"

그는 성실하지만 가난한 계리사이다. 북에서 내려온 피난민들이 모여 사는, 판잣집이 즐비한 '해방촌'에 사는 그에게는 제트기의 폭음 환청이 들릴 때마다 "가자!"라고 외쳐 대는 정신 이상의 노모와 만삭의 아내(문정숙 분), 제대 후 직장을 구하지 못한 채 사고만 연발하는 동생 '영호(최무룡 분)'가 있다.

> "인간이 가질 수 있는 욕망의 백 분의 일도 채워 주지 못하는
> 이따위 현실……. 어떡하면 미칠 수 있나요?"

양공주로 밤거리에 나선 여동생 '명숙'의 외침이다. 학업을 포기한 채 신문팔이하는 막냇동생 '민호', 그리고 예쁜 나일론 치마와 신발을 사 달라고 졸라 대는 어린 딸이 있다. 지독한 치통을 앓고 있는 그는 충치를 뽑을 여유도 없이 힘겹게 살아간다. 어린 딸이 예쁜 구두를 사 달라고 조르지만, 월급날 구두 한 짝을 만져만 보고 돌아선다.

영호는 상이용사로서 퇴역 동료 군인들과 늘 다방에서 어울려 술 추렴이나 하며 현실에 대한 불평을 쏟아낸다. 하지만 그는 언젠가는 '큰돈'을 손에 쥐겠다는 욕망을 숨기지 않는다. 그는 군대 시절 야전 병원에서 알게 된 '설희'를 우연히 만나 그녀로부터 권총을 입수한다. 영호는 은행 강도짓에 나서지만, 운전을 맡은 동료가 총소리에 놀라 도망가는 바람에 돈 자루를 등에 맨 채 경찰에 쫓기게 된다. 체포되는 순간, 주변에 돈다발이 흩어져 그의 마지막 꿈마저 산산이 흩어져 버린다. 영호는 면회 온 형 철호에게 "나를 사거리에 목매달아 줘."라고 부탁한다.

집에 돌아온 철호는 명숙으로부터 출산을 하던 아내가 위독하다는 말을 듣고 부랴부랴 병원으로 달려가지만, 아내는 이미 숨을 거둔 상태다. 그 순간에도 노모는 "가자! 가자!"라는 말만 되풀이한다. 철호는 노모에게 "가세요. 갈 수만 있다면……."이라며 절규한다.

철호는 무너질 듯이 밤거리를 걷다가 치과에 들러 사랑니를 뺀다. 다른 쪽도 마저 빼 줄 것을 요청하지만 의사는 출혈이 심해 위험하다며 거절한다. 그러나 그는 기어이 다른 치과에 가서 남은 사랑니를 마저 빼고는 택시를 탄다. 어디로 가겠느냐 묻는 운전사에게 "해방촌으로, 아니 대학 병원으로, 중부경찰서로"라며 갈피를 잡지 못한다.

어디로 가야 할지 모른 채 갈 길을 잃은 그의 입에서 끊임없이 피가 흘러내린다. 그의 입에서는 "가자, 가! 글쎄 가!"라며 웅얼거리는 소리만 나온다. 택시 운전사는 투덜거린다.

"제기랄, 어쩌다 오발탄 같은 손님이 걸렸어. 자기 갈 길도 모르게."

영화에는 전쟁의 상흔과 헤어날 길 없는 가난의 비참함이 짙게 깔려 있다. 해방촌, 실향민, 상이군인, 뒷골목의 양공주, 제트기 편대의 날카로운 소음, 판잣집, 은행 강도, 목매 자살한 여인, 고층에서 떨어져 숨진 설희, 끝없이 울려 대는 자동차의 소음, 데모대의 외침, 통금 시간을 알리는 사이렌 소리 등등. 특히 "가자! 가자!"라는 노모의 외침은 영화 속에 30여 차례 나온다. 어디로 가기를 바라는 걸까? 영화 속 노모는 허공을 향해 외친다.

"가자! 저 양 떼를 따라가야지. 모두들 푸른 곳으로 가는데."

영화는 절망 속에 작게나마 한 가닥 희망의 여지를 보여 준다. 병원에서 명숙이가 막 태어난 아기를 쳐다보며 말한다.

"오빠, 빨리 돌아오세요. 오빠는 늘 아이들이 웃는 얼굴이
세상에서 제일 좋다고 하셨죠? 이 아이도 곧 웃을 거예요.
방긋방긋 웃어야죠. 웃어야 하구 말구요. 또 웃도록
우리가 만들어 줘야죠."

끝없이 고통을 안겨 주던 썩은 이빨을 뽑고, 새 생명이 탄생하면서 새로운 삶이, 새로운 시대가 열리기를 고대하는 것이다.

이 영화는 소설가 이범선의 단편 소설을 영화화한 것이다. 그는 소설 속 "인간은 조물주의 오발탄"이라는 구절 때문에 기독교계 학교의 교사 자리에서 물러났다. 영화는 6·25 전쟁 이후의 너무나도 어두운 현실을 그렸고, "가자!"라는 말이 혹 북한을 염두에 두고 한 것이 아니냐는 의혹으로 쿠데타로 집권한 군사 정부에 의해 상영된 지 3일 만에 중단되었다. 그 후 2년여가 지나 "이승만 정권하의 빈곤한 사회상을 그렸다."라는 자막을 넣은 후에야 다시 빛을 볼 수 있었다. 이 영화에 자본을 대겠다는 제작자가 없어 촬영 감독과 김진규, 최무룡, 문정숙 등의 주연 배우들이 무보수로 출연하였다고 한다.

한국영상자료원이 뽑은 한국 영화 대표작 '한국영화 100선'에서 공동 1위(〈하녀〉, 〈바보들의 행진〉과 함께)에 선정된 바 있다.

전쟁은 영혼을 잠식한다
〈디어 헌터(The Deer Hunter)〉

감독: 마이클 치미노 | **개봉 연도:** 1978 | **제작 국가:** 미국

'닉(크리스토퍼 월켄 분)'은 베트남으로 떠나기 전 맏형처럼 믿음직한 친구 '마이클(로버트 드 니로 분)'에게 간곡히 부탁한다.

"만일 무슨 일이 생기면 날 거기다 남겨 두지 않겠다고 약속해 줘."
"약속하지, 친구야!"

하지만 닉은 결국 돌아오지 못했다. 그들의 친구 '스티븐(존 세비지 분)'은 불구의 몸으로 돌아오고, 비록 육신은 멀쩡하게 돌아온 마이클도 정신적으로는 만신창이다. 베트남전은 미국의 보통 청년 세 사람에게 무엇을 남긴 걸까?

미국 펜실베니아주 작은 철강 도시 클레이튼, 그곳 제철소에서 일하는 마이클, 닉, 스티븐은 절친이다. 음울한 잿빛 하늘 아래 높이 선 제철소 굴뚝에는 연기가 치솟고, 질퍽거리는 도로 위로 거대한 유조 차량은 굉음을 울리며 달리고, 공장 안 용광로에는 시뻘건 쇳물이 흐른다. 퇴근하면서 세 남자는 동료들과 작별 인사를 한다. 그들

은 며칠 후 입대하여 베트남에 파병될 예정이다. 여느 젊은이들처럼 그들은 퇴근 후 마을 바에서 맥주를 마시고, 당구를 치면서 떠들썩하게 노래도 부른다.

입대 전 스티븐은 '엔젤라(루타냐 알다 분)'와 결혼식을 올린다. 결혼식 피로연에서 마을 사람들은 술과 음식을 즐기며, 남녀가 어울려 흥겹게 춤을 춘다. 때마침 바에 들어온 초록색 베레모를 쓴 참전 용사에게 세 친구는 자기들도 곧 베트남에 간다고 자랑스럽게 말을 건넨다. 하지만 용사는 "염병(fuck you)!"이라며 냉소한다. 일순간 분위기가 조용해지지만 축제는 계속된다. 신부가 던진 부케를 '린다(메릴 스트립 분)'가 받는다. 그녀의 곁에 있던 닉은 린다에게 청혼하여 승낙을 받는다. 이들을 지켜보는 마이클의 표정이 착잡하다. 그 역시 린다를 좋아하는 것 같다. 사회자가 신랑신부에게 포도주를 함께 마시게 하면서, "두 사람이 흘리지 않고 다 마시면 평생 행운이 찾아올 겁니다."라고 한다. 그러나 신부의 새하얀 드레스에 핏빛 포도주가 살짝 떨어진다. 난장판에 가까운 파티가 끝난 후, 마이클과 닉은 스산한 대화를 나눈다.

> *"내가 미친 게 틀림없어. …… 우리가 돌아올 거라고 생각해?"*
> *"난 이 빌어먹을 곳을 사랑해. …… 만일 무슨 일이 생기면*
> *날 거기다 남겨 두지 않겠다고 약속해 줘."*
> *"약속하지, 친구야!"*

다음 날 새벽, 그들은 친구들과 함께 입대 전 마지막 사슴 사냥에 나선다. 진지한 성격의 마이클은 권총을 갖고 장난을 치는 친구에게 "그 총 조심하라고."라고 말하는데, 신경이 많이 날카로워져 있다. 새벽안개 자욱한 산등성이를 누비던 마이클이 한 마리 사슴을 발견하고는 명중시킨다. 쓰러져 누운 사슴의 순한 눈망울이 오래 각인된다.

전화(戰火)에 휩싸인 베트남은 하늘을 뒤덮은 전투기에 의해 공중 폭격이 전개되고 마을이 불탄다. 살육이 벌어지고, 인적이 끊긴 마을에 돼지들이 무리 지어 다닌다. 다치고 죽은 적군과 아군 병사들이 즐비한 가운데, 마이클은 도망치는 모자에게 총을 쏜 베트콩에게 화염 방사기를 발사한다. 지옥이 따로 없다. 짧은 전투 장면이지만 그 잔혹함을 너무나 생생히 보여 준다.

세 친구는 베트콩의 포로가 되었다. 강변의 막사 밑, 감금된 포로들 주위로 핏빛 어린 물에 시체가 널려 있고, 쥐들이 들끓는다. 포로들은 한 사람씩 끌려 올라가 베트콩들이 하는 도박의 노리개 신세가 된다. 도박 방식은 '러시안룰렛(Russianroulette)' 게임이다. 6연발 리볼버에 총알 하나만 장전하고, 그 위치를 알 수 없도록 탄창을 돌린 후, 관자놀이에 대고 돌아가며 방아쇠를 당기는 게임이다. 죽을 확률이 6분의 1인 죽음의 도박이다. 세 사람 중 마이클은 애써 침착함을 유지하지만, 닉과 스티븐은 거의 정신 착란 상태다. 마이클과 닉의 대결 순서가 되자, 마이클은 베트콩에게 자기는 권총에 실탄을 세 알 장전하겠다고 제안하고, 기회를 틈타 전광석화처럼 베트콩을 처치하고 탈출에 성공한다. 그들은 강물에 떠내려가는 통나무에 매달려 가다가 미군 헬기에 의해 구조되지만, 끝내 뿔뿔이 흩어지게 된다. 사이공의 미군 병원에 입원한 닉은 밤에 외출했다가 도박장을 발견하고는 홀린 듯 들어간다. '러시안룰렛' 게임 도박장이다. 닉은 옛날 생각이 난 듯, 게임 참여자의 권총을 빼앗아 자기 머리를 향해 방아쇠를 당기지만, 살아남는다. 그때 우연히 객석에서 이를 지켜보고 있던 마이클이 닉의 뒤를 쫓아가지만 놓치고 만다.

　마을 입구에 "귀향을 환영한다, 마이클"이라고 적힌 환영 플래카드가 걸리고, 친구들은 그의 집에서 파티를 준비한다. 하지만 그는 집을 지나쳐 모텔로 간다. 새벽까지 잠을 이루지 못한 채 안절부절못하는 마이클은 린다의 사진을 꺼내 본다. 친구들이 모두 물러간 것을 확인한 그는 자기 집을 뒷문으로 조심스레 들어간다. 그 집에는 폭력적인 아버지를 피해 집을 나온 린다가 살고 있다. 재회한 두 사람은 반가운 포옹을 한다. 닉의 소식을 묻자, 그녀는 "부대에서 무단 외출 후 사라졌대."라고 짧게 답한다. 그 말을 들은 마이클은 자신에게 은근히 애정 표현을 하려는 린다를 받아들이지 못한다.

　친구들이 "우린 거기서 승리한 거지?"라고 묻지만, 마이클은 아무런 답을 하지 않는다. 그는 친구들과 사슴 사냥을 하러 산을 찾지만 사슴의 눈을 보는 순간 공중으로 향해 쏘고 만다. 더 이상 죄 없는 사슴을 사냥할 수 없다는 듯 말이다. 그리고 그는 스티븐을 찾아 나선다. 다리를 다쳐 가족과 떨어져 퇴역 군인 요양소에 있는 스티븐은 휠체어 신세. 그가 "매달 사이공에서 영문 모르는 돈이 와."라고 말하자, 마이클은 그것이 닉이 보낸 것임을 직감한다.

　베트남으로 출발하기 전, 닉에게 그곳에 혼자 남겨두지 않겠노라고 약속했던 마이클은 다시 베트남으로 향한다. 사이공 함락이 임박한 시점이라 미국 대사관 앞은 탈출하려는 사람들로 인산인해다. 피난민들로 가득한 시내에 나간 그는 옛날 그 도박장을 찾아간다. 과연 그곳에 닉이 있지만, 그는 마이클을 알아보지 못하고 얼굴에 침을 뱉는다. 마이클은 비상수단으로 닉과 '러시안룰렛' 게임을 겨루는데,

다행히 마이클은 총알을 피한다.

"가자, 닉. 집으로 돌아가자."

그의 필사적인 애원에도 불구하고 멍한 표정의 닉은 권총을 관자놀이에 대고 방아쇠를 당긴다. 불행하게도 총알이 발사되어 그는 절명한다.

TV 방송에는 미군이 베트남에서 완전 철수했음을 알린다. 그들의 고향 마을에선 닉의 장례식이 거행되고, 운구 행렬은 그들이 함께 일했던 제철 공장을 지난다. 장례 후, 친구들은 바에 모인다. 과거 떠들썩하게 술 마시고, 춤추며 놀던 그 바는 한없이 조용하다. 커피잔 달그락거리는 소리만이 정적을 깬다. 무거운 침묵이 계속되는 가운데, 모인 사람들은 서서히 합창을 한다. 'God Bless America!' 노래가 홀에 퍼진다. 함께 자리한 스티븐은 휠체어에 앉은 채 희미하게 웃고, 일동 "닉에게"라며 건배를 올린다. 영화는 즐거웠던 결혼식으로 시작해서 장례식으로 끝난다.

시간 날 때마다 사슴 사냥을 즐기던 마이클은 이제 사슴을 쏘지 못한다. 명분 없는 전쟁에서는 그와 친구들이 오히려 적군들에게 쫓기는 순한 사슴 신세가 되었던 것이다. 특히 러시안룰렛 게임에서 그들은 더 이상 도망갈 곳 없는 절망을 경험하였다. 전쟁은 젊은이들을 평화롭던 삶에서 끌어내어, 신체와 영혼을 갉아먹고 행복한 가정을 박살 내었다. 그들은 어디에서, 누구에게서 위로와 보상을 받아야 하나? '신이여, 미국을 축복하소서(God Bless America)'라는 말이 그들에게 위로가 될 수 있을까?

이 영화는 베트남전에서 미국의 패전을 최초로 영상화한 작품이
다. 제51회 미국 아카데미 시상식에서 최우수작품상, 감독상 등 5개
부문에서 수상하였다.

그들에겐 월남전은 아직도 현재 진행형
〈하얀 전쟁〉

감독: 정지영 | **개봉 연도:** 1992 | **제작 국가:** 한국

> *"그들이 거기서 무엇을 얻었는지는 묻지 않는 게 고맙다.*
> *거기서 지켜 냈던 것은 월남의 자유와 평화가 아니라*
> *쥐새끼보다 더 초라한 내 목숨이 아니었던가? 내가 얻은 건*
> *인간과 역사의 가치에 대한 혼돈뿐이었다."*

　월남전 참전 용사, 그들에게 무슨 일이 있었던가? 라디오에서는 '월남에서 돌아온 새까만 김상사'라는 노래가 유행하고, 그들이 귀국할 때 가져왔던 카메라, TV, 씨레이션(C-Ration, 미군의 전투 식량) 등을 부러워했을 때, 그리고 월남전 특수로 번 달러가 한국 경제에 윤활유 역할을 했다며 좋아했을 때…… 정작 참전 용사들에게는 귀국 후 어떤 일이 벌어졌던가?

　월남전 참전용사인 소설가 '한기주(안성기 분)'는 참전 경험을 토대로 시사 월간지에 베트남전에 관한 소설을 연재한다. 그는 평소 월남전의 악몽에서 벗어나지 못한 채 수시로 헬리콥터 프로펠러 소리를 환청으로 듣는다. 아내와도 이혼한 상태로 아들마저 새아빠를 따라 미

국으로 간다고 한다. 그는 혼자 되뉜다.

'10년이 지나도록 나의 뇌리에 혼돈과 절망으로만 뒤엉켜 있는 월남전'

어느 날, 월남에서 같은 소대원이었던 '변진수(이경영 분)'에게서 소설을 보고 연락처를 알았다며 전화가 걸려 온다. 그러나 주변만을 맴돌 뿐 모습을 드러내지 않는 변진수의 존재는 기주를 혼란에 빠뜨리고 점점 월남전의 악몽으로 내몬다.

그가 소속되었던 소대는 처음에는 전투 없이 한동안 참호 파기로 시간을 보냈다. 그때 변 일병은 같은 부대의 '김하사(독고영재 분)'의 여동생 '영옥(심혜진 분)'과 펜팔을 시작했다. 수색 임무 수행을 하던 한밤중, 바스락거리는 소리에 베트콩인 줄 알고 총격을 가했지만 다음 날 보니 양민들이 키우는 물소 떼였다. 이것이 악몽의 시작이었다. 마을을 수색하던 중, 땅굴을 발견한 한병장은 처음으로 적을 살해하고 넋을 잃었다. 포로를 고문하다가 살해하고 그들의 귀를 자르는 병사들, 자폭하는 여자 베트콩……. 그는 "랭보의 시처럼 지옥에서 보낸 한 철이었어."라며 당시를 회상한다. 하지만 '베트콩을 몇 명 죽여 봤냐', '월남 여자와 관계를 가져 봤느냐', '돈은 얼마나 챙겼냐' 등에만 호기심 수준의 관심을 갖는 귀국 후 현실에 더욱 절망한다. 그즈음 박정희 대통령 암살 사건과 12·12 사태, 그리고 격화되는 시위로 한국 사회는 전쟁 못지않게 혼란스럽다. 친구인 잡지사 국장은 연재 중인 그의 소설이 폭발적인 인기를 얻고 있다며 독려한다.

"전쟁을 독자들의 흥미를 확 끌 수 있게 써.
…… 돈과 명예가 기다리고 있어."

하지만 기주는 더 이상 쓰지 못하겠다고 말한다. 그즈음 기주에게 진수가 보낸, 권총 한 자루가 들어 있는 소포가 도착한다. 비 오는 날 밤, 그의 집에 드디어 모습을 드러낸 진수는 천둥소리에 털썩 주저앉아 횡설수설한다. 사진 속 소대원들을 보며 만나고 싶다고 하는 진수에게 기주는 "그들은 월남에서 모두 죽었어."라며 일깨워 주지만, 그는 전혀 몰랐다는 듯 놀란다.

다시 사라진 진수를 찾아 나선 기주는 그가 살고 있다는 기지촌을 방문한다. 기지촌이 존재한다는 것은 이 땅에 전쟁이 아직 끝나지 않았다는 의미이다. 그곳에서 스트립쇼를 하는 진수의 부인 영옥을 만나 그간의 소식을 듣는다. 그녀는 같은 소대원이었던 김하사의 여동생으로, 진수와 펜팔 끝에 결혼한 사이다. 하지만 영옥이 임신한 후 정신이 더욱 이상해진 진수는 어느 날 그녀의 배를 걷어차 유산시키고 만다. 지옥 같은 세상에 고귀한 새 생명을 내보낼 자신이 없었던 것일까? 그 후 그는 말없이 가출하고는 돌아오고, 또다시 가출을 되풀이한다고 한다.

귀국을 한 달 남긴 어느 날, 소대원들은 마지막으로 수색전에 나섰다. 적의 근거지를 찾아 나선 그들은 칠흑같이 어두운 밤에 이상한 소리가 들리자, 전방을 향해 무차별 총격을 가했다. 그러나 쓰러진 자들은 월남인 농부들이었다. 그들의 소지품을 아무리 뒤져 봐도 무기 종류는 보이지 않았다. 당황한 김하사는 조상병과 변일병에게 현장 은폐를 위하여 살아남은 자들을 모두 죽이라 명했다. 두 사람은 처음에는 거부했지만 끝내 무고한 민간인들을 학살했다. 소대장에게 베트콩을 잡았다고 보고한 후, 입단속을 시키는 김하사의 눈에는 광기가 흘렀다. 그러나 정신이 나간 조상병이 김하사를 죽이고 자기도 자살하는 사건이 일어났다. 이를 지켜본 변일병에게도 이상 증세가 나타났다. 그러나 그것이 끝이 아니었다. 귀국 말년인 그들에게 다시 작전 투입 명령이 떨어졌다. 총공격 명령이 내려지고 조명탄이 터지는 가운데 지옥 같은 전투가 벌어졌다. 캄캄한 밤, 피아가 구분되지 않는 상황에서 육박전이 벌어졌다. 다음 날 아침, 한병장과 변일병은 퀭한 눈으로 쓰러진 전우들의 주검 사이를 헤맸다. 헬리콥터 프로펠러 소리가 요란하게 들린 후, 사단장이 도착해서 치하의 말을 했다.

"이곳 소대가 밤사이 적의 주력 부대를 잡고 있는 동안
우린 적의 근거지를 손쉽게 잡을 수 있었어. 이건 하나의 유인책이었지."

47명의 소대원 중 7명만이 살아남았다고 지휘관이 울먹이며 보고했다. 사단장은 "하지만 부대 전체를 보면 소수의 희생이지."라고 말하고는 전원 훈장을 상신토록 하라고 지시한 후, 헬리콥터를 타고 가버렸다. 소대원들은 소모품처럼 쓰이고 버려진 것이다.

1980년 어느 봄날, 병원에서 기주에게 변진수를 데려가라는 전화가 온다. 기주는 "귀를 자르고 나니 후련해요."라는 진수를 데리고 나온다. 서울 시내의 반정부 시위는 점점 격렬해져 화염병이 날아다니고, 이에 맞선 최루탄이 연신 발사되어 거리는 매캐한 연기로 자욱하다. 전쟁터를 연상케 하는 분위기에 진수는 길에 엎드려 꼼짝을 못 한다. 경찰이 진수를 폭행하자, 기주는 "시민이에요."라고 하지만 경찰은 못 들은 척한다. 그때 귀국 후부터 누군가 자기 뒤를 쫓는다는 생각이 들었다는 진수는 "죽고 싶어요."라고 말한다. 기주는 가슴에 지니고 있던 권총을 꺼내 조용히 진수를 겨냥한다.

"변진수 일병, 그는 여전히 월남 정글 속을 헤매고 있다. 내가
그를 원대 복귀시킬 수 있을까? 우리 소대원들이 있는 곳으로
보낼 수 있을까?"

이를 보며 조용히 웃던 진수는 '탕' 소리와 함께 쓰러진다. 뒤에 서
있던 성당의 신부도 황급히 피한다. 기주는 쓰러진 진수에게 다가가
곁에 드러눕는다. "이제 소설을 써야겠어. 정말 좋은 소설을" 그렇게
말하는 그의 귓가에 또다시 헬리콥터의 프로펠러 소리가 들려온다.

어릴 적 극장에서 영화 시작 전에 나오는 '대한 늬우스'에서 '월남
소식'을 접한 기억이 뚜렷하다. 야자수 무성한 정글에서 우리 청룡·
맹호부대 용사들이 자유 세계의 평화를 수호하기 위해 연전연승하고
있다고 했고, 가끔 대민 봉사도 열심이라는 소식도 전했다. 월남전을
다룬 초기의 영화들은 대부분 반공 영화로서 정부에서 만든 정훈
영화가 대부분이었다. 그러나 〈하얀 전쟁〉은 대리전쟁을 치룬 한국
군의 시각에서 월남전의 속살을 적나라하게 드러내 보인 작품이다.
특히 한국군이 베트남에서 행한 양민 학살을 묘사한 장면이 충격을
더해 준다.

이 영화는 단순한 반전 영화에 그치지 않고, 참전 용사들이 겪는
영혼의 상처를 그대로 드러내 보임으로써 종전의 전쟁 영화와는 격
을 달리한다는 평가를 받고 있다. 특히 월남전의 잔혹함과 1970년대
후반과 80년대 초반의 우리 사회의 혼란상을 연결하여 보여 줌으로
써 진정한 평화는 아직 요원함을 말하고 있다. 참전 용사들에게 월남
전은 귀국으로 끝난 것이 아니라, 아직도 진행형인 것이다. 이 영화
는 소설가 안정효가 영어로 쓴 소설 『White Badge』를 본인이 직접

한국어로 번역하여 출간한 『하얀 전쟁』을 영화화한 것이다. 작가의 영문판 소설은 미국에서 출판되어 세계적으로 백만 부 이상 팔렸다고 한다.

전쟁은 참전 용사를 얼마나 황폐화시키는 것일까? 자료에 의하면 2차 세계대전 중 50만 4천 명의 미군이 정신 질환으로 군복을 벗었다고 한다. 특히 1944년 노르망디 상륙 작전을 벌인 뒤 전투 기간과 병사들의 정신 건강에 관한 상관관계를 조사한 결과, 60일 동안 계속 전투를 벌인 미군은 생존자의 98%가 정신적 상처로 괴로워했다고 한다.[16]

---

16) 김재명, 『20세기 전쟁영화가 남긴 메시지』, 프로네시스, 2006, 115~116쪽.

길을 떠나다

/4장/

하나 된 아메리카 건설을 꿈꾸게 된 대륙 여행
〈모터싸이클 다이어리(The Motorcycle Diaries)〉

감독: 월터 살레스 | **개봉 연도:** 2004 | **제작 국가:** 미국, 독일, 영국

7개월(1952. 1. 4~7. 26)에 걸친 총 12,425㎞의 남아메리카 대륙 여행을 끝내면서 '아르네스토 게바라(가엘 가르시아 베르날 분, 이후 '체')'는 말했다.

"길에서 지내는 동안 무슨 일인가 일어났어. 생각이 필요해.
많은 게 불공평해. …… 이 대륙 여행은 생각 이상으로 날 변화시켰다.
난 더 이상 내가 아니다. 과거의 나와 같은 난 없다."

이 영화는 20세기 진정한 혁명가로 불리는 체(1928. 6. 14~1967. 10. 9)의 혁명에 대한 열망이 남미 대륙 여행을 통해서 생겨났음을 말한다. 23세의 아르헨티나 의학도인 그는 1952년 1월 4일, 친구처럼 지내는 29세의 생화학자 '알베르토(로드리고 드 라 세르나 분)'와 함께 낡은 모터사이클을 타고 부에노스아이레스를 떠난다. 그들의 여행은 아르헨티나 남부 파타고니아, 안데스산맥을 넘어 칠레의 추키카마타 광산, 페루의 쿠스코와 마추픽추, 아마존강 유역의 산 파블로 나환자촌, 그리고 베네수엘라로 이어진다. 오직 '쉼 없는 활력과 열정적인

영혼, 그리고 길에 대한 애정'만을 안고서.

그들은 여행을 하면서 만난 현지인, 특히 남아메리카 원주민인 인디오(Indio, 북아메리카 인디언과 구별하여 라틴 아메리카 원주민을 지칭하는 말)들과 많은 대화를 나누며 그들의 삶을 현장에서 목격한다. 인디오들의 가난한 삶이 그들 개인의 문제에서 비롯된 것이 아님을 깨닫고, 자본가와 자본주의에 대한 모순을 온몸으로 느끼게 된다. 긴 여행 후, 체는 결코 과거의 자신으로 되돌아갈 수 없게 되었다. 의대 졸업 후, 그는 피델 카스트로와 함께 쿠바 혁명에 뛰어들어 바티스타 독재 정권을 몰아내는 데 성공하였다. 그는 거기에 안주하지 않고 볼리비아와 아프리카 콩고 등 새로운 혁명의 대상을 찾아 다시 온몸을 던졌다. 사람들은 그를 영원한 혁명가로 부른다.

체의 여행은 크게 세 단계로 나눠 볼 수 있다.

제1단계

그는 집을 떠나 아르헨티나 남부 지역의 초원을 누비며 여자 친구 집에 들러 우아한 만찬, 피아노 연주와 탱고 춤을 즐긴다. 이는 앞으로 여행에서 맞닥뜨리게 될 현지인들의 어려운 삶의 모습과 대비된다. 본격적인 여행에 접어들면서 안데스의 눈 덮인 산을 넘고 호수와 계곡을 지나 텐트가 바람에 날아가는 곤경에 빠지기도 한다. 이어 칠레에서는 모터사이클이 고장 나 어려움을 겪기도 하고, 시골 도시의 댄스파티에서 마을 아가씨와 춤을 즐기다가 치한으로 오해받아 도망치기도 한다. 거기서 그는 주민의 부탁으로 어느 할머니의 병환을 지켜보게 된다. 그러나 자신이 도울 방법이 더 이상 없음을 깨닫자 의학도로서 한없는 무력감에 빠진다. 고장이 잦은 모터사이클을 버리고, 걷거나 버스를 타는 등 다른 차량에 편승하여 발파라이소, 아타카마 사막을 거쳐 간다. 여기까지는 호기심 왕성한 젊은 일반 여행자의 모습이다.

제2단계

체는 칠레 아타카마 사막을 지나다 만난 공산당원 부부와 대화를 통해 사회적 모순에 서서히 눈을 뜨게 된다. 경찰을 피해 집을 떠나 일자리를 찾아다닌다는 그들과 대화를 나눈 뒤, 그는 어머니에게 편지를 보낸다.

> *'그들의 비참함이 잊히지를 않아요. 갑자기 사라진 동료는*
> *바닷속 어딘가에 있다는 소문이래요. 또 다른 인류에 점점*
> *가까워지는 느낌이었어요.'*

이어 방문한 대규모 자본이 지배하는 칠레의 추키카마타 광산에서 노동자들의 열악한 상태를 보고 큰 충격을 받는다. 잉카 제국 시절 수도였던 페루 쿠스코를 방문하여 잉카 문명의 위대함을 느끼지만, 동시에 지주들의 횡포에 땅을 빼앗긴 인디오들의 이야기에 분노를 느낀다. 고대하던 마추픽추에 오르자 체는 사색하며 더욱 진지해진다. 알베르토가 '인디오 혁명' 실현을 위해 당을 만드는 게 어떻겠느냐는 다소 낭만적인 제안을 하자, 체는 단호히 말한다. 그때 이미 '총'을 든 혁명 전사를 꿈꾼 것이 아닐까?

> *"총 없는 혁명? 절대 성공 못 해."*

제3단계

체는 의과 대학에서 나병을 전공했기 때문에 나환자에 관심이 많았다. 그래서 여행의 종착지로 아마존강 유역에 있는 페루의 산 파블로 나환자촌을 방문한다. 그곳은 고치기 어려운 나환자를 격리 치료하는 곳이다. 현지에 머물면서 의료 지원에 나선 그는 그곳에도 차별이 심각함을 느낀다. 전염성이 없는 병인데도 환자들이 거주하는 곳과 의료 지원자들의 거처가 강을 사이에 두고 완전히 분리되어 있다. 체는 장갑을 끼지 않은 채 환자들과 악수를 나누어 그들을 놀라게 하고, 그들과 어울려 노래를 즐기고, 축구도 함께 하는 등 진정한 평등주의자로서 최선을 다한다. 3주간 그곳에 머문 후 떠나며 그는 작별 인사를 한다.

> "이번 여행에서 아메리카 대륙의 실체 없는 분열이 완벽한
> 허구라는 믿음을 다시 한번 확인했습니다. 이 자리를 빌려 우리
> 모두 단일한 메스티소(남미 원주민 인디오와 백인의 혼혈)
> 민족으로서 편협한 지역주의를 탈피하고 '하나 된 아메리카'를
> 위해 다 같이 건배합시다."

영화에 다음과 같은 자막이 나온다.

> '쿠바 혁명 역사상 가장 저명한 지도자, 가슴 뛰는 지도자 중
> 한 명인 체 게바라는 1960년, 그의 오랜 친구 알베르토를
> 쿠바로 불러들였고, 그 후 지속 중인 게릴라 활동 중
> 볼리비아에서 붙잡혀 (미국) CIA 지원 아래 1967년 10월 총살당했다.'

체 게바라에 대한 일대기를 담은 『게바라 평전』(장 코르미에 저)을 보

면, 원래 그는 여행 목적지로 유럽과 남미 대륙을 놓고 고민했다고 한다. 만약 그가 남미가 아닌 유럽을 여행 목적지로 택했더라면 과연 그의 삶은 어떻게 되었을까? 길을 떠나는 사람에게 있어 어느 길을 선택할 것인가 하는 것은 바로 우리네 삶의 방향을 결정하는 중대사임을 일깨워 준다.

우리 모두 리얼리스트가 되자. 하지만 가슴속에 이룰 수 없는 꿈을 꾸자.

- 아르네스트 게바라

진정한 자유가 두려운 사람들
⟨이지 라이더(Easy Rider)⟩

감독: 데니스 호퍼 | **개봉 연도:** 1969 | **제작 국가:** 미국

"자유는 창녀가 됐고,
우리는 그 창녀의 이지 라이더가 되었다."

캡틴 아메리카로 불리는 '웨트(피터 폰다 분)'와 그의 친구 '빌리(데니스 호퍼 분)'는 '할리 데이비슨' 오토바이를 타고 장발을 휘날리며 미국 횡단 여행을 시작한다. 그들의 오토바이와 헬멧은 물론, 입고 있는 옷은 온통 성조기로 장식되어 있다. 여행 출발 전, 웨트는 먼저 시계부터 버린다. 그들은 마약을 팔아 마련한 여비로 미국 서부 LA에서 출발하여 동부로 향한다. 미국적 가치의 상징인 서부 개척 시대의 역사적 여정과는 반대 방향이다. 역사를 거슬러 올라가며 자신들의 정체성을 찾으려는 것일까? 자유로운 복장과 긴 머리 탓에 그들은 모텔과 이류 호텔들에서조차 투숙을 거부당해 노숙을 일삼는다. 하지만 여행길에서 독특한 개성을 가진 여러 종류의 사람들을 만나게 된다.

제일 먼저 만난 사람들은 목장에서 일하는 가족들로, 독실한 신자들이다. 농부는 카우보이모자를 쓰고 말발굽을 가는데, 부인은 아메

리칸 인디언이다. 카우보이, 말, 인디언은 미국 개척 시대의 상징이다. 농부는 어렸을 때 캘리포니아를 동경했다고 한다. 캡틴은 이들을 '전원을 지키는 사람'이라 칭한다. 개척 시대의 향수가 남은 전통적 모습을 지닌 가족이다. 서부를 떠나고자 하는 그들이 그곳에 오래 머물 수는 없으리라. 다시 삼림, 설산 그리고 황무지를 지나면서 히치하이커(hitchhiker, 차를 얻어 타면서 여행하는 사람)를 태워 함께 여행한다. 히피인 그는 여행 이유에 대해 이렇게 말한다.

"그 도시가 그 도시 같아서 떠나 왔어.
도시에서 멀리 떨어지고 싶어서"

그를 따라 히피 공동체에 들른다. 자연에로의 회귀를 주창하는 히피들은 공동생활을 하며 아이들을 키우고, 연극도 한다. 땅에 씨앗을 뿌린 후 추수하게 해 달라며 기도를 올리고, 계곡물에서 남녀가 발가벗고 수영을 즐기는 자연 속의 삶을 살고 있다. 그러나 사회와 단절된, 단순한 이상주의자들의 모임을 벗어나지 못하고 있는 히피 공동체 역시 그들이 찾는 대안이 될 수 없었다.

이어 그들은 어느 도시에서 허가 없이 길거리 퍼레이드에 참여했다는 이유로 구금된다. 유치장에서 알코올 중독자인 '조지 핸슨(잭 니콜슨 분)'을 만난다. 그는 변호사지만 법과 규율에서 벗어나려 하는, 자유로운 영혼의 소유자로 그들의 여행에 합류한다. 그는 미국 사회의 자유를 신랄하게 비판한다.

"이곳 사람들은 '아름다운 미국'을 꿈꾸지. 율 브리너처럼
단정치 않으면 면도칼을 이용해서 긴 머리를 잘라 버리지."

여정이 남부로 향할수록 그들은 그곳 사람들의 보수적이고 배타적인 눈길에서 두려움을 느낀다. 심지어 마을 레스토랑에 들른 그들은 자신들을 쏘아보는 주민들의 날카로운 눈빛에 두려움을 느낀 나머지 그냥 나오고 만다. 조지는 마을 사람들이 자신들을 싫어하는 이유를 묻는 그들에게 말한다.

> "우리가 그렇게 위협적인가? 그래 봤자
> 머리 좀 기른 것뿐이잖나."
> "너한테서 자유를 본 거지, 그들은 자유로운 사람들을 겁내거든.
> 그래, 위협을 느끼지."

마리화나를 함께 즐기며 노숙하던 중, 조지는 과거에 UFO(미확인 비행물체)를 봤다고 한다.

> "외계인들은 우리와 함께 살고 있지. 다만 충격 우려 때문에
> 드러나지 않고 있어. 인간들의 현 체제가 황폐화될 수도 있거든."

조지는 자신들을 외계인에 비유한다. 그래서 마을 사람들이 그들을 두려워하는 걸까? 그들은 노숙 중에 이유 없이 괴한(낮에 만난 마을 사람들로 추정된다)들로부터 습격을 받고, 조지는 허무하게 목숨을 잃는다.

마침내 두 남자는 여행의 목적지인 뉴올리언스 '마디그라 축제(Mardi Gras Parade, 동성애 축제)'에 도착한다. 캡틴은 "마디그라 거리가 어떻게 된 거지?"라며 실망감을 감추지 못한다. 두 사람은 죽은 조지의 지갑에서 나온 돈과 카드로 창녀촌에서 하룻저녁을 즐긴다.

술과 마약에 취해 창녀들과 묘지에서 섹스하면서 환상과 환청을 겪는다. 하지만 거기서도 진정한 자유를 느끼지 못한 그들은 마을, 들판, 공장 지대를 계속 달린다. 빌리는 돈도 얻었고 자유도 얻어 드디어 해냈다고 하지만, 캡틴은 이를 부인한다.

"우린 실패했어."

그때 그들을 뒤따르던 트럭에 탄 남자가 "머리를 좀 자르지."라면서 장총을 겨누어 빌리를 쏜다. 죽은 빌리의 몸에 성조기를 덮어 준 캡틴은 분노에 차서 트럭을 향해 달린다. 그러나 트럭에서 다시 총알이 발사되고 그가 탄 오토바이는 폭발한다.

미국이란 나라의 실체와 자유의 진정한 의미를 찾아 달리던 젊은이들을 맞은 것은 그들이 꿈꾸던 아메리카 드림과는 전혀 달랐다. 편견과 경직된 사고로 가득 찬 허무한 세계와 허망한 죽음만이 그들을 맞이했다. 이 영화는 당시 진정한 자유를 두려워한 미국 사회에 대한 폭로이다.

영화의 시대적 배경은 1960년대로, 미국이 한창 혼란스럽던 시기였다. 흑인과 여성의 권리 운동과 반전 운동이 절정에 이르고, 케네디 대통령과 마틴 루서 킹, 맬컴 엑스가 암살당했다. 영화는 그 시절을 살아가던 미국 젊은이들의 꿈과 희망, 좌절, 그리고 파멸을 보여 준다. 영화사적으로는 할리우드를 중심으로 하는 거대 자본의 영화 산업이 몰락하기 시작한 시기이다. 대신 독립 시나리오 작가들이 저예산으로 새로운 스타일의 영화를 만들기 시작했는데, 이를 '아메리칸 뉴 시네마'라 부른다. 〈이지 라이더〉는 이러한 '아메리칸 뉴 시네마'의 기념비적인 초기 작품이라 할 수 있다. 영화 제목 〈이지 라이더〉는 '창녀의 늙은 기둥서방'을 뜻하는 미국 남부 지방의 속어다.

길 떠난 자, 길을 찾았는가?

〈만다라(蔓茶羅)〉

감독: 임권택 | **개봉 연도:** 1981 | **제작 국가:** 한국

속계(俗界)인 이 땅과 천상의 세계인 하늘이 합일(合一)하는 곳이 지평선이라면, 그곳을 향해 뻗은 길은 구도(求道)의 길이 아닐까? 영화의 도입부와 마지막 부분에 기나긴 길이 펼쳐진다. 앞부분은 넓은 평야로, 그리고 뒷부분은 도시 외곽 지역으로, 가늠할 수 없는 쭉 뻗은 길이 나온다. 두 길 모두 지평선과 맞닿아 있다. 자기만의 길을 찾고자 떠난 세 수도승, '지산(전무송 분)''법운(안성기 분)''수관(기정수 분)' 스님. 그들은 그토록 방황하며 찾고자 했던 자신의 길을 찾았을까? 법운은 스승으로부터 받은 과제, 병 속에서 큰 새를 꺼냈을까?

동안거(冬安居)[17]를 끝내고 만행(萬行)[18]길에 나선 법운은 괴짜인 지산을 버스에서 우연히 만난다. 지산은 승적이 박탈된, 소위 '땡추중'이다. 그는 "내겐 술잔이 부처로 보이네."라면서 항상 술병을 옆에 두

---

[17] 불교에서 음력 10월 보름부터 정월 보름까지 승려들이 바깥출입을 삼가고 수행에 힘쓰는 일을 말한다.

[18] 여러 곳으로 두루 돌아다니면서 닦는 수행을 말한다.

며, 여자를 마다하지 않는 파계승이다. 그는 못마땅해하는 법운에게
말한다.

> "만행! 풀리지 않는 번뇌를 바랑에 담고 구름 따라 물 따라
> 역마처럼 떠도는 것, 그대는 6년 몸부림 끝에 얻은 게 뭐야.
> 싯다르타는 6년 고뇌 끝에 부처가 되었지."

법운은 6년간 수도를 하면서 몸부림쳤지만 스승이 물음 준 '병 속
에서 자란 새'를 아직 끄집어내지 못하고 있다. 지산은 "그 병을 송두
리째 깨 버렸다."라고 한다. 곧 있을 공양주를 위한 국회 의원 당선
기원제가 못마땅한 두 사람은 절을 떠나 길을 나선다. 지산은 '여자
랑 배꼽을 맞추고 이층집을 지으려 한 죄'로 승적을 박탈당했다고 한
다. 젊은 피가 뜨겁던 시절, 절에 놀러 온 여학생에게서 큰 유혹을 느
껴 고뇌하다가 그 유혹에 정면으로 부딪쳐 보려다 강간범으로 몰렸
던 것이다. 법운은 대학 시절, '죽음'이라는 문제를 해결하지 못하는
이상 이 세상의 학문이나 명예가 무의미하다는 생각 끝에 출가했다.
그에게도 사귀던 여학생이 있었다.

두 사람의 만행은 서울역 앞 집창촌에 이른다. 지산이 말한 옛 여
학생인 옥순(방희 분)을 만나러 온 것이다. 지산은 그곳도 법당이라며
"애욕에서 벗어나려면 여자를 알아야 해."라면서 법운에게도 하룻밤
여자와 함께 보낼 것을 권유한다. 법운이 "그럴 바에는 차라리 자르
겠습니다."라고 하자, 지산은 말한다.

> "한 점 고깃덩이를 잘라서 뭘 하겠다는 건가?
> 자르려거든 마음을 잘라야지."

지산과 헤어진 법운은 바닷가 고향 마을을 찾아간다. 어머니가 어릴 적 서울로 가출하여 그는 이모 집에서 자랐다. 파도소리 들으며 기도하지만 그는 여전히 병 속의 새를 꺼내지 못해 괴로워한다.

법운은 다음으로 찾아간 절에서 도반인 수관을 만난다. 그는 묵언 수행 중으로, 손가락 세 개를 불태울 정도로 치열한 수행을 하는 자이다. 하지만 수관은 법운에게 자신의 수행 방법은 어리석은 짓이었다며 "앞으로의 수행은 나를 내 속에서 찾는 것이 아니라 타인 속에서 찾겠다."라고 한다. 그리고 자기가 만난 이상한 스님 얘기를 한다. 남해에서 전염병이 창궐한 어느 해, 그 스님은 집집이 방문해서 죽은 자의 천도재(죽은 이의 영혼을 극락으로 보내기 위해 치르는 불교 의식)를 지내 주고 병자들을 씻겨 주었다고 한다. 그가 말한 현세가 요구하는 진짜 부처님은 바로 지산이다.

겨울이 오자, 법운은 암자로 가는 길에 우연히 다시 만난 지산에게 함께 가자고 권한다. 첩첩산중이요, 기암절벽이 즐비한 곳에 위치한 폐가 수준의 암자에 두 사람은 가부좌를 튼다. 참선하고, 나무하고, 밥하며 지내던 어느 날, 마을 여자가 찾아와 절을 지어 봉불식을 개최한다며 점안 의식을 집행해 달라고 한다. 법운이 고승이 하는 일이라며 거절하자 지산이 나선다. 절이라지만 부처님뿐만 아니라 신령도 함께 모시는 곳이다. 지산이 설법을 한다.

> "돈 주고 사 온 돌멩이 눈에 땡땡이 중놈이 점을 찍었다고 해서
> 돌덩이가 부처 되겠습니까? 중요한 것은 마음입니다. 지극히
> 사무치는 마음이 와닿았을 때 모두 부처가 되는 것입니다.
> …… 보다 중요한 것은 스스로 어두운 마음의 눈에 점을 찍어

밝은 등불을 켜야 하는 것입니다."

그는 점안식을 끝낸 후 "빌어먹을……. 내 눈에 점안은 누가 해 주나?"라며 중얼거린다. 지산은 법운 더러 암자로 올라가라고 하고는 술집으로 향한다. 다음 날 아침, 밤새 내린 눈으로 산과 계곡은 백설의 세계다. 간밤에 돌아오지 않은 지산이 걱정되어 마을로 내려온 법운에게 주모는 그가 어젯밤 늦게 나갔다고 한다. 암자로 올라가는 길에 법운은 불탑 앞에 웅크린 물체 하나를 발견한다. 지산이 무릎 꿇고 합장한 자세로 얼어서 굳어 있다. 법운은 지산의 목에 염주를 둘러 주고, 가슴에는 목탁을 안겨 주며 다비식을 치른다. 활활 타는 암자와 함께 지산도 한 줌의 재가 되고, 법운의 눈에 눈물이 고인다. 서울역 앞에 나타난 법운은 옥순에게 지산의 유품인 나무 불상을 전해 준다. 그녀는 "그분 성불하셨습니까?"라고 묻고는, 그가 읊던 글귀를 조용히 되풀이한다.

> "남은 것은 빛바랜 가사 한 장뿐/그물도 치지 않고 고기를 잡으려는 중생이여/모든 곳으로 통한다는 길 그 길을 따라/피땀으로 헤매었네 십 년 세월/길은 멀어라 아침이여/돌아보니 아! 나는 어느새 다시 출발점/이 저녁 나타난 부처는 백골 같은 허무로/나를 술 마시게 하는구나. 술 마시게 하는구나."

법운은 어릴 적 자신을 떠난 어머니에게 전화를 건다. 그의 어머니는 자기 죄가 많다며 "이 죄 많은 여자를 제도해다오."라고 한다. 법운은 대답을 않고 "뵈었으니 가겠어요."라며 냉정히, 그러나 옅은 미소를 띠며 마지막으로 어머니의 손을 잡는다. 그리고 그는 새로

난, 쭉 곧은 신작로 길을 걸어 지평선이 아스라이 보이는 곳으로 걸어간다.

이 영화는 소설가 김성동의 작품 『만다라』[19]를 영화화한 것이다. 조선공산당 재건 운동에 참여했다는 이유로 처형당한 아버지를 둔 작가는 고교 졸업 후 출가하여 6년 동안 선방과 토굴을 오가며 수행한 경력을 가진 불자이다. 이 영화는 "불교 신앙을 다룬 종교적인 영화이지만 단순히 종교적인 설화나 고행, 불교의 진리를 테마로 한 것이 아니라, 불교 신앙과 대결하면서 인간적인 고뇌와 해탈의 극점에 도달하는 경지를 감동적으로 엮은 드라마"라는 평(호현찬, 영화제작자)을 받고 있다.[20]

---

19) 만다라: 우주 법계의 온갖 덕을 망라한 진수를 그림으로 나타낸 불화의 하나이다.
20) 호현찬, 『한국영화 100년』, 문학사상사, 2000, 246~247쪽.

두 여자, 길에서 '깨어'나다!

⟨델마와 루이스(Thelma & Louise)⟩

감독: 리들리 스콧 | **개봉 연도:** 1993 | **제작 국가:** 미국

두 여자가 길을 나선다. 매사에 일방적이고 순종만을 강요하는 남편과 지긋지긋한 직장에서 벗어나 잠시나마 자기들만의 시간을 갖고자 말이다. 하지만 세상은 그녀들의 조그마한 일탈도 용서하지 않는 것일까? 그녀들은 일순간의 해방감이 빌미가 되어 다시 돌아올 수 없는 길로 접어들게 된다. 그러나 더 이상 예전의 그녀들이 아니다.

"나도 깨어 있는 느낌이야. 확실히 깨어 있어."
"한 번도 이렇게 깨어 있어 본 적이 없었던 것 같아."
"모든 게 달라 보여. 새로운 게 우릴 기다리고 있는 것 같지?"

식당 웨이트리스 일에 지친 '루이스(수잔 서랜든 분)'와 강압적인 남편에 억눌려 가사에만 매여 사는 '델마(지나 데이비스 분)'는 모처럼 그들만의 여행에 나선다. 18세에 결혼한 이후 남편 없이 여행하기는 처음인 델마는 남편에게 말도 못 꺼내고 쪽지만 남긴 채 집을 나선다. 휴식을 위해 카페에 들른 두 사람은 해방감에 위스키를 마신다. 카페에

는 수많은 남녀가 음악에 맞춰 춤을 추고, 술을 마시며, 당구를 즐기고 있다. 그때 한 남자가 그녀들에게 접근한다. 신중한 루이스와 달리 마음이 들뜬 델마가 남자의 춤 요청에 응하면서 그녀들의 여행은 뜻하지 않은 방향으로 전개된다.

술 취한 델마를 따라 밖으로 나온 남자가 그녀를 강간하려 하고, 이를 말리는 루이스를 심하게 조롱한다. 이에 격분한 루이스가 우발적으로 권총을 쏘아 남자를 죽인다. 델마는 정당방위였음을 내세워 경찰에 자수하자고 한다. 그러나 루이스는 그 남자와 함께 술 마시고, 춤추는 것을 많은 사람들이 봤는데 세상 사람들이 강간당했다는 것을 믿어 주겠냐며 망설인다. 더구나 얼떨결에 이미 현장에서 도망쳐 버린 상황이다. 델마가 어이없어한다.

"무슨 법(法)이 그래?"

루이스는 델마에게 자기는 멕시코로 도망가겠다고 한다. 그리고 애인에게 전화를 걸어 자기 돈을 은행에서 찾아 가져다줄 것을 부탁한다. 델마도 망설이다 집에 전화를 하지만, 남편은 당장 오늘 내로 집으로 돌아오라며 크게 화를 낸다. 이에 그녀는 "당신은 나의 남편이지 아버지가 아냐."라며 전화를 끊는다. 더 이상 남편에게 순종하던 델마가 아니다.

한편, 살인 사건 현장에 경찰이 출동하여 조사가 시작되었다. 그녀들이 주 경계를 넘어선 것으로 추측한 주 경찰관 '할(하비 케이틀 분)'은 연방 경찰에 연락한다. 루이스가 가고자 하는 멕시코로 가려면 텍사스주를 통과해야 하는데, 그녀는 한사코 이를 거부하며 서부 쪽으로 방향을 잡는다. 그녀는 어린 시절 텍사스에서 강간당한 아픔이 있어 그 지역을 통과하길 거부한 것이다.

차량 검색을 통해 그녀들의 집을 파악한 경찰의 본격적인 수사가 시작되었다. 한편, 그녀들은 길에서 만난 카우보이모자를 쓴 미남 청년 '제이디(브래드 피트 분)'를 태우고 오클라호마 시티로 향한다. 루이스의 애인은 돈을 찾아와 그녀에게 돈과 함께 반지를 건넨다. 하지만 루이스는 반지를 거절한다. 그녀는 모텔에 투숙한 후 델마에게 돈을 맡기며 "이 돈은 우리의 미래야."라며 잘 보관할 것을 당부한다. 그러나 델마는 제이디의 유혹에 빠져 황홀한 밤을 보내게 되고, 다음 날 그는 돈을 몽땅 가지고 사라진다.

충격을 받은 델마는 모종의 결심을 한 듯, 크게 낙심한 루이스에게 걱정 말라며 위로한다. 이 시점부터 델마는 변하고, 상황은 그녀 중심으로 전개된다. 먼저 그녀의 복장이 드레스에서 청바지로 바뀐다. 그리고 총을 만지는 것조차 겁내던 그녀가 마트에 들어가 권총 강도 짓을 한다. 그러고는 "옛날부터 하던 일 같아. 야성이 나를 부르는 것 같아."라며 술을 들이켠다. 그녀의 강도짓은 제이디로부터 배운 요령에 따른 것이다. 그는 전과자로 가석방 중이었다. 경찰은 델마의 집 전화에 도청 장치를 설치한다. 결국 그녀가 강도짓을 한 마트, 경찰에 붙잡힌 제이디에 대한 심문 등을 통해 두 여자의 도주 경로가 추적된다. 델마가 제이디에게 자기들은 멕시코로 갈 것이라고 말한 것이 결정적인 단서가 되었다.

푸르른 들길을 달리던 도주 차량은 이제 그녀들의 마음만큼이나 황량하고 거친 황야로 접어들었다. 멀리 '모뉴먼트 밸리'[21]가 보인다. 서부극 영화에서 총잡이들이 활약하던 곳이다. 그녀들은 카우보이들의 활동 무대이던 서부에 뛰어들어 자신들의 운명과 싸우게 된 것이다. 지나가는 트럭과 유조 차량들이 그녀들이 탄 차를 위협하고, 운전기사들은 그녀들에게 성적 농담을 일삼는다. 과속으로 교통경찰에게 적발되자, 신분이 탄로 날 것을 두려워한 델마는 대담하게 권총으로 경관을 위협해 그를 경찰차 트렁크에 감금한다.

"잘하세요. 특히 부인한테요. 날 이렇게 만든 건 남편이거든요."

루이스는 자신들을 추적하고 있는 경관 할과 통화를 시도한다. 그는 왜 도망치는지 안다면서 그녀들을 달랜다. 그는 두 여자를 진심으로 이해하고 도우려는 유일한 남자다. 전화 도청으로 도망자들의 소재가 구체적으로 밝혀지자, 경찰의 본격적인 추격이 시작된다. 이를 눈치챈 델마와 루이스는 눈길을 주고받으며 뜻을 함께한다.

"너 포기한 거 아니지? 협상 안 할 거지?"
"난 뭔가를 이미 건너왔고, 돌아갈 수도 없어."

그녀들은 경쾌한 음악을 들으며 황량한 들판으로 차를 몰아 간다. 그 와중에 자기들을 희롱하는 거대한 유조 차량의 기사를 유혹하고는 차량을 폭파시킨다. 하늘에는 경찰 헬기가 뜨고, 방송에 그녀들의 신원이 공개되면서 죄목이 나열된다. '뉴멕시코주, 애리조나주에서

---

21) 미국 콜로라도고원에 있으며 거대한 사암 덩어리들로 유명한 계곡으로, 존 포드 감독의 서부 영화의 배경으로 많이 나온다.

발생한 무장 강도, 경찰관 납치 감금, 살인 무기 사용자…….' 경찰차들에 의한 추격전이 벌어진 황야는 온 하늘이 먼지로 뒤덮인다. "내가 미쳤나 봐."라고 하는 델마에게 루이스는 말한다.

"자기 잘못이 아니란 걸 아직도 모르겠어?"

흡연을 흉내만 내던 영화 초반부와 달리 델마는 이제 실제로 담배를 깊숙이 빨아들인다. 달리던 차는 마침내 절벽을 맞닥뜨리게 된다. 공중에는 헬기가 떠 있고 뒤쪽에는 십여 대의 경찰 차량이 포위하고 있다. 햇빛에 반사되어 번쩍이는 총부리가 일제히 그녀들을 향하고 있다. 절벽 앞, 깊은 계곡에 펼쳐진 풍경이 그랜드 캐니언(실제로는 미국 유타주 모아브의 데드호스 포인트 주립 공원)을 닮았다. 두 사람은 마주 보고 웃으면서 두 손을 꼭 잡은 채, 망설임 없이 차를 몰아 절벽 끝까지 달려 공중으로 비상한다.

"계속 가는 거야."
"그래, 밟아!"

로드 무비(Road movie)이자 대표적인 페미니즘 영화인 이 작품은 두 여성이 여행 과정에서 겪는 사건을 통해 남성 위주의 세계가 여성을 어떻게 억압하고, 여성들의 삶을 왜곡시키는지를 보여 준다. 영화 속 남성들은 여성들을 억압하거나 성적 대상으로만 여긴다. 델마의 남편은 아내를 충실한 '집 지킴이'로 생각하고, 루이스의 애인 역시 바람둥이다. 카페에서 만난 남자는 여성을 하룻밤 성적 노리개로 여기고, 카우보이모자 차림의 제이디는 마지막 순간에 그녀들의 돈을 몽땅 훔쳐 달아난다. 유조 차량을 운행하는 기사 역시 그녀들을 도로를 함께 달리는 동행자로 여기기보다는 성적 희롱의 대상으로 삼는다. 경찰들은 그녀들이 처한 구체적인 상황은 무시한 채 법 집행을 내세워 강압적으로 대하며 총기로 위협한다. 다만 주 경찰관 할만이 유일하게 그녀들을 이해하고 최악의 상황을 피하려 하지만, 혼자만의 힘으로는 역부족이다. 영화는 비열하고 마초적인 남성들을 강하게 비판하고 있다.

이 영화가 더욱 인상적인 것은 두 여성이 이러한 남성들을 고발하는 데에만 그치는 것이 아니라는 점이다. 여행을 통해 여성 주인공들이 남성 중심 세계의 모순적이며 억압적인 구조를 스스로 깨닫고 세상을 향해 새로운 눈을 뜨게 된다. 델마의 경우는 더욱 그러하다. 그녀는 초기에는 순응적이고 소극적인 인물이지만 제이디의 배신을 계기로 전사로 다시 태어난다. 자수하거나 체포당하는 등 현실과 타협하지 않고 '깨어남'을 통해 저 세상으로 비상하듯, 절벽 끝으로 액셀러레이터를 밟음으로써 그녀들은 진정한 자유를 얻게 된다.

제4부

그래도 삶은 아름답다

마음이 따뜻해지다

/1장/

꿈, 꿈, 꿈! 각자에게는 따라야 할 별이 있다
〈시네마 천국(Cinema Paradiso)〉

감독: 쥬세페 토르나토레 | **개봉 연도:** 1990 | **제작 국가:** 프랑스, 이탈리아

이탈리아 시칠리아, 작은 마을의 극장 영사 기사였던 나이 들고 눈
먼 '알프레도(필립 느와레 분)'는 실연의 아픔에 빠진 청년 '토토(마르코
레오나르디 분)'에게 친구이자 멘토로서 충고를 한다.

> *"인생은 네가 본 영화하곤 달라. 훨씬 힘들지⋯⋯.*
> *로마로 떠나거라."*

그 말을 좇아 고향을 떠났던 토토는 알프레도가 죽자 30년 만에
성공한 영화감독(자끄 페렝 분)이 되어 고향을 찾는다. 하지만 그는 옛
꿈 때문에 고향 마을을 떠나지 못하고 서성인다.

1950년대, 초등학교 5학년인 토토(살바토레 카스치오 분)에게 마을 광
장에 있는 '천국 영화관(Cinema Paradiso)'은 말 그대로 천국이자, 최
상의 놀이터였다. 그곳에는 세상에 둘도 없는 친구이자 아빠 같은 알
프레도가 있다. 알프레도에게는 자식이 없고, 토토의 아빠는 전쟁에
나간 후 소식이 없다. 학교를 마치면 언제나 극장 영사실로 달려가는

토토는 우유 살 돈으로 극장표를 샀다가 엄마에게 혼나기도 한다. 전쟁이 막 끝난 당시에는 별다른 즐길 거리가 없었던 터라 영화 관람이야말로 최고의 오락이었다. 극장은 단순한 오락 공간이 아니라, 친구와의 약속 장소이기도 하다. 마을 사람들은 그곳에서 〈역마차(Stage-coach)〉(1939)나 채플린의 영화를 보며 담배를 피우고, 때로는 술을 마시기도 한다. 그러다 멋진 장면이 나오면 아낌없이 박수를 치고 휘파람을 불어 대는, 극장은 그런 활기찬 생활 공간이었다.

마을 신부는 검열관으로서 영화 상영 전, 알프레도에게 키스 등 종교적으로 부적합한 장면들을 잘라 낼 것을 요구한다. 토토는 잘려 나간 필름을 갖고 싶어 하지만 알프레도는 훗날 어른이 되면 주겠노라 말한다. 영사기 조작법도 알려 달라고 조르지만 알프레도는 거절한다.

그러다 학교를 다니지 못했던 알프레도가 토토와 함께 초등학교 졸업 검정 시험을 치루던 날, 토토는 그에게 답안지를 감독관 몰래 보여 준다. 그 대가로 알프레도는 영사기 조작법을 토토에게 조금씩 알려 준다. 영사실 조수 역할을 하게 된 토토는 극장 뉴스를 통해 아버지의 전사 소식을 접하게 된다. 그러던 어느 날, 영사기 과열로 마을 극장에 불이 나 알프레도가 실명하게 되고, 이제 청년으로 성장한 토토는 영사 기사 일을 맡는다. 일을 핑계로 학교를 그만두고자 하는 토토를 알프레도는 극구 말린다.

"이건 네가 할 일이 아니야. 네게 훨씬
중요한 다른 일이 기다리고 있어."

토토는 학교로 전학 온, 예쁜 얼굴의 부잣집 딸 '엘레나(아그네즈 나노 분)'를 알게 되면서 사랑에 눈뜬다. 매일 밤 그녀의 집 창문 밑에서 끈질기게 구애하여 그녀의 마음을 차지하게 된다. 하지만 그녀의 부모는 가난한 그를 못마땅하게 여겨 대학 진학을 계기로 딸을 다른 도시로 보내려 한다. 마침 토토에게 입대 영장이 나오고, 마지막으로 극장 앞에서 두 사람이 만나기로 약속한 날, 그녀가 나타나지 않는다. 1년 후 제대하여 돌아오니 극장에는 새로운 영사 기사가 있다. 토토를 맞은 알프레도는 여자를 잊지 못하는 그에게 마을을 떠날 것을 권유하며 많은 얘기를 들려준다.

> *"여기에 사는 동안은 여기가 세상의 중심인 줄 알지……. 2년*
> *정도 떠나 있으면 변한 것을 느끼게 되고, 그다지 보고 싶은*
> *사람도 없어지게 되지. …… 로마로 떠나거라. …… 돌아와선 안*
> *된다. 편지도 쓰지 마라. 만일 못 참고 돌아오면*
> *다신 널 만나지 않겠다."*

30년의 세월이 흐른 후, 로마에서 영화감독으로 성공한 토토는 알프레도의 장례식에 참석하기 위해 고향을 방문한다. 운구 행렬이 잠시 머문 극장은 TV와 비디오에 밀려 이미 6년 전에 문을 닫았다. 어릴 적 토토의 천국이었던 극장 안은 쓰레기로 뒤덮여 있고, 스크린마저 무너져 있다. 극장 주인은 아쉬움을 토로한다.

> *"영화는 이제 꿈일 뿐이죠."*

장례 행렬 저 멀리 구석에 조용히 서 있는 여인을 토토는 바라본다. 많이 본 듯한 얼굴이다. 마을 카페에 들른 그는 어떤 여학생의 얼굴을 보는 순간, 들고 있던 술잔을 떨어뜨리고 만다. 엘레나를 쏙 빼닮은 얼굴이다. 로마에서 걸려오는 듯한 전화벨 소리가 계속 울리자, 그는 전화 코드를 뽑아 버린다. 그는 고향에서 해야 할 중요한 일이 남아 있는 듯하다. 그 젊은 여성의 집을 추적한 그는 옛 친구가 그 집에서 나오는 것을 보고 놀란다. 젊은 시절 엘레나를 두고 경쟁을 했던 녀석이다. 망설이다 그 집으로 전화를 걸자, 그녀가 받는다. 하지만 그녀는 '다 지난 일'이라며 만나기를 거부한다. 그날 밤, 예전에 자주 가던 바닷가에 혼자 멍하니 서 있는 토토에게 그녀가 다가온다. 30년 만에 다시 만난 토토와 엘레나는 가슴 아린 대화를 나눈다.

> "난 30년을 기다렸어. 왜 약속대로 극장에 안 온 거지?"
> "극장에 갔었어. 하지만 너무 늦었어."

30년 전 그날, 부모의 저지로 약속 장소인 극장에 늦게 도착한 그녀는 알프레도를 만나 그날 밤 떠난다는 사실을 토토에게 전해 달라고 부탁했던 것이다. 그러나 알프레도는 그녀의 말을 전달하지 않은 것은 물론, 오히려 그녀에게 "잊어라. 너희 둘은 만나서는 안 돼."라고 얘기했다는 것이다. 그녀가 영사실 메모지에 적어 두었던 새 주소도 토토가 보지 못했다. 그때서야 그는 "망할 늙은이……."라며 탄식한다. 엘레나는 처음에는 알프레도를 용서할 수 없었으나, 시간이 흐르니 이해할 수 있었다고 한다.

> "그는 당신을 진정으로 이해한 사람이야. 우리가 결혼했으면
> 넌 아마 그 위대한 영화를 만들지 못했을 거야.
> 당신 작품 하나도 안 빼고 다 봤어."

로마로 다시 돌아갈 때 알프레도의 부인은 남편이 남긴 것이라며 그에게 필름 한 통을 준다. 알프레도가 토토에게 절대 돌아오지 말라고는 했지만, 그는 토토가 돌아올 것을 확신했던 것이다. 그는 필름을 영사기에 돌려본다. 그것은 어린 토토가 그렇게 가지고 싶어 했던, 신부 지시에 의해 잘린 키스 장면들을 이은 것이다. 키스 신을 보면서 서서히 환한 미소를 머금는 토토는 알프레도에 대한 원망의 마음이 눈 녹듯 사라진 듯하다.

알프레도가 토토와 엘레나 사이를 막고, 그를 큰 도시로 떠나게 한 이유가 무엇일까? 토토가 조그만 마을에서 영사기나 돌리고 있는 자신처럼 되지 않기를 바랐던 것이 그 이유일 것이다. 토토가 키스 신의 달콤한 유혹에 빠져 한 여자에게 매달려 원대한 꿈을 잊게 되는 것을 용납할 수 없었기 때문일 것이다. 그는 30년 동안 그녀를 기다렸다면서, 왜 한 번쯤 고향에 들러 그녀를 찾아보지 않았을까? 그녀가 고향에서 그의 친구와 결혼한 것을 보면 다시 만나는 것이 과히 어렵지 않았을 것이다. 엘레나 또한 토토의 어머니가 그 마을에 살고 있었는데 왜 그를 더 이상 찾아보려고 노력하지 않았던가?

알프레도는 영화를 진정으로 사랑하는 어린 친구가 시골 영사 기사 이상의 영화인으로 성공하기를 진심으로 바라는 꿈을 갖고 있었을 것이다. 토토 또한 로마로 간 이상 모든 것을 잊고 영화로 성공하는 꿈 이외에는 다른 생각을 하지 않았을지도 모른다. 엘레나도 그와의 관계를 지나간 꿈이라 생각하고 그가 만든 영화를 보는 것으로 만족했으리라. 그녀는 먼 곳에 있는, 불확실한 꿈보다는 가까이 있는 안정된 결혼이라는 현실을 선택했을 것이다. 그녀는 마지막 만남 후 '미래'를 말하는 토토에게 단호하게 말한다.

"우리에게 미래는 없어. 과거만 있을 뿐이야. 어제의 만남은
꿈에 지나지 않아. 아름다운 꿈. 이것보다
더 나은 끝맺음은 없을 거야."

영화에는 '꿈' 이야기가 여러 번 나온다. 각자의 꿈이 달랐던 것이다. 꿈과 꿈이 부딪히면서 세 사람은 한 자리에 함께할 수 없었던 것이 아닐까? 하나의 꿈을 이루려면 다른 꿈을 잃는 것은 불가피한 것일까? 또한 엘레나가 말한 것처럼 지나간 아름다운 꿈에 불과한 '어제의 만남'에 미래의 꿈을 기약할 수는 없었던 것이다. 알프레도는 토토에게 고향을 떠나기를 종용하면서 말했다.

"인연은 운명이 정하는 거야.
각자에게는 따라야 할 별이 있지."

영화 속 유년기의 추억과 첫사랑의 그리움이 우리 마음을 촉촉이 적셔 준다. 사랑스러운 눈망울의 소년 토토와 푸근한 정을 느끼게 하는 알프레도의 우정, 힘든 가운데서도 정겹게 살아가는 마을 사람들의 모습, 그리고 이루지 못한 첫사랑의 아련함은 우리의 각박한 현실을 위로하는 오아시스처럼 느껴진다.

이 영화에는 수십 컷의 키스 신이 나온다. 청년 시절 실제 고향에서 영사 기사를 했던 감독은 200여 장의 영화 포스터와 스틸 속 명장면으로 꼽히는 키스 신이 수록된 『입맞춤 수집가(Il collezionista di baci)』(2014)라는 책을 출간하였다고 한다. 그는 키스 신에 관심을 가지게 된 이유에 대해 말했다. "나는 입맞춤으로부터 비롯되는 다양한 떨림에 주목한다. 키스는 영화의 에필로그, 전환점, 분기점의 핵

심이 되는 제스처이기 때문이다."²²⁾

심이 되는 제스처이기 때문이다."[22]

22) 김은정, 《씨네21》, 2014.4.8.

황량한 사막에 꽃핀 두 여자의 우정
〈바그다드 카페(Bagdad Cafe)〉

감독: 퍼시 애들른 | **개봉 연도:** 1987 | **제작 국가:** 독일(구 서독), 미국

'모든 게 마술 같아서 슬플 일은 없지.
바그다드 주유소 카페에서 쇼가 시작되었으니까.'

여행 중 말다툼 끝에 남편과 헤어진 독일 뚱보 아줌마와 삶에 지친 미국 흑인 아줌마 간의 우정이 마술같이 펼쳐진다. 황량한 모하비 사막의 허름한 카페에 따뜻한 삶의 즐거움이 넘친다.

미국 캘리포니아를 여행하던 독일인 부부가 사막 가운데서 한바탕 싸우고 헤어진다. 자동차에서 내린 아내 '야스민(마리안느 세이지브레트 분)'은 큰 여행용 가방을 끌고 한참을 걸어서 모텔을 겸하고 있는 바그다드 카페에 들어선다. 카페 옆을 지나는 큰 도로에는 초대형 트럭이 굉음을 울리며 연신 지나간다. 허름한 카페에는 맥주도 팔지 않고 커피 머신이 고장 난 채 방치되어 있어 오는 손님도 드물다. 모텔 방 소파에는 먼지가 뽀얗게 앉아 있다.

카페 주인 '브렌다(CCH 파운더 분)'는 하는 일 없이 빈둥거리는 남

편, 종일 피아노 건반만 두드리는 아들과 그가 데리고 온 엄마 없는 아기, 한창 모양내고 남자와 어울려 돌아다니기 좋아하는 딸로 인해 극도로 지쳐 있다. 그녀는 집안일에 나 몰라라 하는 남편을 쫓아낸 후 혼자 눈물을 흘린다. 모텔에 투숙한 야스민은 옷 가방이 남편 것과 바뀐 것을 발견하는데, 다행히 그 가방 속에는 마술 세트 박스가 들어 있다.

모텔에는 할리우드에서 영화 세트장 그림을 그렸다는 '루디(잭 팰런스 분)'와 트럭 기사들에게 문신을 해 주며 하루를 보내는 '데비(크리스틴 카우프먼 분)', 그리고 캠핑족 청년도 장기 투숙 중이다. 트레일러에 사는 루디는 비록 노년이지만 머리에 붉은 스카프를 질끈 동여매고 그림을 그리는, 아직 사랑의 열정을 간직한 로맨티스트다. 그는 야스민에게 친절하게 얘기를 건넨다. 브렌다가 시내로 장 보러 간 사이 야스민은 아기도 안아 보고, 카페는 물론 모텔 사무실과 창고, 간판까지 깔끔히 청소를 한다. 돌아온 브렌다는 오히려 역정을 낸다.

"모텔 손님이 내 행복을 신경 써요? 무슨 헛소리.
그따위 말 안 믿어요."

사람에 대한 그녀의 불신이 극에 달해 있다. 야스민은 마술 박스를 열고 마술을 한 가지씩 익혀 나간다. 그러면서 브렌다 아들의 피아노 연주를 감상하고, 그녀의 딸과 대화를 나누고, 캠핑족 청년과도 부메랑 던지기를 하며 어울린다. 루디가 넉넉한 몸매의 그녀를 모델로 하여 그림을 그리고 싶다고 조심스럽게 말을 꺼내자, 그녀는 기꺼이 응한다. 그림 그리는 시간이 길어지면서, 두 사람이 함께 보내는 시간도 길어진다. 브렌다는 아기를 안아 보는 야스민이 못마땅해 "당신 아이나 안아요."라고 외친다. 하지만 "난 아이가 없어요."라는 야스민의 힘없는 대답에 내심 그녀에게 미안해한다.

"내가 왜 이러는지. …… 나도 모르겠어요. 일도 많고
애들까지 …… 남편도 1주일 전에 나가 버렸어요."

야스민이 진정으로 카페 일을 도와주고, 손님과 가족들에게 마술 공연을 선보이자 브렌다의 마음도 조금씩 열린다. 그녀의 마술 공연이 주변에 서서히 알려져 카페에 사람들이 모여들기 시작한다. 그녀가 마른 나뭇가지에서 장미꽃을 피우고, 손바닥을 통과한 손수건 색깔을 바꾸고, 예상치 못한 곳에서 동전을 끄집어내는 마술을 하자, 카페 손님들은 '라스베이거스 마술'보다 재미있다면서 환호를 지른다. 이제 브렌다도 기꺼이 마술 조수 역할을 한다. 하지만 그녀의 마술은 중단된다. 그녀의 여행 비자 기한이 만료된 것이다. 야스민이 떠나자 가족과 투숙객들은 우울해하고, 마술을 보고자 카페를 가득 채우던 사람들의 발걸음도 뜸해진다.

그러던 어느 날, 카페 앞에 택시가 멈춰 서고 야스민이 내린다. 브렌다는 달려가 그녀와 뜨겁게 포옹한다. 두 여자는 사막에 핀 야생화를 꺾어 서로의 머리에 꽂아 주면서 우정을 확인한다. 함께 즐거워하는 루디와 캠핑족 청년. 루디가 그린 야스민의 초상화가 카페에 내걸린다. 이제 바그다드 카페에 다시 마술 공연이 열린다. 두 여자가 분장을 하고 브렌다 아들의 피아노 연주에 맞춰 춤추고 노래하며 공연을 하자, 관객들도 환호를 지른다. 집을 나가 주변을 맴돌던 브렌다의 남편도 슬쩍 집으로 돌아온다. 카페 손님들이 함께 노래를 부른다.

나도 이곳 모하비 사막에 살고 싶네.
편하고 느린 삶에 끌리지 않아?
모든 게 마술 같아서 슬플 일은 없지.
바그다드 주유소 카페에서 쇼가 시작되었으니까.

아침 해가 뜨는 이른 시각, 야생화로 만든 꽃다발을 든 루디가 야스민의 방문을 두드린다. 꽃다발을 받아든 그녀의 입가에 미소가 번진다.

"나와 결혼해 주겠어요?"
"브렌다와 상의하겠어요."

마초 기질을 가진 남편과 여행 중 헤어진 이방인 백인 여자와 가족과 삶의 무게에 지친 흑인 여자, 두 사람 모두 외롭고 소외된 사람들이다. 굉음을 울리며 카페 옆 고속 도로를 끝없이 지나가는 대형 트럭들도 그녀들의 삶을 위협하는 듯하다. 영화 속 남자들은 많이 부족한 인간들이다. 야스민의 남편은 아내를 사막 가운데 내려놓고는 제대로 찾으려는 노력도 없이 떠나 버린다. 브렌다의 남편 역시 가장으로서 책임감은 손톱만큼도 없고, 하는 일 없이 빈둥거리다 다툼 끝에 집을 나간다. 그는 자신의 의지보다 아내의 변화로 새로운 생활 환경이 조성되자 슬그머니 집으로 돌아온다. 게다가 아들은 엄마 없는 젖먹이를 자신의 엄마에게 맡긴다.

하지만 두 여성은 거칠고 황량한 사막 같은 세상을 마술같이 변화시켜 나간다. 그녀들은 여성으로서의 유대감을 바탕으로 상호 간의 우정을 쌓으며, 다른 투숙객들과도 가족적인 유대감을 형성해 나간다. 동시에 마술로 세상과 소통함으로써 카페를 중심으로 한 따뜻하고 새로운 공동체를 만들어 낸다. 모하비 사막처럼 황량하고 거친 세상을 사람 사는 향기가 가득한 기름진 옥토로 변화시킨 것이다.

"뛰어, 포레스트. 뛰어!", 긍정의 힘!
〈포레스트 검프(Forrest Gump)〉

감독: 로버트 저메키스 | **개봉 연도:** 1994 | **제작 국가:** 미국

IQ 75인 '포레스트(톰 행크스 분)'는 지능이 떨어지는 데다 등이 굽어서 다리에 단 보조 장치로 인해 친구들로부터 따돌림을 당했다. 하지만 평생 그의 곁에는 좋은 동반자들이 있었다. 훌륭한 엄마(샐리 필드 분)가 있었고, 영원히 잊지 못할 여자 친구 '제니(로빈 라이트 분)', 새우잡이로 이끌어 준 전우 '버바', 그리고 인생의 다른 면을 보여준 '댄 중위(게리 시나이즈 분)'가 있었다. 하지만 무엇보다 중요한 동반자는 바로 그의 긍정적인 마인드였다.

"명심해라. 넌 남들과 하나도 다르지 않아. 넌 잘할 수 있어."

엄마의 이 말은 포레스트의 인생 좌우명이 되었다. 평생 동안 신세 한탄이나 하며 살 수도 있었을 그를 꿋꿋이 살도록 한 원동력이 된 것이다. 그의 엄마는 IQ 80이 넘지 못하면 일반 학교에서 공부할 수 없다는 교장에게 무리한 처신을 하면서까지 끝내 그를 입학시킨다. 그녀는 죽을 때 "죽음도 인생의 일부란다."라는 가르침을 남긴다.

제니는 그와 초등학교 때 만나 서로 인연을 이어 가다가, 나중에 결혼하게 된다. 노란 스쿨버스를 처음 타던 날, 모두가 그를 기피하지만 옆자리를 선뜻 내준 제니를 그는 천사 같다고 생각했다. 하지만 제니는 알코올 중독인 아버지로부터 성 학대를 받아, 평생 트라우마를 안고 살았다. 마을 악동들이 멍청하다고 놀리며 포레스트에게 돌 팔매질을 했을 때, 제니는 "뛰어, 포레스트. 뛰어!"라 하며 그에게 '뛰는 본능'을 일깨워 줬다.

또 한 명의 잊을 수 없는 흑인 전우 버바는 입대하면서 처음 만난 사이인데, 늘 새우잡이 이야기만 한다. 제대하면 새우잡이 사업을 할 것이고 자기가 선장이 되면 포레스트에게 항해사 자리를 주겠다고 약속한다. 월남전에서 숨진 그를 대신해서 새우잡이 사업에 뛰어든 포레스트는 큰돈을 벌고, 그 후 버바의 집을 방문해서 통 큰 기부를 한다.

월남전에서 만난 댄 중위는 부하들에게 "죽는 따위의 멍청한 짓은 하지 마라."라는 명령 아닌 명령을 내린다. 소대원 대부분이 죽은 전투에서 살아남은 그는 그대로 죽게 내버려 둬 달라는 명령을 거부하고 자기를 구해 준 포레스트를 원망한다. 부상으로 양 발목을 절단한 그는 귀국 후에 술과 여자로 세월을 보내는 폐인 신세였으나, 포레스트가 새우잡이를 시작하자 그의 사업에 합류한다. 그는 포레스트의 사업을 잘 관리해 주어 포레스트가 평생 돈 걱정 없이 살 수 있는 기반을 마련해 준다.

포레스트의 삶은 행운의 연속이었다. 제니가 발견한, 탁월한 달리기 실력으로 대학 미식축구부에 들어가고, 전국 미식축구 대표팀에

선발되어 케네디 대통령을 만나는 영광을 누린다. 월남전에서 엉덩이에 부상을 입은 포레스트는 군 병원에서 탁구를 배우는데, '물 만난 고기'처럼 탁월한 실력을 보인다. 미국 탁구 대표팀에 발탁된 그는 중국과의 '핑퐁 외교'에 참가하는 영예도 누린다. 백악관 초청으로 워싱턴을 방문한 그는 우연한 기회에 '워터게이트 사건'을 목격하는 바람에 닉슨 대통령 사임에 기여한다.

제대 명령서를 받아든 포레스트는 탁구채 광고로 얻은 수입으로 버바가 오매불망 그리던 새우잡이 사업에 뛰어들고, 새우잡이 배 이름을 '제니'라 명명한다. 사업 초기에는 쉽지 않았다. 하지만 허리케인으로 다른 배들이 파손되는 바람에 멀쩡하게 배를 보전한 포레스트는 큰돈을 번다. 아프다는 연락을 받고 귀향한 그에게 엄마는 값진 말을 남긴다.

"인생이란 한 상자의 초콜릿 같단다.
뭐가 걸릴지 아무도 모르거든."

엄마의 죽음으로 더욱 외로워진 그는 제니를 그리워한다. 어느 날, 그녀가 고향으로 돌아온다. 그녀는 그동안 세상을 떠돌면서 가수가 되어 술집에서 노래를 부르고, 히피들과 어울려 반전 운동에도 참가한 것은 물론 마약에까지 손을 댄 것 같다. 삶에 극도로 지쳤을 때 높은 건물에서 뛰어내리려는 시도까지 했다. 그녀는 며칠간 잠만 자다가 포레스트와 손 잡고 산책하면서 많은 얘기를 나눈다. 포레스트는 그때가 인생에서 가장 행복했다고 회상한다. 청혼하는 그에게 제니는 쓸쓸한 표정을 지으며 "그러면 후회할 거야."라면서 답을 주지 않는다. 그날 밤 잠자리를 함께한 제니가 다음 날 일찍 떠나자, 그는 달리기를 시작한다.

"그날 난 아무런 이유 없이 뛰기로 결심했어요."

제니가 선물한 운동화를 신고 달려 앨라배마주를 횡단하고 LA의 산타모니카 해변에 도착한다. 그리고 되돌아 다시 뛰기 시작하여 밀밭과 개울, 그리고 목장 지대와 숲을 엄마, 버바, 댄 그리고 제니를 생각하며 달리고 또 달린다. 함께 달리는 동행이 생겨, 그 숫자는 나날이 불었다. 방송국에서 이를 중계하며 "왜 뛰느냐?"라고 묻는다.

"아무 이유 없이 뛴다는 걸 다들 못 믿더군요.
그냥 뛰고 싶을 뿐입니다. …… 제가 사람들에게 희망을 준 거라더군요.
전 그런 거 잘 모르지만."

그렇게 3년 2개월하고도 14일 16시간을 달린 그는 유타주 모뉴먼트 밸리가 보이는 곳에서 달리기를 갑자기 중단한다.

그는 편지를 받고 방문한 제니의 집에서 포레스트라는 자기와 같은 이름을 가진 어린 남자아이를 만난다. "네가 이 아이 아빠야."라는 제니의 말에 놀란 그는 "저 애 똑똑해?"라며 긴장된 표정으로 묻는다. 아주 똑똑하다는 대답을 들은 그의 눈에 눈물이 맺힌다. 포레스트는 바이러스에 감염되었다는 그녀에게 고향으로 돌아가자고 한다. 이번에는 제니가 그에게 "나랑 결혼해 줄래?"라며 청혼한다. 고향집 정원에서 열린 결혼식에 댄 중위도 약혼자와 참석한다. 두 사람은 손 잡고 산책하면서 옛날얘기를 나누며 짧은 행복을 누린다.

제니가 죽은 후, 그는 아들을 위해 밥을 짓고, 탁구도 치며, 낚시도 한다. 그 옛날 그가 탄 것과 같은 노란색의 스쿨버스가 도착하자, 아들이 차에 오른다. 그때 책 속에 고이 간직했던 하얀 깃털이 하늘로 날아오른다. 자유롭게, 빙글빙글 돌면서 내려오다가는 하늘로 다시 높이 올라간다.

이 영화는 미국 아카데미 시상식 13개 부문에 후보로 올라, 최우수작품상, 감독상, 남우주연상 등 6개 부문을 휩쓸었고, 흥행에도 성공하였다. 하지만 이 영화가 지나치게 '미국적'이고, 영화가 지니는 가치가 지나치게 '보수적'이라는 지적도 많다. 영화 속 포레스트와 제니는 상당히 대조적인 길을 걸어 왔다. 포레스트는 그의 약점을 잘 극복하여 월남전에 참전하여 무공을 세우고, 국가 대표 탁구선수가 되었고, 사업에 성공하여 사회에 큰 기부를 함으로써 모범적인 길을 걸어왔다. 반면, 제니는 당시 체제에 반항하는 길을 걸었다. 그녀는 반전 운동, 히피 생활을 겪은 것은 물론 마약에까지 손을 대고, 마지막에는 결국 에이즈에 걸려 죽은 듯 보인다. 이처럼 제니가 부정적으로 묘사되고 있는 데 대해 논란이 많은 것이 사실이다. 당시의 새로운 젊은 의식을 폄하하는 것이라고 말이다.

하지만 이러한 지적에도 불구하고 이 영화가 말하고자 하는 바는 명확하다. 따뜻한 인간애를 바탕으로 한 긍정적 마인드가 이 영화의 핵심이다. 그의 엄마는 "넌 잘할 수 있어. 넌 다른 사람들과 똑같아."라면서 용기를 북돋아 주었고, 제니 또한 "뛰어, 포레스트!"라며 격려하였다. 그것이 원동력이 되어 불리한 조건을 극복하고 행운과 성공을 얻을 수 있었으리라. 댄 중위 역시 포레스트의 밝고 긍정적인 에너지에 영향을 받아 정상 생활로 돌아왔다. 그러나 제니는 쉽게 트라우마에서 벗어나지 못했다. 한결같은 포레스트의 사랑을 느끼고 이를 온전히 받아들인 마지막 순간에 가서야 그녀는 악몽과도 같았던 트라우마에서 벗어날 수 있었다.

'대지의 정령(精靈)들'을 영접하다

〈리틀 포레스트(Little Forest)〉

감독: 임순례 | **개봉 연도:** 2018 | **제작 국가:** 한국

*"혜원이가 힘들 때마다 이곳의 흙냄새와 바람과 햇빛을
기억한다면 언제든 다시 털고 일어날 수 있을 거란 걸 엄마는 믿어."*

편의점에서 아르바이트를 하고, 학원가 골목에서 컵밥을 먹으며 취업 시험에 매달렸으나, 또 낙방을 한 '혜원(김태리 분)'은 도망치듯 서울을 떠나 눈 덮인 고향 집으로 내려온다.

텅 빈 집 안에 홀로 난로를 피우고, 밭에 겨우 몇 포기 남아 있는 배춧잎과 파로 국을 끓이고, 다음 날은 수제비와 배추전을 만든다. 그렇게 허기진 배를 채워 간다. 눈 내리는 겨울밤, 부엉이와 멧돼지 울음소리에 두려움을 느껴 친구가 주는 강아지를 새 식구로 맞아들인다. 혜원의 수능 시험 직후, 아무 말 없이 집을 떠난 엄마(문소리 분)는 여태 소식이 없다. 이웃에서 과수원을 경영하는 동창생 '재하(류준열 분)'와 지역 농협에 근무하는 친구 '은숙(진기주 분)'을 만나면 "나 금방 올라갈 거야."라는 말을 레코드 틀 듯하지만, 시루떡을 만들어 먹고, 막걸리와 식혜를 빚으면서 그 말을 잊어 간다.

봄이 오자 쑥 캐기, 감자 심기, 고추 모종하기가 시작된다. "감자 싹이 나오면 다른 작물을 심어도 된다는 뜻이야."라면서 더욱 바쁘게 지낸다. 마늘, 산수유, 두릅, 고사리, 식용 꽃 등 식재료도 풍부해진다. "집중해. 요리는 마음을 비추는 거울이야."라고 하던 엄마의 말을 회상하면서 스파게티, 양배추 빈대떡, 찐 감자, 아카시아꽃 튀김 등을 만들어 이웃 친구들과 나눠 먹는다. 그때 도착한 편지에는 발송인 표시가 없고, 어릴 적 엄마와 함께 만들던 '감자빵' 레시피(recipe)가 들어 있다.

여름이 오자, 참외와 수박 그리고 콩국수를 먹으면서 풀을 뽑느라 연신 땀을 훔친다. 개울에서 다슬기를 잡으면서 재하, 은숙과 어울리는 여름밤 풍경이 정겹다. 재하는 "회사 생활이란 게 스스로 결정할 수 있는 게 없더라. 여유도 없고……."라며 고향으로 돌아온 이유를 설명한다. 은숙도 자신을 괴롭히던 직장 상사에게 멋지게 한 방 먹인다. 혜원은 서울에서 사귀던 남자 친구가 찾아오자 당당히 말한다.

"내가 (서울을) 떠나온 것이 아니라 (고향으로) 돌아온 것이야."

가을이 오자 혜원은 자기는 그동안 그저 견디기만 하고 있었다며 생각이 깊어진다. 밤 조림을 만들고, 깨를 털고, 감을 따고, 비에 쓰러진 벼를 묶어 세우며 연신 "바쁘다, 바빠."라고 외친다. 재하가 그녀에게 일침을 가한다.

"그렇게 바쁘게 산다고 문제가 해결되니? 가장 중요한 일을 외면하고,
그때 그때 열심히 사는 척, 고민을 얼버무리는 양."

그때서야 엄마의 지난 편지가 가슴에 와닿는다.

"아빠가 돌아가신 후에도 내가 이곳을 떠나지 않은 이유는
너를 이곳에 심고, 뿌리를 내리게 하고 싶었어."

혜원은 그날 밤 주소를 모르는 엄마에게 답장을 썼다.

'그동안 엄마에게는 자연과 요리, 그리고 나에 대한 사랑이
그녀만의 작은 숲이었다. 나도 나만의 작은 숲을 찾아야겠다.'

겨울이 다가올 즈음, 혜원은 집을 떠난다. 친구들에게 한마디 말도 남기지 않은 채. 자기가 없는 사이에 엄마가 돌아올 것으로 예상하며 남긴 편지에는 '나는 엄마와는 다른 방법으로 감자빵을 만들어 보았어.'라는 글이 담겨 있다. 그녀는 자신만의 작은 숲을 만들기 시작한 것이다. 재하는 말없이 떠난 혜원이가 야속하다는 은숙에게 "곧 돌아올 것 같은 생각이 들어. 지금 혜원이는 '아주 심기(定植, 온상이나 묘상에서 기른 모를 밭에 정식으로 옮겨 심는 일)'를 준비하고 있는 것일지도 몰라."라고 말한다.

과연 봄이 오자 혜원이 다시 귀향한다. 그녀는 지붕 손질을 하고, 지난봄처럼 과수원 길과 유채 꽃밭으로 난 길을 자전거로 달린다. 외출했다가 집에 돌아오니 닫아 두었던 거실 문이 열려 있다. 누가 온 것일까? 미소를 머금은 채 기대에 찬 얼굴로 문 쪽으로 향한다.

어느 방송사에서 '삼시세끼'란 예능 프로를 방영한 적이 있다. 건장한 남자 몇 명이서 농·산촌 또는 어촌에 가서, 농사를 짓거나 낚시를

해서 준비한 식재료로 하루 세끼 밥과 요리를 해 먹는다. 가끔 손님이 찾아오는 것 말고는 특별한 사건이나 이야기가 없다. 무심한 하늘에 떠가는 구름을 보다가, 논밭에서 풀을 뽑고, 뜰에서 강아지와 놀다가도 때가 되면 밥을 지어 맛있게 먹는 것이 일과이다. 이 영화는 그것과 많이 닮았다. 도시의 바쁜 생활에 찌든 영혼들이 대자연의 품에 안겨 '대지의 정령(精靈)'들을 영접하며 유유자적하게 시간을 보내는 것이다. 이 시대를 사는 지친 모든 이의 로망이 아닐까?

이 영화는 겨울부터 봄, 여름, 가을, 겨울 그리고 또 새봄으로 계절이 순환하는 과정 속에서 펼쳐지는 전원의 아름다운 정경을 보여 준다. 동시에 자연의 섭리와 우정에 관한 소박한 이야기도 들려준다. 그리고 이 땅에서 제철에 나는 자연의 재료를 이용하여 요리하는 과정을 보여 주며 음식의 참맛을 느끼게 하고 우리의 오감을 만족시켜 준다. 그래서 누군가가 말했다. 이 영화는 배고플 때 보면 안 된다고 말이다. 도시에서 좌절한 젊은이가 농촌에서 농사를 지으면서 무엇을 배우고 느끼며, 어떻게 스스로를 치유하는 것일까? 흔히 이 영화를 '힐링 영화'라고 하지만, 실은 일시적인 힐링을 넘어선 영화로 간주된다. 자연에 묻혀 일하고, 자연의 순환 원리를 이해하고 느낌으로써 삶의 한 단계를 넘어서는 성장 드라마로 볼 수 있다.

이가라시 다이스케가 그린 같은 제목의 일본 만화가 원작이다. 이를 일본에서 영화화(〈리틀 포레스트: 여름과 가을(リトル·フォレスト 夏·秋)〉(2015), 〈리틀 포레스트 2: 겨울과 봄(リトル·フォレスト 冬·春)〉(2015) 그리고 두 편을 합친 〈리틀 포레스트: 사계절〉(2018), 총 3편)한 후, 우리나라에서는 임순례 감독이 연출하였다.

인생은 살 만한 것인가?

/2장/

"그때 내가 ……를 하지 않았더라면"
＜인생(活着)＞

감독: 장이머우 | **개봉 연도:** 1995 | **제작 국가:** 중국, 대만

'푸귀(갈우 분)'는 "그때 내가 왕 교수에게 만두를 많이 주지 않았더라면……. 아니면 물을 주지 않았더라면 딸을 잃지 않았을 텐데……."라며 한탄한다. 그의 아내 '지아젠(공리 분)' 역시 "남편이 아들을 학교에 데리고 가려 할 때 말렸어야 했는데……."라며 아들을 잃은 회한에 잠긴다. 그러나 푸귀가 만약 도박으로 가산을 탕진하지 않았더라면 그의 가족의 운명은 어떻게 되었을까?

1940년대 중국, 푸귀(福貴)는 부잣집에 태어난 덕에 하는 일 없이 밤에 주루에 나가 도박을 일삼는 철부지 한량이다. 임신 중인 아내 지아젠은 그에게 도박을 그만두라고 호소해도 말을 듣지 않자 딸을 데리고 집을 나간다. 결국 도박 빚으로 집을 날리고, 그의 아버지는 화병으로 급사한다. 거리 행상에 나선 푸귀를 보고 정신 차렸다고 생각했는지 아내는 딸 '펑시아'와 새로 태어난 아들 '유칭'을 데리고 돌아온다. 푸귀는 기뻐하며 새 삶을 시작하겠노라 결심하고 도박으로 자기 집을 차지한 자에게 돈을 빌려줄 것을 부탁한다. 그는 돈은 빌려줄 수 없으나 대신 먹고살 수 있도록 도와주겠다며 그림자 연극

소품을 준다. 푸귀는 과거 주루에서 공연하는 그림자 연극에서 노래를 불러 인정받을 정도의 실력을 갖고 있다. 실제 삶이 아닌 그림자를 매개로 한 공연이 이제 그에게 생존 수단이 된 것이다. 과거 하인이었던 '춘셩'과 함께 유랑 극단을 만든 그는 공연 중 영문도 모른 채 전쟁터로 끌려간다. 1949년, 국공내전(國共內戰)이 발발한 것이다. 그가 끌려간 곳은 장제스 부대이다. 삶과 죽음이 교차하는 전장에서 가족의 소중함을 토로한다.

> *"난 오직 살아서 집에 가고 싶어. 나에겐 가족이 가장 중요해."*

전투 중 겨우 목숨을 구한 그는 이번에는 인민 해방군의 포로가 되어 그들을 위해 연극 공연을 한다. 군대에서 풀려나 집으로 귀가하니 아내는 당의 주선으로 일자리를 구하여 연명하고 있으나, 딸 펑시아가 열병을 앓다가 벙어리가 되어 있다. 혼란한 세상에서 살아남으려면 벙어리가 될 수밖에 없다는 것일까?

충격적인 일이 벌어진다. 도박 빚 대신 푸귀의 대저택을 차지했던 자가 공산당에 협력하지 않는 지주로 몰려 인민재판 끝에 처형당한다. 처형 현장을 보고 온 푸귀는 아내에게 말한다.

> *"그에게 집을 잃지 않았더라면 죽은 자는 나지. 지금 우리는*
> *지주가 아닌 평민이야. 안전해."*

이를 계기로 부부는 살아남기 위해 기회주의자로 변신한다. 인민 해방군에 연극을 공연한 공로로 발부받은 '군 종사 복무 증명서'를 액자에 넣어 벽에 걸어 두고 신주 모시듯 한다.

1958년, 마오쩌둥의 주창에 따라 '대약진 운동'이 발동된다. 철 생산 운동의 일환으로, 가정의 쇳조각이 공출되고 공동 작업장, 공공식당이 마련된다. 푸귀는 이번에도 공동 작업장에서 연극 공연을 한다. 철 생산 동원에는 어린이들도 예외가 아니다. 위원장이 학교를 방문한다고 하여 학생들에게 등교 명령이 내려지자, 푸귀 부부는 아들을 학교로 데려가야 할지 망설인다. 하지만 새 체제의 눈 밖에 나서는 안 된다며 노력 동원으로 지쳐 자고 있는 아들 유칭을 깨워 학교로 데려간다. 아이를 업어서 학교에 데려가며 푸귀는 아들과 대화를 나눈다.

"병아리가 크면 닭이 되고, 닭이 크면 거위가, 그 거위가 양이
되며, 다음에는 소가 된단다."
"소 다음은요?"
"소 다음은 공산주의야. 매일 고기와 만두를 먹을 수 있어."

하지만 그날 유칭은 위원장의 차가 들이박아 넘어진 담벼락에 깔려 죽는다. 위원장은 푸귀의 그림자 연극 동료였던 춘셩으로, 그는 인민 해방군에 입대하여 간부직에 올랐다. 부부는 아들의 무덤을 방문한 춘셩을 세차게 거부한다. 어제의 동지가 오늘의 원수로 변했다.

1966년 6월, 마오쩌둥의 주창으로 '문화대혁명'이 시작된다. 거리마다 붉은 깃발을 앞세운 젊은 홍위병들의 기세가 대단하다. 마을 위원장은 푸귀의 집을 방문해 제국주의의 산물인 그림자 연극 소품을 태우라고 권유하면서 딸 펑시아의 남편감을 소개한다. 사윗감은 한쪽 다리가 불편하지만 노동자 집안 출신으로 현재 감독관 일을 하고 있다. 딸의 결혼식 날, 그들은 인민복에 꽃을 꽂고, 마오쩌둥의 대형

초상화 밑에서 그의 어록을 손에 들고 기념 촬영을 한다. 딸의 임신 소식에 푸귀 부부는 행복해한다.

위원장 춘셩이 주자파로 노동연맹에 잡혀갔다는 소문을 듣자, 부부는 "그는 자본주의자가 맞아. 우리는 전부터 그를 미워했어. 우린 몇 년 동안 못 만났어."라며 그와 관련된 흔적을 지우려 애쓴다. 하지만 아들 문제로 사죄하러 한밤중에 몰래 방문한 춘셩에게 부부는 "절대 자살하지 말고 꼭 살아남으라."라며 신신당부했다. 당시 상황에서는 잘사는 것이 아니라 '살아남는 것' 자체가 절대 명제였던 것이다. 이웃 간의 따뜻한 정이 아직 남아 있어 보인다. 잔인한 시절은 계속 이어져 마을 위원장도 주자파로 몰려 조사를 받게 된다.

딸의 출산일이 다가와 병원에 가 보니 나이 든 의사는 보이지 않고, 붉은 완장을 찬 젊은 여자들만 설치고 다닌다. 의사들은 구시대 유물이기에 모두 감옥에 갔다는 것이다. 불안감을 느낀 푸귀는 감독관인 사위의 지위를 이용해 감옥에 있는 나이 든 산부인과 의사를 데려온다. 기회주의적인 행동이다. 그 의사의 목에는 '반동학술분자'라는 팻말이 걸려 있다. 의사는 3일 동안 굶은 탓으로 몸조차 가누기 힘들어한다. 푸귀는 의사에게 만두를 사다 주고, 목메어 하자 마실 물도 준다. 마침내 딸이 사내아이를 출산하자 모두들 기뻐한다. 하지만 산모의 하혈이 시작되고 완장 찬 젊은 여자들은 자신들은 간호사여서 대처할 줄 모른다고 실토한다. 대기해 놓은 의사를 데리러 가지만, 그는 급히 먹은 만두에 물까지 마셔 배가 부풀어 올라 호흡 곤란으로 질식 상태이다. 결국 딸은 숨을 거두고, 부부는 새로 태어난 손자에게 만두라는 이름을 지어 준다.

그 이후, 세월이 흘러 부부는 제법 큰 손자, 사위와 함께 아들과 딸 묘지를 찾는다. 무덤 앞에 만두를 놓고 아이가 커 온 사진들을 펼쳐 놓는다. 푸귀는 회한에 젖어 "내가 왕 교수에게 만두를 많이 주지 않았더라면 딸을 구할 수 있었을 텐데……. 아니면 만두를 먹은 뒤 체했을 때 물을 주지 않았더라면……."이라며 한탄한다. 아내는 "과거는 지나갔어."라고 위로하면서도, 자신 역시 "남편이 아들을 학교에 데리고 가려 할 때 말렸어야 하는데……."라며 아들 잃은 회한에 잠긴다. 하지만 그들은 매 순간 주어진 상황에서 나름 최선의 선택을 했던 것이다. 더 이상 누구를 탓하랴?

집에 돌아온 푸귀는 손자가 안고 있는 병아리를 담고자 과거 그림자 연극 소품을 담았던 상자를 꺼낸다. 손자가 병아리를 상자에 담으며 "병아리는 언제 자라?"라고 묻는다. 그는 예전에 아들 유칭에게 말한 것처럼 병아리가 자라면 거위가 되고, 다음으로 양, 소가 될 거라고 한다. 하지만 "소 다음은?"이라고 묻는 손자에게 과거와는 다르게 말한다.

> "소가 자라면 만두도 다 컸을 거야. 만두가 다 크면 기차와
> 비행기를 탈 거야. 그러면 살림이 점점 더 좋아질 거야."

'공산주의' 대신 '기차와 비행기'라고 하는 것을 보면 시대가 크게 변했다는 것을 알 수 있다.

영화는 격동의 중국 현대사를 배경으로 부잣집 망나니로 태어나 도박으로 가산을 탕진한 푸귀의 파란만장한 가족사를 그렸다. 40년대 국공내전, 50년대 대약진 운동, 60년대 문화대혁명, 그리고 그 후의 세월 동안 거센 역사의 소용돌이 속에서 한 가족의 삶이 어떻게

망가지고, 그들이 어떻게 살아남았는지를 절묘하게 묘사하고 있다. 동시에 현재를 살아가는 우리네 삶도 결국은 한순간의 선택으로 모든 것이 달라질 수 있음을 생생히 보여 준다. 아들과 딸의 삶과 죽음도 그러했지만, 만약 '푸귀가 도박으로 집을 날리지 않았더라면' 모든 이야기는 달라졌을 것이다. 그래서 우리는 인생을 두고 알 수 없는 것이고, '새옹지마(塞翁之馬)' 또는 '전화위복(轉禍爲福)'이라고 한다.

이 영화는 1994년 제47회 칸영화제 심사위원대상을 수상하고, 푸귀 역을 맡은 갈우는 남우주연상을 수상하는 등 국제 영화제에서 수많은 상을 받았다. 하지만 중국 내에서는 마오쩌둥과 공산당 체제에 대한 비판적 요소로 인해 오랫동안 상영 금지를 당했다.

내가 살아야 할 이유 한 가지
〈여인의 향기(Scent Of A Woman)〉

감독: 마틴 브레스트 | **개봉 연도:** 1992 | **제작 국가:** 미국

"중령님은 누구보다도 탱고를 잘 췄고, 페라리를 잘 몰았어요."

자기 머리에 권총을 겨눈 '프랭크(알 파치노 분)'는 몸을 던져 만류하는 '찰리(크리스 오도넬 분)'에게 자신이 살아야 할 이유 하나를 말하라고 한다. 앞의 찰리의 답변은 사람이 살아야 할 이유에는 대의명분만 있는 것이 아니라는 뜻일 것이다. 가족의 정, 귀여운 손주의 웃음소리, 친구와의 우정, 향기로운 한 잔의 술, 스텝이 엉키더라도 멈출 수 없는 춤, 살갗을 스치는 산들바람, 그리고 여인의 향기……. 이처럼 우리가 세상을 살아야 할 이유는 무궁무진하지 않을까? 프랭크에게는 이유 하나가 더 생겼다. 그것은 순결한 영혼과 용기를 갖춘 찰리를 지키는 것!

미국 북동부 뉴햄프셔주에 소재한 명문 베어드고등학교에 재학 중인 찰리는 추수감사절 연휴 기간 동안의 아르바이트 자리를 구하려한다. 크리스마스 때 고향으로 돌아갈 비용을 마련하려는 것이다. 그는 학교 게시판에 붙은 '추수감사절 동안 노인 돌봐 줄 분 구함'이

란 전단지를 보고 찾아간다. 그곳에서 만난 프랭크는 상대를 무시하는 말투에, 항상 술을 가까이하고, 어린 손주에게도 물건을 집어 던지는 괴팍한 성격의 퇴역 장교다. 앞을 보지 못하는 그는 말끝마다 자신이 '아메리카 합중국 육군 중령' 출신임을 내세운다. 부담을 느낀 찰리는 그를 맡지 않으려 했으나, 휴가를 떠나려는 프랭크 가족의 간곡한 부탁과 돈이 절실한 관계로 결국 그 일자리를 맡게 된다.

찰리가 다니는 학교에서 교장 선생과 그의 새 차가 페인트를 뒤집어쓰는 사건이 벌어졌다. 사건 전날 밤, 그 장치를 설치하는 것을 목격한 사람은 찰리와 그의 급우 '조지(필립 세이모어 호프만)', 두 사람뿐이다. 교장은 두 학생에게 누구의 짓인지 말하라며 상벌 위원회를 열어 퇴학시킬 수 있다고 으름장을 놓는다. 특히 찰리에게 장학금을 들먹이면서 하버드대학교 입학 추천 건까지 꺼낸다. 너무나 절실한 유혹이지만 찰리는 말할 수 없다고 버틴다.

프랭크는 가족들이 여행을 출발하자마자 찰리에게 짐을 꾸리고 특히 군복을 잘 챙기라고 지시한다. 뉴욕으로 간다는 프랭크의 말에 찰리는 갈 수 없다고 했지만 떠밀려 비행기를 타게 된다. 프랭크의 비행기 표는 편도이다. 그는 뉴욕에 도착 후 최고급 호텔에 입실하고 고급술과 리무진을 준비시킨다. 저축한 보상금이 있다며 돈 걱정은 말라고 한다. 학교 일로 돌아가겠다는 찰리에게 마지막 밤 비행기로 돌아가라며 최고급 레스토랑으로 그를 데리고 간다. 그곳에서 자기는 즐거운 여정을 계획하고 있다며 소개한다.

"일등석 비행기, 최고급 호텔, 고급술과 식당, 멋진 여자랑
즐긴 후, 형 가족을 만난 뒤…… 그다음엔 호텔의 멋진 침대에

누워서 머리에 총을 쏘지."

찰리는 놀라지만, 돌아가기에는 이미 늦었다. 프랭크가 비행기 출발 시각을 속인 것이다. 다음 날 그의 형 집 방문에 동행하지만, 형 가족들의 반응이 냉랭하다. 거침없이 쏟아내는 프랭크의 막말에 조카는 집을 나가 달라고 한다. 대화 가운데 프랭크의 과거 얘기가 나온다. 군에서 장군감으로 지목되고 있었으나 진급에 두 번 누락된 후 성질이 폭발해 사고를 쳤다고 한다. 그 사고로 본인의 눈이 멀어 전역한 것이다. 떠밀리다시피 형 집에서 나온 프랭크는 호텔 방에서 권총을 분해해 조립한다. 그는 하루만 더 함께하자고 찰리에게 부탁한다. 그러면서 찰리의 사정을 듣고는 교장의 제안대로 범행자들을 밝히고 하버드대를 가라고 권유한다. 하지만 찰리는 그럴 순 없다며 계속 거부한다.

두 사람은 레스토랑에 들른다. 테이블에 앉자 프랭크는 어디선가 좋은 비누 향기가 난다면서 근처에 앉은 여자가 혼자냐고 묻는다. 그는 "여자에 관심이 없다면 우린 죽은 거야."라 말하며 그녀가 있는 테이블로 자리를 옮긴다. 뛰어난 미모인 '도나(가브리엘 앤워 분)'가 사용한 비누 제품명을 맞추면서 대화가 무르익자, 프랭크는 그녀에게 탱고를 배우겠느냐고 제안한다. 실수할까 봐 두렵다고 하는 도나에게 말한다.

"탱고는 실수할 게 없어요. 인생과는 달리 단순하죠.
만약 실수를 하면 스텝이 엉키고 그게 바로 탱고죠."

'포르 우나 카베사(Por Una Cabeza)' 선율에 맞춰 두 사람은 빙글빙

글 돌다가 밀었다가는 다시 당겨서 안고, 안은 채 스텝을 밟다가는 다시 밀고, 서로 마주 보는가 싶더니 어느 순간 나란히 한 방향으로 스텝을 밟는다. 여자의 다리가 남자의 다리를 휘감으면서 춤은 끝난다. 구경하던 모든 손님이 힘찬 박수를 보낸다. 우아하게 탱고를 추는 두 사람의 모습은 영화사에서 빠지지 않는 명장면으로 꼽힌다. 그녀는 남자 친구가 오자 떠난다. 그날 밤 외부에서 혼자 어떤 여인을 만나고 온 듯, 프랭크는 "정말 멋진 여자였어."라고 한다.

다음 날, 찰리는 조지로부터 자기 아버지가 학교에 영향력이 있어 함께 구해 줄 것이라는 얘기를 듣는다. 하지만 이 말을 전해 들은 프랭크는 찰리에게 부잣집 아들인 조지의 말을 믿지 말라고 한다. 그러면서 자기는 죽기로 한 계획을 실행할 테니 이제 돌아가도 된다고 한다. 찰리는 죽으면 안 된다고 만류하며 그의 관심을 돌리려 "오늘은 태양이 빛나는 멋진 날"이라며 드라이브 가자고 제안한다. 프랭크가 여자 다음으로 좋아한다는 페라리 차를 시승하여 두 사람은 시내 드라이브에 나선다. 브루클린 다리가 보이는 한적한 골목에 와서는 프랭크가 직접 운전한다. 빠른 스피드로 좁은 골목을 달린다.

찰리는 호텔에 돌아와 다시 전화한다. 조지와 연결이 되질 않는다. 프랭크는 찰리에게 담배 심부름을 시킨다. 호텔 문을 나서다가 이상한 느낌이 들어 방으로 급히 돌아오니 프랭크는 장교 군복으로 갈아입고 권총을 장전하고 있다. 간곡히 만류하는 찰리에게 그는 방에서 나가라며 총을 겨누고 외친다. "난 생명이 없어. 난 어둠 속에 있단 말이야." 찰리가 말을 듣질 않자, 프랭크는 총을 자기 머리에 겨눈다. 치열한 몸싸움을 벌이던 중 프랭크가 찰리에게 말한다.

"그렇다면 내가 살아야 할 이유를 하나만 말해 봐."
"중령님은 누구보다도 탱고를 잘 췄고, 페라리를 잘 몰았어요."

찰리가 말한 '탱고와 페라리'가 살아야 할 이유가 될 수 있을까? 하지만 프랭크의 마음을 어느 정도 진정시킨 것은 분명해 보인다. 한참 실랑이를 벌인 뒤 지친 듯 허탈해진 프랭크는 총 든 손을 내리며 "이제 난 어디로 가야 하지?"라고 말한다. 찰리는 "스텝이 엉키면 그게 탱고예요."라며 그에게 배운 대로 들려준다. 진정이 된 프랭크와 찰리는 함께 귀가한다.

다음 날 학교에서는 전교생이 모인 가운데 '상벌특별위원회'가 열린다. 찰리는 그 자리에 홀로 참석하고, 조지는 아버지와 함께 참석한다. 그때 강당 문이 열리며 프랭크가 입장한다. 사이가 좋지 않은 계부 대신 자신이 찰리의 보호자로 온 것이라고 밝힌다. 교장은 이 학교는 대통령을 두 명이나 배출한 명문 학교로, 나라 지도자들의 요람이라 강조한다. 그러면서 전통을 비웃는 행위를 발본색원해야 한다면서 먼저 조지에게 범인이 누구인지를 아느냐고 묻는다. 조지는 당시 콘택트렌즈를 끼지 않아서 흐릿하게 봤다며, 잘못 봤을 수도 있으니 더 가까이 있었던 찰리에게 물어보라고 답변한다. 책임을 회피하는 발언이다. 하지만 찰리는 "보기는 했지만 말 못 합니다."라고 단호히 말한다. 흥분한 교장이 "자넨 은닉자이며 거짓말쟁이야."라며 상벌 위원회에 '퇴학'을 제안하겠다고 말한다. 그때, 프랭크가 교장에게 외친다.

"그러나 밀고자는 아니죠. …… 찰리는 위기와 맞섰고, 조지는
아버지 주머니 속에 숨었어요. 찰리를 파멸시킨다고? ……

당신은 이 학교의 정신을 죽이고 있는 겁니다.

이건 그의 영혼을 죽이는 짓이요.

그는 자기 장래를 위해서 누구도 팔지 않았어요.

그건 순결함이죠. 그리고 용기죠. 그것이 지도자들이 갖추어야 할

것이고요. 신념을 바탕으로 만들어진 길, 바른 인격으로 이끄는

길이죠. 그가 계속 걸어가게 하세요.”

잠시 침묵이 흐르던 강당, 학생들이 곧 우레와 같은 박수를 친다. 이윽고 위원회는 ‘찰리 군은 이번 사건에 더 이상 책임을 지지 않는다.’라고 발표한다. 학생들은 환호한다. 집에 도착한 프랭크는 마당의 손주들에게 살갑게 말을 걸며 자기를 자전거에 태워 달라고 한다. 완전히 달라진 모습이다.

영화에서 두 남자는 서로를 곤경에서 구해 준다. 찰리는 프랭크를 ‘죽음’의 문턱에서 구출하고 삶의 의미를 재발견하도록 했다. 프랭크는 찰리를 퇴학의 위기에서 구출했다. 헤어지면서 프랭크가 찰리에게 “언제든 서로 도울 거지?”라고 말한다. 나이를 뛰어넘은 ‘브로맨스(남자들끼리 갖는 매우 두텁고 친밀한 관계, ‘brother’와 ‘romance’를 합친 말)’ 분위기가 느껴진다. 영화 끝부분, 그의 연설에 감동을 받은 어떤 여선생이 그를 찾아온다. 그 여인에게서 풍겨 나오는 향기로 비누를 알아챈 프랭크는 “당신을 다시 찾을 수 있게 될 거요.”라고 한다.

알 파치노는 이 작품에서 앞을 못 보는 장님 역을 맡아 생생한 연기로 제65회 아카데미 시상식에서 남우주연상을 받았다. 숙원을 푼 셈이다. 그는 이전까지 후보에만 7번 올랐다. 그의 연기만으로도 이 영화를 볼 가치가 있다고 해도 과언이 아니다.

체리의 맛······ 우리가 살아야 할 이유
〈체리 향기(Ta'm E Guilass)〉

감독: 압바스 키아로스타미 | **개봉 연도:** 1998 | **제작 국가:** 이란

> "자살하기로 마음먹고 밧줄을 동여매려고 나무에 올라갔을 때,
> 내 손에 부드러운 게 만져졌어요. 체리였죠. 그걸 하나 먹었죠.
> 과즙이 가득했어요. 두 개, 세 개 먹고. 그때 산등성이에 태양이
> 떠올랐어요. 장엄한 광경이었죠. 학교 가는 아이들의 소리가
> 들렸어요. 그 애들이 나무를 흔들어 달라고 했어요. 체리가
> 떨어지자 아이들이 주워 먹었죠. 전 행복감을 느꼈어요. 그리고
> 체리를 주워 집으로 향했어요······."

자살하기로 작정한 중년의 남자(호마윤 엘샤드 분)가 자신의 죽음을 도와줄 사람을 물색하고 있다. 차를 몰면서 노동 인력 시장을 기웃거려 보지만 마땅치 않다. 공중전화 부스에서 돈 문제로 심각한 통화를 하고 있는 남자에게 넌지시 도와줄 수 있냐고 말을 꺼내 보지만 거절당한다. 다음으로 비닐을 줍고 있는 사람에게 돈 많이 버는 일이 있다고 했지만, 그는 비닐 줍는 일 말고는 할 줄 아는 일이 없다며 거절한다. 남자는 멀리 도시가 보이는 언덕의 비포장도로를 굽이굽이 돌고 또 돈다.

다음으로 그는 젊은 군인을 차에 태워 주며 시시콜콜한 얘기부터 시작한다. 군인의 생활이 어려운 것을 아는 남자는 단 10분간의 일에 군인 6개월 치 봉급에 버금가는 사례를 하겠다며 말을 꺼낸다. 빨리 귀대해야 한다는 군인을 달래 어느 나무 앞에 도착한 그는 미리 파 놓은 구덩이를 가리키며 내일 아침 6시에 여기 와서 자기 이름을 두 번 불러 달라고 한다. 만약 자기가 대답하면 구덩이에서 꺼내주고, 대답이 없으면 자기 시신 위로 흙을 스무 삽 퍼 던져 달라고 한다. 하지만 군인은 곤란한 일에 엮이기 싫다며 차 문을 열고 도망쳐 버린다. 운전을 하다 실수로 차바퀴가 언덕길 낭떠러지에 걸치는 사고가 발생하자 주변 사람들이 힘을 모아 그를 구출해 낸다.

이어 그는 언덕 한편에 있는 흙먼지가 자욱한, 폐쇄된 시멘트공장을 지키고 있는 경비원을 만난다. 별 할 일이 없어 보이는 경비원에게 드라이브나 하자고 제안하지만 거절당한다. 다음으로 근처에 있던 한 신학생을 만나게 되는데, 아프가니스탄 출신이다. 그 신학생을 태운 그는 등록금 이야기를 꺼내며 대화를 시작한다. 그의 예상대로 신학생은 돈이 없어 아르바이트를 하고 있다. 이에 남자는 신학생에게 사례를 충분히 하겠다며 말을 꺼낸다. 신앙에는 어긋나는 줄 알지만 자기는 너무 지쳐서 신의 결정을 기다릴 수 없다며 죽는 것을 도와달라고 한다. 차가 굽이굽이 돌아가는 언덕길을 오르내리며 두 사람의 대화는 이어지지만, 결국 신학생은 신앙을 이유로 차에서 내려 가 버린다.

"이해는 합니다만, 자살은 옳지 않아요. 코란에서도 인간은
자신을 죽일 수 없다 했죠. 육신이란 신께서 위탁한 것이므로
육신을 학대해서는 안 돼요."

마지막으로 남자는 한 노인(아브돌라만 바그헤리 분)을 만나 많은 이야기를 나눈다. 그의 제안에 노인은 필요하다면 도와줄 수는 있겠지만, 자신도 결혼 직후 온갖 어려움에 지쳐서 삶의 끝장을 보기로 결심한 적이 있었다고 한다. 그러면서 글 첫머리에 나오는 얘기를 남자에게 하면서 말을 잇는다.

> "체리 덕분에 생명을 구한 거죠. 당신은 마음이 병들었소.
> 생각을 바꾸면 세상이 다르게 보인답니다.
> 모든 것을 긍정적으로 바라봐요."

이어 노인은 우리 주변을 둘러싸고 있는 아름다운 것들을 얘기하기 시작한다.

> "아침에 일어나 하늘을 바라보지 않나요? 붉게 노을 지는 하늘,
> 더는 보고 싶지 않나요? 달을 본 적이 있나요? 별을 보고 싶지
> 않나요? 보름달이 뜨는 밤, 그걸 다시 보고 싶지 않은가요?
> 솟아오르는 샘물을 마시고 싶지 않나요? 체리 맛을 포기하고 싶어요?
> 그리고 계절마다 가지각색의 과일들……."

어느덧 하늘엔 저녁노을이 비치기 시작한다. 노인과 함께 달리는 길가에는 물웅덩이와 푸른 잎의 나무, 풀, 그리고 붉고 노란 꽃들이 보인다. 지금까지 운전해 온, 먼지만 뿌옇게 날리고 풀 한 포기 보이지 않던 언덕길과는 판이하다. 물과 푸른색, 꽃은 생명의 상징이다. 일터에 도착한 노인은 내리면서 자기는 자연사 박물관에서 동물을 박제하는 일을 하고 있다고 한다. 박제는 생명을 빼앗는 일인가? 아니면 육신의 형체를 시각적으로나마 연장시키는 일인가? 그는 내일

아침 구덩이로 가서 남자의 이름을 부르는 것을 결코 잊지 않겠다고 하면서 선불금은 사양한다. "내일 당신을 볼 수 있을 것"이라며.

남자는 박물관을 출발한 지 얼마 안 되어 갑자기 차머리를 돌려 노인이 근무하는 곳으로 달려간다. 초조해하는 기색이다. 박물관 길에는 많은 아이가 줄지어 걸어간다. 화단에는 꽃이 보이고, 인부가 그 꽃들에 물을 주고 있다. 노인을 다시 만난 남자는 다짐을 받는다.

"내일 아침에 올 때 돌멩이를 두 개 갖고 와서 던져 주세요.
혹시 잠들었을 수도 있으니. 내 어깨도 흔들어 주세요."

캄캄한 밤, 남자는 집을 나와 택시를 타고 언덕길을 오른다. 멀리 도시 불빛이 보이며 하늘엔 가벼운 번개와 천둥이 친다. 이윽고 새벽이 되자 그 언덕길로 자동차의 불빛이 오른다. 언덕길 가에 앉아 있던 남자는 구덩이에 몸을 천천히 눕힌다. 달이 구름 사이로 나타났다가 가려지고, 다시 나타난다.

남자의 부탁을 거절한 5명에게는 각자 이유가 있다. 자존심 때문에, 할 줄 아는 일이 없어서, 엮이기 싫어서, 자리를 지켜야 하기 때문에, 그리고 신앙에 배치되어서…… 하지만 마지막으로 만난 노인은 도와줄 수는 있다고 하며 자신의 경험담을 차분히 들려주며 남자의 마음을 움직인다. 오랜 경륜과 경험 없이는 할 수 없는 말이고 행동이다. 항상 적과 마주해야 하는 군인이나 신을 경외하며 그 가르침의 본질을 공부하는 신학생조차 못한 일이다. 결국 남자는 마음을 바꿀 것으로 짐작된다. 삶을 다른 각도에서 보면서 살아야 할 이유가 많은 것을 깨달은 것인가? 과즙이 가득한 체리 향기, 아이들의 재잘거림, 장엄한 일출과 저녁노을, 보름달 뜨는 밤, 하늘을 솟구쳐 날아오르는 새 무리, 솟아오르는 샘물, 사계절마다 익는 색다른 과일들, 그리고 풀과 꽃……

영화 후반, 노인이 '좌회전'해 달라고 부탁하자, 남자가 그쪽 길은 잘 모른다고 답하는 장면이 나온다. 그러자 노인은 남자에게 말한다.

"돌아가는 길이지만 편하고 아름다워요."

살아가면서 일이 잘 풀리지 않으면 돌아가는 길을 선택하라고 노인은 권유한 것이다. 비록 잘 모르는 길일지라도 말이다. 그러면 의외로 편하고 아름다운 길을 만날 수 있을지 모른다. 이 영화는 1997년 제50회 칸영화제에서 황금종려상을 받았다. 그리고 영화 제목 '체리 향기'는 11세기 중엽 페르시아 지역 태생의 시인 오마르 카이얌(Omar Khayyam)의 4행시에서 차용한 것으로 알려졌다(시인 겸 영화평론가 하재봉).[23]

> 인간이여
> 삶을 즐기려면
> 죽음이 뒤따르고 있다는 사실을 기억하라
> 그리고 체리 향기를 맡아 보아라

이 영화는 자살을 부추긴다는 이유로 이란에서 상영 금지를 당했

---

23) 하재봉, 앞의 책, 56쪽.

다. 그러나 감독은 "사실은 삶의 의지에 대해 말하는 영화"라고 피력하였다고 한다.

영화는 시처럼

/3장/

영화가 삶을 정화하고 성찰하게 한다
〈흐르는 강물처럼(A River Runs Through It)〉

감독: 로버트 레드포드 | **개봉 연도:** 1993 | **제작 국가:** 미국

한 편의 영화가 시(詩)라면, 아니 한 편의 시를 영화로 만든다면 이 영화가 그러하다. 한 편의 영상 시와 같은 영화는 대자연의 품에서 서로 보듬고 부대끼며 살아간 가족사를 담고 있다.

미국 몬태나주(미국 서부에 위치하며, 라틴어로 산악 지방을 뜻한다)에 소속된 미줄라 카운티가 영화의 중심지다. 영화에 의하면 그곳의 숲과 강은 '경이로움과 감동이 느껴지는 곳'이다.

주인공 '노먼 매클레인(크레이그 셰퍼 분)'은 "우리 가족에게는 종교와 낚시 사이의 명확한 구분이 없었다."라고 회고한다. 낚시가 거의 종교적 경지로까지 승화된 것이다. 장로교 목사인 아버지는 "던지기는 예술이야."라며 낚싯줄 던지기를 두 아들에게 지도한다. 아버지는 그곳 대자연에서 영혼을 재충전하고 영감을 얻었다고 한다. 아버지는 아들들에게 그 자연 속의 삶은 "신이 만든 자연의 섭리를 배우는 곳"이라고 가르친다. 노먼과 그의 동생 '폴(브래드 피트 분)'은 보트를 타고 강 폭포를 수직 낙하하는 모험을 감행하며 대자연의 품 안에서 성

장한다. 그러나 노먼이 미국 북동부에 있는 대학에 합격하여 고향을 떠나면서 그들의 어린 시절은 끝난다. 하지만 폴은 '아직 잡아 보지 못한 고기를 포기하기 싫어서' 고향을 떠나지 않고, 그곳에서 대학을 졸업한 뒤 지역 신문사의 기자로 근무한다.

대학을 졸업한 노먼이 고향으로 돌아온다. 오랜만에 만난 부자는 낚싯대를 메고 강으로 나간다. 폴은 낚싯줄 던지기 방식에 있어서 이미 아버지의 가르침을 넘어 자유로운 영혼에서 우러난, 대자연에 조화로운 자기만의 리듬을 터득했다. 노먼은 그동안 떨어져 지내던 고향에서 자연의 아름다움, 가족의 사랑, 친구들의 우정을 다시금 느끼며 즐겁게 지낸다. 마을 댄스파티에서 노란 원피스를 입은 미모의 아가씨 '제시 번즈(에밀리 로이드 분)'를 만나 사랑에 빠진다.

신중하고 지적인 형과는 달리 어릴 적부터 자유분방하고 개성이 강했던 폴은 낚시에 일가견이 있어 '어부 기자'로 지역에 이름이 제법 알려져 있다. 그러나 그는 인디언 여자를 사귀고, 술과 도박에 빠져 있으며, 포커판에서 일어난 다툼으로 유치장 신세를 지기도 한다.

서재에서 아버지와 노먼이 시를 한 구절씩 교대로 낭송하는 장면이 인상 깊다.

"아무것도 꽃과 풀 속의 영광된 시간을 돌려놓을 수 없지만
우리는 슬퍼하지 않으며
오히려 그 속에 담겨 있는 주의 권능을 발견한다.
언제나 함께했던 태곳적부터의 동정심 속에
고통을 체득하고 나온 위로의 마음속에
죽음 앞에서도 변치 않는 믿음 안에

우리를 살아 있게 해 주는 심장 덕분에
그 심장의 따뜻함과 기쁨과 두려움 덕에
바람에 날리는 가장 연약한 꽃 한 송이조차
눈물로 흘려보내기엔 너무 깊은 사념을 준다."

노먼에게 시카고대학교 대학원 입학시험에 합격했으며, 가을 학기부터 영문학 강의를 맡아 달라는 편지가 도착한다. 노먼은 제시에게 청혼하여 승낙을 받는다. 폴은 여전히 도박장에 출입한다. 노먼이 시카고로 떠나기 전 삼부자는 낚시를 한다. 시카고에 함께 가자는 노먼의 말에 "난 절대 몬태나를 떠나지 않아."라고 단호히 말하는 폴의 표정이 왠지 쓸쓸해 보인다. 이날 폴은 잠수까지 하는 사투 끝에 큰 송어를 낚는다. 아버지는 "넌 훌륭한 낚시꾼이야."라며 대견해한다.

흐르는 강물에 서서히 노을이 진다. 노먼과 제시가 시카고로 가기로 한 아침, 경찰로부터 폴이 권총에 맞아 숨졌다는 비보가 전해진다. 허망한 죽음이다. 가족들은 충격으로 말을 못 잇는다. 영화는 죽기 직전 아버지의 마지막 설교로 끝을 맺는다. 교회에는 아기를 안은 제시의 모습이 보인다.

"우리는 누구나 일생에 한 번쯤은 사랑하는 사람이 불행에 처한 걸 보고 이렇게 기도합니다. '기꺼이 돕겠습니다. 주님!' 그러나 정작 도움이 필요할 때 우리는 가장 가까운 사람조차 돕지 못하는 게 사실입니다. 가족 간에도 마찬가지일 수 있습니다. 하지만 우리는 여전히 사랑합니다. 완전히 이해할 순 없어도 완전히 사랑할 수는 있습니다."

완전히 이해하지는 못했으나 사랑했던 이들을 모두 떠나보낸, 아내 제시조차도 떠나보낸 노먼이 홀로 낚시를 하고 있다.

> "어슴푸레한 계곡에 홀로 있을 때면 존재하는 모든 것은
> 내 영혼과 기억들 …… 빅 블랙풋 강의 소리와 4박자 리듬 ……
> 고기가 물기를 바라는 희망 속으로 사라졌다가 결국 하나로
> 녹아들고 …… 강물을 따라 흘러들어 가는 것 같다. 강은
> 대홍수로부터 생겨나서 태초의 시간부터 바위 위로 흘러간다.
> 어떤 바위 위에는 영겁의 빗방울이 머물고 또 그 바위 밑에는
> 하나님의 말씀이 있어서 그 말씀이 곧 그들의 역사가 되기도 한다.
> 난 그 강물에 넋을 잃고 마는 것이다."

해가 저물 무렵, 깊은 숲 사이를 흐르는 강에서 낚시하는 노인은 노을에 반사되어 번쩍이는 황금빛 물결, 거무스레한 숲, 먼 곳의 아련한 산봉우리와 혼연일체가 되어 마침내 대자연과 합일(合一)을 이룬다. '선(禪)'의 경지에 이른 느낌을 준다. 앞부분에 나온 "우리 가족에게는 종교와 낚시의 구분이 없었다."라는 표현은 이를 두고 한 말이 아닐까? 이러한 장면은 보는 것만으로도 관객에게 삶을 관조하며 인생의 참맛을 음미하는 값진 기회를 준다. 이것이 이 영화의 진정한 힘이 아닐까? 영화가 진정 우리의 삶을 정화하고 성찰하게 한다는 생각이 든다.

영화의 원작은 미국 소설가 노먼 매클레인(영화 속 주인공의 이름과 같다)의 자전 소설이다. 그는 소설을 영화화하자는 할리우드의 제의를 계속 거부하다가 죽기 얼마 전에 미국 영화배우 겸 감독인 로버트 레드포드에게 제작을 허락했다고 한다. 이 영화는 1993년 아카데

미 최우수촬영상을 받았다.

'몬태나의 금빛 물결에 띄우는 깊고 영원한 삶의 영상기도'

아울러 한때 미국 여성들로부터 가장 섹시한 남자 배우로 손꼽히던 브래드 피트의 풋풋한 모습이 인상 깊다. 그는 야성적인 이미지와 함께 여성들을 보호하는 부드럽고 순수한 이미지도 가지고 있다.

이 영화는 처음부터 끝까지 마치 흐르는 강물처럼 담담하게 미국인들의 삶과 죽음을 묘사하고 있다. …… 강렬한 시적 영상과 문학적 주제를 갖춘 작품으로서, 미국인들의 에토스(ethos, 사회 집단이나 민족 등을 특징짓는 기풍이나 관습)와 미토스(mythos, 어떤 문화·사회의 특유한 신앙 체계. 가치관 또는 신화, 전설)를 잘 보여 주고 있다.[24]

---

24) 김성곤, 『김성곤의 영화기행』, 효형출판, 2002, 79쪽.

시인 네루다, 시골 우편배달부의 '시' 감성을 일깨우다
〈일 포스티노(Il Postino)〉

감독: 마이클 래드포드 | **개봉 연도:** 1996 | **제작 국가:** 이탈리아, 프랑스, 벨기에

"저도 시인이 되고 싶어요. 시를 쓰면 여자들이 좋아하잖아요."

1950년대, 이탈리아 시칠리아 인근의 작은 섬 '칼라 디소토'에 사는 마리오는 아버지와 같은 어부가 되기를 원치 않는다. 그래서 마을 우체국에서 우편배달부를 구한다는 광고를 보자 낮은 급여에도 불구하고 지원한다. 그가 배달해야 하는 우편물의 수취인은 단 한 명으로, 그 섬에 망명 온 칠레 태생의 공산주의자이자 민중 시인인 '파블로 네루다(필립 느와레 분, 영화 〈시네마 천국〉의 알프레도)'[25]이다. 그가 세계적으로 유명한 시인인 까닭에 많은 양의 우편물이 온다. 대부분의 편지는 세계 각지의 여성 독자들로부터 온 것으로, '여성들이 사랑한 시인'으로도 불릴 만하다. 마리오는 그의 시집을 구해 읽고 또 읽는다. 세계 지도를 펼쳐 놓고 칠레가 어디 있는지를 살펴보고 동그

---

25) 파블로 네루다(1904~1973): 칠레의 민중 시인으로 초기에는 관능적 표현의 서정시를 주로 썼으나, 스페인 내전(1936)에 참가한 것을 계기로 현실 참여시들을 쓰기 시작하였고 1971년에 노벨문학상을 수상하였다.

라미를 친다.

마리오가 대화 중 자기의 시집에 나오는 몇 개의 구절을 인용하자, 시인은 그에게 점차 관심을 갖는다. 시인과의 대화를 통해 '은유(metaphor)'의 개념을 알게 된 마리오는 서서히 시의 세계에 빠져든다. 시인은 은유를 "뭔가를 말하기 위해 다른 것에 비유하는 것"이라고 설명한다. 마리오가 이해하지 못한 그의 시구절에 대한 설명을 요구하자, 네루다는 말한다.

> *"시란 설명하면 진부해지고 말아. 시를 이해하는 가장 좋은*
> *방법은 감정을 직접 경험해 보는 것뿐이야."*

알 듯 말 듯한 시의 세계. 마리오가 시인이 되고 싶다고 하자, 네루다는 해변을 따라 천천히 걸으면서 주변을 감상하라고 한다. 그날부터 마리오는 홀로 마을 해변을 거닐고 달을 쳐다보며 생각에 잠긴다. 시인에게서 시의 '운율'에 관해서도 배운다.

어느 날, 마리오가 허겁지겁 달려와 네루다에게 고백한다. 한 마을 여인에게 사랑에 빠졌다고 말이다. 치료 약이 있다고 말하는 그에게 마리오는 말한다.

> *"낫고 싶지 않아요. 계속 아프고 싶어요."*

네루다는 사랑의 열병을 앓는 마리오를 돕기로 하고, 그가 사랑하는 여인 '베아트리체(마리아 그라지아 쿠시노타 분)'가 일하는 카페에 가서 그녀가 보는 앞에서 마리오와의 친분을 과시한다. 그 마을에서는 네루다의 위상이 절대적이기 때문에 효험이 있었던 것일까? 아니면 마리오의 시심이 베아트리체에게 전달된 것일까? 그녀도 함께 해변을 거닐게 되고, 마리오는 그녀에게 수줍게 사랑을 고백한다.

"당신의 미소는 나비의 날개처럼 얼굴 위에 펼쳐져요."

이 구절을 듣고 미소를 짓는 여인에게 그는 또 다른 시를 읽어 준다.

*"벌거숭이/당신은 당신 손처럼 소박하고/매끄럽고 포근하며
자그마하고/동그스름하며 투명한/달의 곡선 사과의 형태를
지녔습니다/벌거숭이/당신은 흰 쌀알처럼
연약합니다/벌거숭이/당신은 쿠바의 밤처럼 푸릅니다/당신의
머리카락은 새들과 별을 품고 있습니다/당신은 여름철 황금빛
교회처럼 크고 노랗습니다.*

두 사람이 서로 좋아하는 것을 알게 된 그녀의 숙모는 큰일이라도 난 듯이 마을 신부에게, 그리고 네루다에게도 찾아간다. 숙모는 '벌거숭이'라는 단어를 보니 그 녀석이 조카딸의 벗은 몸을 본 것이 틀림없다며 시인에게 두 사람이 만나지 않게 해 달라고 한다. 반면, 마리오는 시인에게 자기를 사랑의 감정에 빠지게 한 책임이 있으니 이 곤경으로부터 구해 달라고 한다. 네루다가 자기 부인에게 주기 위해 쓴 시를 왜 도용했느냐고 화내자, 마리오는 오히려 당당히 말한다.

*"시란 쓴 사람 것이 아니라 그 시를 필요로 하는
사람의 것입니다."*

젊은 두 남녀의 한껏 달아오른 사랑을 어찌 막을 수 있을까? 드디어 두 사람의 결혼식이 거행되고, 마을 축하연에서 네루다는 축시를 읽는다.

> "순결한 맑은 눈으로/당신의 아름다움을 찬양합니다/피가
> 솟아올라 당신의 윤곽선을/따라 흐를 수 있도록 그리하여/마치
> 숲속 혹은 포말 속에 땅의 향내와/바다의 음악 가운데 몸을
> 드리우는 듯하도록"

시간이 흘러, 네루다는 체포 영장이 기각되어 고국으로 돌아가게 되고 남겨진 짐을 마리오에게 부탁한다. 두 사람은 잊지 말자며 뜨겁게 포옹한다. 아내가 임신을 하자 마리오는 아들이 태어나면 네루다의 이름 '파블로'를 따서 '파블리토'로 짓겠다고 한다. 그리고 그 아이가 칠레에서 시를 호흡하며 자라도록 하겠다고 한다.

신문에 실린 네루다의 소식에 관심을 기울이던 마리오에게 마침내 네루다의 편지가 도착한다. 하지만 그 편지는 네루다의 비서가 보낸 것으로, 남겨진 짐을 새 주소로 보내 달라는 내용밖에 없다. "모이를 다 쪼아 먹은 새는 날아가는 법이야."라며 실망하는 가족과 달리 그는 애써 스스로 위로한다. "시인으로 가치도 없는 평범한 우편배달부를 기억할 이유가 어디 있죠?"라고 말이다. 짐을 챙기려고 네루다가 살던 집을 찾아간 그는 녹음기를 발견하고 예전에 네루다가 이 섬의 멋진 점을 말해 달라고 했던 일을 생각해 낸다. 마이크를 대고 하나하나 녹음한다.

5년 후, 네루다 부부가 섬을 방문한다. 카페에 들러 마리오 부부의

결혼사진을 보고, 마리오의 아들 파블리토와 베아트리체도 만난다. 그녀는 마리오가 아들을 보지 못하고 죽었다고 말하고, 그가 녹음한 테이프를 들려준다. 녹음테이프에 담긴 내용은 그가 사는 섬의 자랑 거리와 네루다와의 사연이 있는 단어들이다. 표현 하나하나에 시인 의 감성이 묻어 있다.

'칼라 디소토 섬의 작은 파도, 해변의 큰 파도, 절벽의 바람,
덤불에 이는 바람, 아버지의 서글픈 그물, 고통의 성모, 교회의
종소리와 신부님, 별빛 반짝이는 섬의 하늘, 파블리토의 심장 소리'

영화는 위대한 시인과 시골 우편배달부의 만남을 통해 시란 무엇 이며, 시가 자연과 우리 삶 속에 어떻게 녹아 있으며, 누구나 시인이 될 수 있다는 것을 말한다. 그리고 이탈리아 섬마을의 아름다운 풍 광을 덤으로 선사한다. 마리오는 사회주의자 집회에 참가하여 연단 에서 네루다를 기리는 시를 낭송하기로 되어 있었지만 진압군의 난 입으로 군중 속에 밟혀 죽고 말았다. 그 소식을 들은 네루다의 눈가 에 작은 이슬이 맺힌다.

이 영화는 칠레의 소설가 안토니오 스카르메타의 소설 『네루다의 우편배달부(El Cartero de Neruda)』를 영화화한 것이다. 소설의 배경은 칠레의 어촌이지만 영화는 이탈리아의 작은 어촌에서 찍었다. 영화 제목은 이탈리아어로 '우편배달부'란 뜻이다. 주인공 마리오 역을 맡 은 마시모 트로이시는 이탈리아 배우 겸 감독으로 심장병으로 삶이 얼마 남지 않은 가운데 이 영화에서 혼신의 힘을 다해 연기했고, 촬 영을 마친 다음 날 심장병으로 사망했다. 이 영화는 영국 아카데미 시상식 등 세계 유수의 영화제에서 수많은 상을 수상했다.

가장 슬퍼 아름다웠던 시절
〈화양연화(花樣年華, In The Mood For Love)〉

감독: 왕가위 | **개봉 연도:** 2000 | **제작 국가:** 홍콩, 프랑스

당신의 인생에서 가장 아름다웠던 시절은 언제였던가? 꿈결 같은 첫사랑의 행복감이 온몸을 적셔 왔을 때? 가족의 따뜻한 손길이 느껴졌을 때? 아니면 사회적 성취감을 느꼈을 때였던가? 남녀 간의 만남에 있어 아름다움이란 그 사랑이 해피 엔딩이어야만 느낄 수 있는 것일까?

> 그와의 만남에 그녀는 수줍어 고개 숙였고
> 그의 소심함에 그녀는 떠나가 버렸다

1962년 홍콩, 서로 어긋나 스치기만 하는 남녀가 있다. '초(양조위 분)'가 계단을 올라오면 '수(장만옥 분, 영화에는 '첸 부인'으로 나온다)'는 내려가고, 초가 내려가면 수는 올라온다. 같은 날 바로 옆집으로 이사 오면서 이삿짐이 서로 바뀌기도 한다. 수의 남편은 일본계 회사에 근무하는 탓에 일본으로 자주 출장 가고, 초의 아내도 회사 일로 야근이 잦다. 혼자 밥해 먹기 싫은 두 사람은 자주 국수를 사러 가는데, 그때도 좁은 계단 길을 서로 반대로 오르내린다. 그러다가 상대방이

차츰 눈에 들어오게 되어 미소로 인사를 나누고, 무협 소설책도 빌려주는 사이가 된다. 항상 정장 차림에 한 올의 흐트러짐이 없도록 무스로 머리를 다듬는 초는 신문사에서 일한다. 머리를 단정히 위로 올리고 늘 목까지 올라오는 치파오(중국 전통 의상으로 몸에 꽉 끼이는 원피스) 차림인 수는 무역 회사 사장의 비서로 있다.

초는 밤늦게까지 일해야 한다는 아내를 만나러 회사에 가지만, 그녀는 이미 퇴근하고 없다. 게다가 다른 남자와 함께 있는 아내를 봤다는 직장 동료의 말도 듣게 된다. 수는 남편의 잦은 일본 출장을 의심한다. 그녀의 앞집 여자들은 "남편이 항상 집에 없으니 청상과부나 다름없지."라며 수군댄다. 수가 일하는 회사 사장도 애인을 두고 있어, 그녀가 자주 전화 심부름을 한다. 비 오는 날 밤, 국수를 사러 간 초는 수를 만나자 물을 게 있다며 레스토랑으로 가자고 한다. 그는 그녀에게 자기 아내에게 사 주고 싶다며 갖고 있는 핸드백을 어디서 샀느냐고 묻는다. 그녀는 남편이 해외 출장 가서 사 온 것이라 대답하고, 초에게 매고 있는 넥타이를 어디서 샀느냐고 되묻는다. 그 역시 아내가 출장 가서 사 온 것이라 답한다. 사실 초의 아내도 이미 같은 핸드백을 갖고 있고, 수의 남편 또한 같은 넥타이를 갖고 있던 것이다. 그것들은 홍콩에서 살 수 없는 것들이다. 또 두 사람은 같은 날 일본에서 보낸 각 배우자의 편지를 받는다.

이제 상대의 배우자들 간의 관계를 확연히 알게 된 두 사람은 이를 계기로 잦은 마주침 속에서 상대방에 대한 호감을 서서히 느껴 간다. 그러나 그녀는 초의 은근한 손길을 피한다. 초가 몸이 좋지 않아 누워 있다는 것을 알게 된 수는 그가 참깨죽을 좋아한다는 이야기를 듣고 끓여서 찾아간다. 수가 초의 집을 잠깐 방문한 날, 바로 앞집 사람들이 들락날락하면서 마작으로 밤새운 관계로 그녀는 다음 날 낮까지 그의 집에 갇히게 된다. 이웃 눈에 띄는 것이 두려워 문을 나서지 못한 것이다. 남녀는 침대가 놓인 방에서 하룻밤을 함께 보내게 되지만, 수는 자신의 치파오 자락을 다시 한번 단정하게 가다듬는다.

> *"잘못한 것도 없는데 괜히 죄지은 것 같아요."*
> *"우리야 결백해도 사람들은 그렇게 생각 안 하죠."*

초는 자신의 무협 소설이 신문에 연재되어 따로 글쓰기를 위한 호텔 방을 마련했다. 이제는 둘이 함께 있어도 다른 사람들 시선 때문에 갇힐 일이 없다. 망설임 끝에 호텔 방을 찾은 수는 초가 쓴 글을 읽고서 아이디어를 제공하며, 음식도 나눠 먹고, 노래도 함께 부른다. 그러다 남편이 배신한 현실을 인정하고 싶지 않다며 초에게 기대어 눈물을 흘린다. 그런 두 사람의 만남은 언제까지나 비밀이 될 수 없다. 주위 사람들 사이에는 두 사람에 대한 소문이 무성하다. 비 내리는 도시 뒷골목의 밤거리에서 두 사람은 마주친다. 초가 전화를 받지 않는 수를 찾아 나선 것이다. 가로등 불빛이 희미하게 비치는, 낡은 그림이 그려진 벽에 오래된 듯한 쇠창살 그림자가 그들을 가두고 있다. 두 사람의 안타까운 현실을 보는 듯하다. 초는 싱가포르로 전출 가게 되었다고 말한다. "우리만 결백하면 되는 것 아니에요?"라며 수가 안타까운 마음으로 말하자, 그는 심경을 고백한다.

> *"근데 틀렸소. 당신을 위해서라도 내가 떠나야 해요. ……*
> *처음엔 그런 감정이 아니었소. 하지만 조금씩 바뀌어 갔소.*
> *걷잡을 수 없을 정도로. 당신이 남편과 함께 있다고 생각하면*

미칠 정도로……."

남편이 돌아왔으니 이제 전화하지 말라며 흐느끼는 그녀를 초는 살며시 안아 준다. 수는 일본에 출장 중인 남편이 라디오 프로그램에 띄운 노래 '화양연화'를 조용히 듣는다. 화양연화는 '인생의 가장 아름다운 때'를 뜻한다. 그 음악을 들으며 누굴 생각한 것일까? 초는 싱가포르로 떠나기에 앞서 그녀를 기다린다.

"티켓이 한 장 더 있다면…… 나와 같이 가겠소?"

그녀에게서 응답이 없자 초는 떠난다. 수는 얼마 후 황급히 그의 방에 도착하지만 이미 떠난 걸 알고는 눈물짓는다. 조용히 자기 마음을 전해 본다.

"나예요. 내게 자리가 있다면…… 내게로 올 건가요?"

1963년 싱가포르, 사무실로 초를 찾는 전화가 걸려 온다. 연결되자 여자는 목소리만 듣고는 전화를 끊는다. 초는 자기 방 재떨이에서 립스틱 자국이 묻어 있는 담배꽁초를 발견한다.

1966년 홍콩, 옛날에 살던 집을 방문한 수는 미국으로의 이사 준비에 바쁜 집주인을 만난다. 여자는 "딸애가 이곳 홍콩의 장래가 걱정이래요."라며 옆집에 살던 구씨도 이미 떠났다고 전한다. 그러면서 수가 이 집으로 다시 이사 온다면 싼값에 방을 세 주겠다고 한다. 그녀는 창밖을 보면서 조용히 눈물을 닦는다. 얼마 후 초도 예전에 살던 집을 방문해서 살고 있는 남자에게 옆집 소식을 묻는다. 남자는

"인사를 안 해서 잘 모르지만, 애 딸린 여자가 혼자 살고 있죠."라고 한다. 얼마 후 그 집에서 수가 아이를 데리고 나서는 모습이 보인다.

1966년 캄보디아, 역사가 천 년에 달하는 오래된 유적지 앙코르 와트에 나타난 초. 그는 돌기둥에 난 구멍 속에 뭔가를 한참 얘기하더니 진흙으로 입구를 막아 버린다. 그가 예전에 직장 동료에게 말한 적 있다.

> *"옛날엔 감추고 싶은 비밀이 있다면 산에 가서 나무를 찾아*
> *구멍을 파고는 비밀을 속삭인 후 진흙으로 봉했다죠.*
> *비밀은 영원히 가슴에 묻고."*

영화를 보고 나면 한 편의 아름다운 시를 읽은 느낌이다. 대사가 아름답기도 하지만, 절절한 가슴앓이 속에서도 끝내 함께하지 못한 두 사람의 아픔을 감독 특유의 스타일리시한 색감과 영상으로 너무나 아름답게 담았다. 그러면서도 과잉 감정은 배제하여, 감정선을 끝내 넘어서지 않고 버텨 주는 절제의 미학 또한 뛰어나다. 그리고 두 사람의 표정 연기는 시를 낭독하는, 아니 시인이 된 것 같은 느낌을 준다. 영화 전편에 흐르는 분위기 넘치는 음악 'Quizas, Quizas, Quizas' 또한 유려한 영상과 어울리면서 관객으로 하여금 영화에 빠져들도록 한다. 영화평론가 이동진은 "스쳐 지나가는 삶의 섬광 같은 찰나를 가장 아프고 아름답게 잡아낸 영화"라고 평했다.[26]

왕가위 감독은 〈화양연화〉라는 제목이 "여인은 사랑할 때 가장

---

26) 이동진, 『필름 속을 걷다』, 예담, 2007, 115쪽.

아름답고, 그것은 곧 홍콩이 가장 아름답던 시절을 뜻한다."라고 했다고 한다. 영화에서 장만옥은 늘 고혹적인 치파오를 입으며, 그녀가 입은 치파오가 무려 26벌에 달한다. 특히 인상적인 것은 영화 각 장면의 정서에 맞춰 다른 색깔의 의상을 입었다는 점이다. 치파오의 아름답고 화려한 색감은 가슴 아린 사연과 대비되면서 그 아픔을 배가해 주는 느낌이다. 이 영화는 영국 《BBC》가 2016년에 선정한 '21세기 세계 영화 100선' 중 2위를 차지했다.

제 5 부

마지막 불꽃

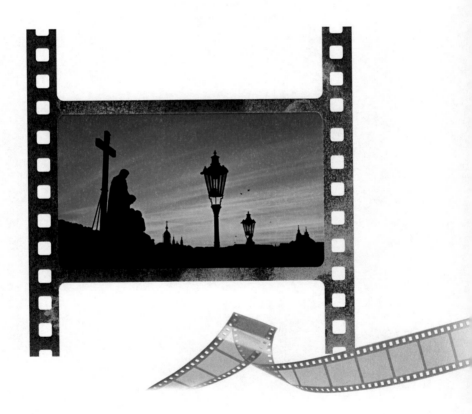

저무는 세월

/1장/

'왕년에 내가······' 메아리 없는 외침, 허망한 말로
〈선셋 대로(Sunset Boulevard)〉

감독: 빌리 와일더 | **개봉 연도:** 1950 | **제작 국가:** 미국

버림받는 것보다 잊히는 것이 더 무섭다고 하던가? 하물며 인기의 정상에 올랐다가 이제는 무대 뒤로 밀려났거나 한때 높은 지위에 있었지만 뒷방 신세가 되었다고 느껴질 때의 좌절감은 어떨까. 그런 것들은 '왕년에 내가······'라는 울림 없는 공허한 외침이자, 그 자신을 허망한 결말로 이끈다.

> "난 지금도 위대한 스타야. 왜소해진 것은
> 내가 아니라 영화야."

그녀가 말하는 영화는 이미 무성 영화에서 유성 영화로 넘어갔다. 미국 1920년대 무성 영화 시절, 할리우드에서 이름을 날리던 여배우 '노마 데스몬드(글로리아 스완슨 분)'. 그녀는 전성기 때 일주일에 1만 7천여 통의 팬레터를 받을 정도로 인기를 누렸지만, 유성 영화 시대가 열리면서 새로운 시스템에 적응하지 못하여 잊힌 존재가 되었다. 하지만 그녀는 과거의 영광에 파묻힌 채 재기 아닌 '복귀'의 기회를 엿보면서 LA에 있는 선셋 대로변 대저택에서 살고 있다. 어느 날, 그 집

에 자동차 압류를 피해 도망치던 무명의 시나리오 작가 '조 길리스(윌리엄 홀든 분)'가 길을 잃고 들어온다. 조는 영화 전편의 흐름을 미리 암시하듯 기괴한 분위기의 대저택을 묘사한다.

> '다 헤진 웨딩드레스와 찢어진 면사포를 쓴 해비셤 양이 자신을
> 따돌린 세상을 향해 복수를 꿈꾸는 듯 보였다.'
> - 영화 <위대한 유산(Great Expectations)>(1946)에서

조는 그 집에서 왕년에 무성 영화계의 거목이었던 여배우 노마를 만난다. 그녀는 무성 영화가 끝난 것은 "영화사들의 음모이고, 그들은 우상들을 박살 냈다."라고 말한다. 조가 시나리오 작가라는 것을 알고 자기가 쓴 영화 각본을 내밀며 완성해 줄 것을 요구한다. 그녀는 그 작품을 '은막을 떠난 걸 아직도 용서하지 않는 수백만 팬들에게로의 복귀'를 위한 것이라고 한다. 돈은 넉넉하게 줄 것이고 자기 집에 머물면서 작업할 것을 요구하자, 그러잖아도 집세마저 밀린 처지인 조는 응할 수밖에 없다.

그 집에는 노마를 그림자처럼 따르며 오직 그녀를 위해서 존재하는 집사 '맥스(에리히 폰 슈트로하임 분)'가 있다. 맥스는 노마가 꿈꾸는 듯한 비현실적인 삶에서 깨지 않도록 노심초사하며 조에게도 조심할 것을 당부한다. 아직도 집으로 오는 노마의 팬레터도 사실은 그가 써 보낸 것들이다. 그는 노마의 전남편으로, 16세의 그녀를 발굴하여 스타로 키운 장본인이다. 그래서 그녀의 파멸을 그대로 두고 볼 수 없다며 그녀 곁을 헌신적으로 지켜 온 것이다. 노마는 화려하지만 기괴스럽게 꾸며진, 잘나가던 시절의 자기 사진들로 뒤덮인 거실에서 자기가 출연한 영화만 본다. 그리고 역시 한때 잘나가던 옛날 배우

들과 카드놀이를 하면서 자기만의 세계에 빠져 살고 있다. 조는 노마의 언행이 때로는 불쾌하지만 그녀가 요구하는 대로 따른다. 시나리오를 완성하면 바로 떠난다고 생각하면서 말이다.

"난 따랐다. 몽유병 환자는 깨우면 안 된다. 화려한 과거에서
깨어나지 못한 채 절벽을 걷고 있으니까."

노마의 요구대로 별채에서 그녀의 옆방으로 옮기고, 외출 나가서 그녀로부터 값진 옷과 백금 시계를 선물 받기도 한다. 노마는 둘만이 가진 연말 송년 파티에서 자기만을 사랑해 줄 것을 노골적으로 요구한다. 조는 거의 '기둥서방' 처지로 전락한 것처럼 보인다. 더 이상 견디지 못한 그는 집을 나가 친구들 송년 파티에 참석한다. 그곳에서 영화사에서 일하는 작가 지망생인 젊은 여자 '베티'를 만나서 시나리오에 대한 이야기를 나눈다. 그때 집사 맥스로부터 상심한 노마가 손목을 긋고 자살을 기도했다는 전화가 온다. 아직은 노마가 필요하다고 생각한 것일까? 아니면 동정심의 발로일까? 집으로 급히 달려간 조는 "새해 축하해요."라며 그녀를 안아 준다.

각본이 완성되자, 그녀는 예전에 함께 작품을 했던 저명한 영화감독 '세실 B. 데밀(영화 〈십계(The Ten Commandments)〉(1956) 등 연출, 실제 본인이 출연)'에게 보낸다. 감독의 전화를 기다리다 지친 노마는 파라마운트 영화사로 직접 찾아간다. 그녀는 "우리 최고의 걸작을 만들어요."라고 부탁하지만, 정작 감독은 각본을 보지도 않은 상태이다. 난처한 감독은 제작비 사정을 말하면서 우물거린다. 그러나 그녀는 영화사로부터 연락이 올 것으로 기대하고 다이어트, 미용 마사지 등 얼굴과 몸매 가꾸기에 열중한다.

'다가오지 않을 카메라를 향한 몸부림!'

각본을 끝낸 조는 밤마다 몰래 집을 나가 베티의 사무실에서 그녀와 함께 새로운 시나리오 작업을 진행해 간다. 그러면서 두 사람은 서로에게 사랑의 감정을 느낀다. 큰 부자이긴 하나 퇴물인 여배우와 상큼한 미모의 22살 베티 사이에서 그는 갈등한다. 그의 변화를 눈치챈 노마는 두 사람 사이를 방해한다. 드디어 노마에게서 떠나야 할 시점이라는 것을 깨달은 조가 짐을 싸는데, 그녀는 만류하며 울부짖는다. 조는 "관객들은 오래전에 떠났어요."라고 말하고는, 데밀 감독도 당신의 기분을 맞춰 준 것이고, 팬레터도 맥스가 쓴 것이라며 불편한 진실을 깨우쳐 준다. 이때, 권총을 들고나온 노마는 집을 떠나는 조를 향해 총을 쏜다.

"난 최고의 스타야. 아무도 스타를 안 떠나. 그래서 스타인걸."

총에 맞은 조가 정원 수영장에 엎어진다. 잊힌 스타의 살인극, 빅 뉴스다. 경찰과 기자들, 그리고 그녀가 그렇게 기다리던 파라마운트사 카메라까지 몰려온다. 경찰이 총은 어디서 구입했는지, 남자와는 어떻게 만났는지 등의 심문을 해도 말을 않던 그녀는 맥스가 "카메라가 도착했습니다."라고 보고하자 경찰에게 양해를 구한다.

"데밀 감독님께 내려간다고 해요. 실례하겠어요.
촬영 준비를 해야 돼요."

궁전 계단 장면 촬영이라는 맥스의 말에 노마는 "맞아. 공주가 내려오기를 기다리는 장면이지."라고 말하고는 계단을 서서히, 그러나 우아하게 내려가며 생애 마지막 연기에 몰입한다. 그녀는 계단에서 기자들과 경찰들이 지켜보는 가운데 감격스러운 어조로 말한다.

> "너무 행복해요. 감독님, 감사합니다. 이렇게 다시 영화를 찍게
> 되어서 정말 행복해요. 여러분이 정말 보고 싶었어요. 다신
> 떠나지 않을게요. 이게 내 삶이랍니다. 우리 영화인들과 카메라들.
> 그리고 어둠 속에 앉아 있는 관객들이 내 삶의 전부입니다."

> "감독님, 이제 클로즈업 찍어요!"

노마는 황홀해하는 듯하면서 고개를 한껏 치켜들고는 아래를 내려다보듯 포즈를 잡는다. 보는 이로 하여금 기괴하면서도 섬뜩한 기분을 느끼게 한다. 이 순간 글로리아 스완슨의 연기는 영화 역사상 가장 뛰어난 연기 중 하나라는 평을 받는다.

인기 정상에서 멀어진 여배우의 집착과 광기를 볼 수 있어 코믹하면서도 슬프다. 더 나아가 시대와 상황 변화에 적응하지 못하는 사람의 말로를 보는 것 같아 씁쓸하기도 하다. 높은 산은 오르기도 어렵지만, 내려올 때 더욱 조심해야 한다. 또한 이 영화는 겉으로 화려하게 빛나는 할리우드의 이면을 잘 보여 주고 있다. 한때 수많은 관객으로부터 사랑을 받던 스타라 할지라도 유통 기한 지난 상품처럼 냉정하게 내동댕이쳐지고 마는 그 냉정함이란. 이 영화는 제23회 아카데미 시상식에서 최우수각본상을 비롯하여 3개 부문에서 수상하고, 골든글러브에서는 최우수작품상과 여우주연상, 감독상 등을 받았다.

미이라처럼 살아온 30년, 마지막 불꽃을 태우다
〈이키루(살다, 生きる)〉

감독: 구로사와 아키라 | **개봉 연도:** 1952 | **제작 국가:** 일본

목숨이 앞으로 6개월밖에 남지 않았다면 당신은 무엇을 하겠는가?

시청 시민과장으로 근무하는 '와타나베(시무라 다카시 분)'는 30년간을 서류 더미에 파묻혀 붕어빵 찍어 내듯 결재 도장을 찍으며 바쁘게 살아왔다. 그의 무표정한 얼굴은 사무실 여직원이 붙인 별명처럼 미이라의 것과 닮았다. 그는 홀아비로 외아들 부부와 살고 있는데, 말수가 적고 인간관계도 서투르다. 어느 날, 몸이 좋지 않아 찾은 병원에서 앞으로 6개월밖에 살 수 없다는 통보를 받는다. 그는 평생 돌보며 키워 온 아들에게서 위안을 얻으려 하지만, 아들은 그의 예금, 퇴직금을 이용하여 자신의 집을 마련하는 데에만 관심이 있다. 낙담한 그는 암에 걸렸다는 사실조차 말하지 못한다.

30년 무결근 기록을 목전에 둔 와타나베가 처음으로 결근하고 찾은 곳은 비싼 술집이다. 물론 은행에서 돈을 두둑이 찾고서 말이다. 술집에서 만난 옆자리 손님에게 자기는 죽어 간다며 어떻게 돈을 써야 할지 모르겠으니 돈 쓰는 법을 알려 달라고 한다. 본인을 착한 메

피스토라 칭하는 소설가는 그를 데리고 밤거리로 나선다.

> *"사람들은 죽음 앞에서 삶에 감사해하죠. 삶을 즐기는 것이*
> *인간의 의무입니다. 욕망을 타락으로 보는 시각은 이제 안 됩니다."*

파친코를 시작으로 맥주 홀에도 가고, 스트립 바에서 여성 접대부도 부른다. 또다시 고급 술집에 가서 댄스홀에서는 젊은 여성과 춤을 추는 등 환락의 세계를 벼락같이 맛본다. 비싼 술을 마시며 그는 말한다.

> *"이 값비싼 술은 지금까지 살아온 내 인생에 대한 항의 표시요."*

이어 마이크를 잡고 노래를 부르는 그의 눈가에 이슬이 맺힌다.

> *소녀여, 사랑을 하라. 소녀여 빨리 사랑에 빠져라.*
> *그대의 입술이 아직 붉은색으로 빛날 때*
> *그대의 사랑이 아직 식지 않았을 때*
> *내일 일은 아무도 모르는 것이니.*
> *삶은 찰나의 것*

그러나 하룻밤 쾌락에 의존해 본들 삶에 대한 허무감과 죽음에 대한 공포를 떨쳐 버릴 수는 없다. 다음 날, 사직서 결재를 받고자 하는 사무실 여직원을 우연히 길에서 만나 결재 도장이 있는 자기 집으로 데려온다. 이를 본 아들은 아버지가 젊은 여자와 바람피우는 것으로 오해한다. 그날 그녀와 함께 찻집, 스케이트장, 놀이공원, 극장 등에서 즐거운 시간을 보낸다. 명랑하고 쾌활한 성격의 그녀에게서 밝은 에너지를 얻고 귀가하니, 아들이 재산 분배 관계를 분명히 해 놓자고 한다. 다시 충격을 받은 그는 병에 걸렸다는 말을 더 이상 꺼내지 못한다.

그는 매일 인형 봉제 공장에 취업한 그녀를 찾아간다. 더 이상 그의 방문을 좋아하지 않는 그녀는 마지막 외출이라며 함께 나선다. 와타나베는 자기는 죽어 가고 있다며, 죽기 전에 어떤 일을 해야 할지를 알려 달라고 한다. 하지만 아직 어린 그녀가 무슨 충고를 할 수 있겠는가? 그녀는 주머니에서 태엽을 감으면 움직이는 나무 토끼를 내놓으며 자기는 이런 것을 만든다고 한다. 귀엽게 발발거리며 앞으로 나가는 토끼를 본 와타나베는 뭔가 영감을 얻은 듯 자리를 박차고 일어선다.

"늦지 않았어. 할 수 있어. 할 수 있을지도 몰라."

그 순간, 홀 안에 생일파티를 하던 한 무리의 젊은이들이 "생일 축하합니다!"라고 노래와 함께 박수를 친다. 와타나베의 새로운 삶의 시작을 축하한다는 의미이리라.

다음 날, 며칠간의 결근 끝에 출근하여 서류 더미를 뒤지는 그를 본 직원들이 놀란다. 그가 찾는 서류는 가난한 사람들이 살고 있는 지역에 있는 냄새 나고 모기가 들끓는 하수도를 메워 아이들을 위한 놀이터를 만들어 달라는 민원인데, 그동안 계속 무시당하고 있었다. 그 자신도 이를 자기 과 업무가 아니라며 토목과로 넘기라고 지시한 바 있다. 그날부터 와타나베는 현장 조사를 하고, 공원과·토목과·하수과에 도움을 요청하고 위로는 부시장을 만나 설득한다. 심지어 이

해관계자들로부터 멱살잡이까지 당하는 등 각고의 노력 끝에 어린이 공원을 완공한다. 그는 이제 자연의 아름다움도 느낄 여유를 가져, 석양을 보면서 찬탄한다.

"아름답군. 이 아름다운 것을 30년 동안 모르고 살았다니……."

마침내 그는 다시 태어난 6개월의 삶을 마감한다. 와타나베의 빈소에 가족과 시청 직원들이 모인다. 상갓집에서의 직원들 대화에 의하면 공원 설립의 공로는 어이없게도 부시장 몫으로 돌아갔고, 과장들은 머리를 조아리며 부시장 칭송에 열 올린다. 하지만 빈소를 방문한 기자들과 주민들을 통해 진실이 드러나기 시작하자, 불편해진 부시장과 간부들은 슬그머니 빈소를 떠난다. 남은 가족들과 직원들은 평소 무기력하던 와타나베가 왜 공원 만드는 일에 그토록 매진할 정도로 변했고, 암 걸린 사실을 본인이 알고 있었는지를 두고 설왕설래한다. 여자가 있었다느니, 암인 줄 몰랐을 것이라는 말이 오가는 가운데 직원들 간의 대화를 통해 진실이 서서히 드러난다. 암과 싸우면서도 포기하지 않은 그의 끈질긴 노력으로 공원이 건설되었음이 하나둘 밝혀진다. 후배 직원들은 감격하면서 "와타나베 씨 뜻을 따르자! 과장님의 죽음을 헛되게 해서는 안 돼."라고 술에 취해 마구 외친다. 하지만 사무실에는 새로 임명된 시민과장이 여전히 열심히 도장을 눌러 대고, '하수도 물이 샌다'는 민원에 대해서 '토목과로 넘기라'는 지시가 내려진다.

이 영화는 무기력한 삶을 살던 와타나베가 생의 마지막 순간 열정을 쏟는 인간으로 변신해 가는 모습을 훌륭하게 담고 있다. 동시에 엄격한 상명하복과 다른 부서로 업무 떠넘기기, 그리고 창의적이지

못한 선례 답습적인 일 처리 등 경직된 관료 체계에 대해서도 강한
비판을 하고 있다.

다음은 직원들이 대화에서 스스로 쏟아낸 얘기들이다.

"관청에서는 아무 일도 하면 안 되는 법이죠. 하게 되면
피해를 주거든요."
"상자 하나 치우는 데도 그 상자를 꽉 채울 만큼의
서류가 필요하다니까요."
"도장은 또 얼마나 찍어 대는지."
"이렇게 복잡한 조직 속에선 그런 생각할 겨를이 없어."

내 젊음이여, 영원히 잘 가라!

〈은교〉

감독: 정지우 | **개봉 연도:** 2012 | **제작 국가:** 한국

'너희 젊음이 너희 노력으로 얻은 상이 아니듯이
내 늙음도 내 잘못으로 받은 벌이 아니다.'

'국민 시인'이라 불리는 노시인 '이적요(박해일 분)'와 열정이 넘치는
청년 소설가 '서지우(김무열 분)'. 두 사람의 관계는 주변으로부터 부자
(父子) 이상이라는 말을 들을 정도로 가깝다. 하지만 두 사람은 자신
이 갖지 못한 것에 대한 열망과 질투로 얽혀 끝내 파국으로 치닫는
다. 그들 사이에는 이제 막 문학적 감수성에 눈뜨기 시작한, 톡톡 튀
는 여고생 '한은교(김고은 분)'가 있다.

한적한 숲속에 위치한 붉은 벽돌 주택에 싱그러운 초목이 어우러
진 봄날, 시인의 집 안락의자에 작은 새 한 마리가 깃든다. 투명하리
만치 새하얀 얼굴과 목덜미가 눈부신, 여고생 은교다. 집 근처에 산
다는 그녀와의 첫 대면에서 노시인은 눈을 떼지 못한다. 혼자 사는
그의 집에 마침 도우미가 필요하여, 은교가 일주일에 한 번씩 청소를
돕기로 한다. 창을 닦는 그녀의 짧은 티셔츠 아래로 가녀린 허리가,

그리고 짧은 반바지 밑으로 쭉 뻗은 다리가 무척이나 곱다. 적요는 그런 자태를 숨죽이며 몰래 훔쳐본다.

　그녀는 서재를 청소하며 "뾰족한 연필은 슬프다."라고 말하는 시인과 대화를 나누면서 시적 감수성을 느낀다. 어느 날 밤, 은교는 비에 젖은 몸으로 찾아와 재워 달라고 한다. 엄마에게 맞았다고 한다. 다음 날 아침, 눈을 뜬 시인은 자기 이불 속에 들어와 자고 있는 은교를 발견한다. 밤새 내리친 천둥과 번개가 무서워 그의 방에 들어왔던 것이다. 그때 시인의 집에 도착한 제자 지우는 그녀가 시인의 방에, 그것도 그의 헐렁한 옷을 입고 있는 것을 보고는 놀라며 두 사람의 관계를 의심한다.

　은교는 자기 목덜미 부근에 그려져 있는 헤나에 호기심을 보인 시인에게 직접 그것을 그려 주겠다고 한다. 엉겁결에 권유대로 그녀의 다리를 베고 누운 그는 눈을 감고 상상의 세계에 빠진다. 고등학생으로 돌아간 그는 은교와 산과 들을 뛰어다니다가 그녀의 옷을 벗기고 꼭 끌어안는 상상을 한다. 시인의 어깨에 은교의 것과 같은 헤나가 그려진 것을 본 지우는 "선생님은 고귀하신 분이야. 네가 선생님을 위험에 빠뜨리고 있잖아."라며 그녀를 꾸짖는다. 지우의 질책에는 시인의 명성에 금이 가지나 않을까 하는 염려와 함께 자기보다 스승과 더 잘 소통하는 은교에 대한 미묘한 질투의 감정이 섞여 있다.

　어느 날, 시인의 원고를 모아 둔 반닫이를 우연히 열어 본 지우는 원고지 한 뭉치를 읽어 보다가 가쁜 숨을 몰아쉰다. "나의 처녀……은교"라고 시작되는 단편 소설이다. 제자들과의 모임에서 국민 시인의 문학 기념관 건립 이야기가 나오지만, 적요는 "기념관은 나 죽고

나서…… 한참 걸릴 걸세."라고 말한다. 회춘하는 기분일까? 그는 은
교를 만나 시내 카페를 돌며 즐거운 시간을 보내기도 한다. 그즈음
문학계는 새로 발표된 서지우의 단편 소설 「은교」가 단연 화제이다.
시인은 그 소설을 읽고는 그 자리에 주저앉고 만다. 자기가 쓴, 은교
를 소재로 한 미발표 작품을 지우가 몰래 출간한 것이기 때문이다.
적요와 지우는 적의가 가득 담긴 말을 주고받는다.

> "아름다워서 그랬습니다. 반닫이에 묻어 두기가 아까워서."
> "도적놈 주제에 어디 아름다움을 입에 담아……."
> "세상 사람들은 칠십 노인하고 여고생하고, 그걸 사랑이라고
> 하지 않아요. 절대로. 어차피 국민 시인인 선생님 이름으로
> 발표 못 하시잖아요. 더러운 스캔들…… 선생님은 노인이라고요."

사실 지우는 문학적 능력이 부족해 제대로 된 작품 하나 내지 못
하다가, 시인이 대신 써준 「심장」이라는 소설로 명성을 얻기 시작했던
것이다. 그런 까닭에 지우는 시인의 곁을 아버지 돌보는 이상으로 지
켜 온 것이다. 화가 난 적요는 소설 「심장」은 "재능도 없는 놈이 하도
옆에서 걸떡대기에 불쌍해서 새경(한 해 동안 일한 대가로 머슴에게 주는
돈이나 현물) 준 셈 치고 써 준 거야."라고 말한다. 두 사람이 싸우는
것을 문 밖에서 들은 은교는 조용히 발길을 돌린다. 지우가 「은교」로
큰 문학상을 받는 날, 예상을 깨고 참석한 노시인은 담담히 축사를
읽는다.

> "나 이적요는 늙었습니다. 늙는다는 건 이제껏 입어 본 적이
> 없는, 나무로 만든 옷을 입는 것이라고 어느 시인은
> 말했습니다. …… 너희 젊음이 너희 노력으로 얻은 상이

아니듯이 내 늙음도 내 잘못으로 받은 벌이 아닙니다. ……
소설 「은교」는 메마른 대지에 내린 단비 같은 소설이었습니다.
이토록 아름답고 더 진솔하고 더 충만한 소설은 쓰지 못할 것입니다."

눈 내리는 날. 은교가 케이크를 들고 시인의 집을 방문한다. "할아버지, 생신 축하해요." 그때 어렵게 방문해서 인사만 하고 돌아서는 지우를 '술이나 한잔하자'며 적요가 불러 세운다. 술에 취한 지우가 마구 떠든다. "무조건 성공하고 보는 겁니다. 저는 더 이상 (이적요의) 껍데기가 아니란 말입니다." 술기운을 느껴 자러 가는 자신을 따라온 은교를 적요는 살포시 안아 준다.

다음 날 새벽에 잠을 깬 적요는 은교와 지우의 신발이 아직 현관에 있는 것을 발견한다. 시시덕거리는 소리에 창을 통해 거실을 들여다본 적요는 그 자리에 얼어붙는다. 지우와 은교가 알몸으로 엉켜 있는 것이다. 마당으로 나온 적요는 자동차에 뭔가 작업을 한다. 그는 젊은 시절 자동차 정비 기술을 배운 적 있다. 조찬 모임에 가기 위해 서둘러 집을 나선 지우가 차를 몰고 시내로 나간다. 얼마 지나지 않아 핸들이 제대로 말을 듣질 않는다는 것을 느낀 그는 가까스로 정비소에 차를 맡긴다. 정비공은 누군가가 조금 전 차의 나사에 손을 댄 것 같다고 한다. 격분한 그는 "노인네한테 내가 당할 것 같아?"라고 말하고는 차를 몰고 시인의 집으로 향한다. 흥분한 상태에서 급하게 다른 차를 추월하다가 언덕 아래로 굴러떨어져 지우는 죽는다. 얼마 후, 은교의 휴대 전화에 "내가 서지우를 죽였다."라는 메시지가 뜬다.

소설 「은교」를 다시 읽은 그녀는 시인의 집을 방문한다. 거실 바닥에는 많은 술병이 뒹굴고, 먹다 남은 안주가 어지러이 널려 있다. 적요는 구석방에 벽을 보며 웅크린 채 누워 있다. 은교는 그의 곁에 나란히 누워서 말한다. "소설, 할아버지가 쓰신 거잖아요. 고마워요. 예쁘게 써 주셔서." 은교는 갖고 간 꽃다발을 그의 머리맡에 두고 나간다. 미동도 않고 듣고 있던 적요는 눈물을 흘리며 나직이 혼잣말을 한다.

"잘 가라, 은교야."

스웨덴 출신의 세계적인 영화감독인 잉마르 베리만은 말년에 이렇게 말했다고 한다.

늙는 게 이토록 어렵다는 걸 알려 준 사람이 왜 한 사람도 없었지?

그 고통은 육체적인 것만이 아니다. 더 이상 젊지 않다는 자각, 젊음의 세계에서 아득히 멀어지는 안타까움, 또 이로 인해 느낀 고독감에서 비롯된 것일 것이다. 노시인 이적요의 아픔은 어디서 온 것일까? 제자의 불충함, 아니면 은교에게 더 이상 가까이 갈 수 없는 현실적인 벽 때문이었을까? 나이 듦 자체에 대한 아쉬움일까? 그는 자기 이름으로 감히 내놓을 수 없었던 은교에 대한 순수한 사랑의 감정을 대신 세상에 알려 준 지우에게 일면 고마운 마음도 있었을 것이다. 지우가 문학상을 받는 자리에 참석해 읽은 축사에서 "소설 「은교」는 메마른 대지에 내린 단비 같은 소설"이라고 말한 것을 보면 짐작할 수 있다. 다만 그가 그토록 아끼며 가슴에만 품고 있던 '은교'라는 아름다운 보석을 쉽게 가질 수 있는 젊음에 질투심을 느낀 것과는 별개로 말이다. 한편으로는 보석 같은 아름다움을 함부로 내던진

은교에 대한 실망감도 없지 않았으리라. 하지만 이제 젊음과 아주 멀어진, 대시인이란 명성 외에는 가진 것이 없는 그가 할 수 있는 것은 단 한마디다. "은교야! 잘 가라."

하지만 그 말은 다르게 들린다.

"다시 오지 않을 내 젊음이여, 영원히 잘 가라!"

'롤리타 콤플렉스(Lolita complex)'란 용어가 있다. 이는 '미성숙한 소녀에 대해 정서적 동경이나 성적 집착을 가지는 현상'을 일컫는다. 물론 이 영화는 본격적으로 롤리타 신드롬을 다루지 않았다. 하지만 인생의 황혼기에 들어선 즈음, 이제는 더 이상 가질 수 없는, 아니 가지는 것이 용납되지 않는 아름다움을 향한 금단의 열망은 그와 비슷하지 않겠는가? 이 영화의 원작은 소설가 박범신의 같은 제목 소설이다.

아름다운 영혼

/2장/

당신만의 버킷리스트를 완성하라!

〈버킷리스트: 죽기 전에 꼭 하고 싶은 것들
(The Bucket List)〉

감독: 롭 라이너 | **개봉 연도:** 2008 | **제작 국가:** 미국

'우리가 인생에서 가장 많이 후회하는 것은 살면서 한 일들이
아니라, 하지 않은 일들'

당신의 '버킷 리스트'는 무엇인가? 대부분 사람은 퇴직과 동시에 새로운 삶을 꿈꾼다. 직장을 다닐 때는 여유가 없어 할 수 없었던 것을 은퇴하면서 실행하고자 한다. 가족과 함께하는 시간을 더 많이 갖고, 운동을 열심히 하고, 한동안 보지 못했던 사람들과 자주 만날 것을 계획한다. 멀리 여행도 하면서, 멋진 취미 생활을 하겠다는 의욕으로 꿈에 부풀기도 한다. 하지만 시간이 지남에 따라 경제적 제약이 가로막고, 주변 여건이 예상과 다를 때 흐지부지되기 쉽다. 이럴 때 하고 싶은 것들을 구체적으로 작성하고 하나씩 성취할 때마다 그 목록을 지워 가는 것은 어떨까?

가난하지만 평생을 가정에 헌신하며 살아온 흑인 자동차 정비사 '카터(모건 프리먼 분)'와 결혼을 네 번이나 하고 하나뿐인 딸과도 연락을 끊고 사는 괴팍한 성격의 백만장자 '에드워드(잭 니콜슨 분)'. 두 사

람은 암 진단을 받고 같은 병실에 입원하게 된다. 공교롭게도 두 사람에게 주어진 여생이 6개월, 길어야 1년이다. 살아온 환경과 성격이 크게 다른 만큼 두 사람이 쉽게 친해지기는 어려운 일이다. 하지만 동병상련으로 카드놀이도 하면서 서서히 대화를 나누게 된다.

어느 날, 대학 시절 교수의 권유가 생각나 '버킷 리스트'를 작성해 보던 카터는 종이를 구겨서 바닥에 던져 버린다. 그것을 에드워드가 주워 읽는데, 거기에는 '낯선 사람 도와주기', '눈물 날 때까지 웃기' 등이 적혀 있다. 이것을 본 에드워드는 "꿈이 너무 소박하잖아."라며 '스카이다이빙', '무스탕으로 카레이스 하기' 등 의견을 제시하며 리스트를 함께 만들어 간다. 하지만 가난한 카터 입장에서는 언감생심이다. 실현 가능성에 의문을 표하는 그에게 에드워드는 돈 걱정은 말라고 한다.

> "우린 할 수 있어. 해야 돼. 난 돈밖에 없어. 우린 한배를 탔어.
> 병실을 박차고 나갈 수 있어."

이제 두 남자의 화려한 외출이 시작된다. 그 첫 번째는 스카이다이빙이다. 에드워드는 살맛 난다며 사랑에 빠진 기분이라고 환호한다. 이어 문신 새기기, 카레이싱도 체험한다. 자가용 비행기로 북극 위를 날면서 별을 보며 종교와 믿음에 대한 의견도 나눈다. "과연 저세상이 존재할까?"라고 의문을 품기도 한다. 지중해가 보이는 최고급 레스토랑에서 캐비어 만찬을 즐기면서 에드워드는 절연하다시피 한 딸 얘기를 처음으로 꺼낸다. 하지만 '딸과의 만남'을 버킷 리스트에 추가하라는 카터의 의견을 그는 끝내 거부한다. 카터 역시 몸에 삽입한 튜브에 이상이 생겨 피를 쏟지만 병원 가기를 거부한다. 아프리카 탄

자니아로 가서 사파리를 즐기고, 초원에서 캠핑도 한다. 이집트 피라미드 꼭대기에 올라서 사후 세계에 대한 얘기도 나눈다. 카터에 의하면 고대 이집트인들은 죽어서 그들의 영혼이 천국 입구에 다다르면 두 가지 질문을 받게 된다고 한다. 그 질문에 대한 답이 천국에 갈 수 있느냐 없느냐를 결정한다며 에드워드에게 답해 보라고 한다.

> '삶에서 기쁨을 찾았는가?'
> '당신의 삶이 다른 사람들을 기쁘게 해 주었는가?'

이어 인도의 타지마할 묘를 방문하여 무굴 제국의 황제와 부인 얘기를 나누며 진정한 사랑에 대한 의미를 새긴다. 그러면서도 시시각각 다가오는 죽음에 관한 이야기도 빼놓지 않는다. 만리장성을 오토바이로 질주한 후, 히말라야를 방문하여 그곳 노인을 보면서 '환생'에 대한 이야기도 나눈다. 흰 눈에 둘러싸인 높은 산을 보면서 일기 관계로 오를 수 없다며 내년 봄을 기약하지만 목소리에 힘이 빠진다. 홍콩을 방문하는 것을 끝으로 대장정을 마친 두 남자는 집으로 돌아온다. 혼자 사는 에드워드는 텅 빈 집에서 인스턴트 식사를 준비하다 잘 되지 않자 신경질을 낸다. 카터는 온 가족이 함께 모여 기도를 올리고 만찬을 즐긴다.

하지만 운명의 시계는 냉혹하다. 집에서 갑자기 쓰러진 카터는 병원에서 수술을 받지만 결국 죽는다. 에드워드는 카터가 생전에 자기를 위해 쓴 편지를 읽는다.

> '삶의 기쁨을 찾게. …… 우리네 삶은 흐르는 물 같아 하나의
> 강에서 만나 폭포 너머 안개 속 천국으로 흐른다네. 눈을 감고

강물에 몸을 맡기게.'

편지를 읽고 난 후, 에드워드는 딸을 찾아가 화해하고는 귀여운 손녀에게 뽀뽀를 한다. 이것으로 버킷 리스트 중 하나인 '최고 미녀와 키스하기'에 성공한다.

영화 마지막 장면, 에드워드의 비서가 눈 덮인 히말라야 높은 봉우리를 힘겹게 오른다. 정상에 서자 커피 깡통에 담긴 '재'를 이미 묻혀 있는 깡통 옆에 나란히 묻는다. 에드워드의 재를 먼저 간 카터 옆에 묻는 것이다. 멀리 구름에 휘감겨 있는 설산이 끝없이 펼쳐진 곳이다. 이들은 죽은 후에 리스트 첫 번째인 '장엄한 광경 보기'를 완성한 것이다.

두 사람은 늘그막에 진정한 우정과 가족의 소중함을 느꼈다. 이는 리스트에 적혀 있지 않은, 가장 소중한 버킷 리스트를 완성한 것이다. 영화에는 비현실적인 면이 많다. 하지만 진정으로 우리가 하고 싶은 것의 리스트를 만들고 과감하게 도전해 보자는 감독의 연출 의도에는 귀 기울일 만한 가치가 있지 않을까?

영화 속 주인공들이 작성한 버킷 리스트

★ 장엄한 광경 보기

★ 낯선 사람 도와주기

★ 눈물 날 때까지 웃기

★ 무스탕으로 카레이싱

★ 스카이다이빙

★ 최고의 미녀와 키스

★ 영구 문신 새기기

★ 영국 스톤헨지 방문

★ 프랑스 루브르 박물관에서 일주일 보내기

★ 오토바이로 만리장성 질주

★ 이집트 피라미드 방문

★ 아프리카 세렝게티에서 사자 사냥

★ 이탈리아 로마 방문

★ 잊고 있던 또는 헤어졌던 사람과 연락하기

퇴직 후 도전하고 싶은 신세계
〈인턴(The Intern)〉

감독: 낸시 마이어스 | **개봉 연도:** 2015 | **제작 국가:** 미국

70세 노신사가 신입 인턴이고, 열정 넘치는 30세 여성이 사장이다. 더구나 그 노신사는 사장의 비서실 소속으로, 두 사람의 '케미'가 보통이 아니다. 인턴이라면 사회 초년생으로 경험이 적고, 나이도 20대인 경우가 일반적인 만큼 70대의 인턴은 파격적이다.

노신사 '벤(로버트 드 니로 분)'이 말하는 은퇴 후의 삶은 우리에게 공감을 불러일으킨다.

> "난 은퇴했고, 아내는 세상을 떠났어요. 당연히 시간이
> 남아돌죠. 처음엔 여행을 즐기고 …… 아침에 일어나서 집 밖에
> 나가 어디든 가는 거예요. 그래도 남는 시간은 골프, 책, 영화,
> 카드놀이, 요가, 요리도 배우고, 화초도 가꾸고, 북경어도 배워
> 봤어요. 정말 안 해 본 게 없어요."

> "그저 인생에 어딘가 빈구석이 있고, 그걸 채우고 싶을 따름이에요."

그런 그에게 '시니어 인턴 채용' 공고가 눈에 띈다. 채용 주체는 온라인 옷 판매 회사다. 그런데 입사 지원서 양식부터 나이 든 은퇴자에게는 넘기 힘든 고비이다. 구닥다리 자기소개서가 아니라 '자기소개 동영상'을 제출하라는 것이다. 더구나 유튜브(Youtube)나 비메오(Vimeo)에 동영상을 올리고 'mov, avi, mpg' 같은 파일 형식을 사용하란다. 함께 공고문을 보던 이웃 할머니는 "난 지금 어느 나라 말인지도 모르겠어요."라고 한다.

지난한 면접 과정을 거쳐 최종 합격한 인턴사원 벤은 20년 넘게 전화번호부를 제작한 회사의 부사장 경력을 갖고 있지만 젊은 여성을 주 고객으로 하는 온라인 판매 회사에서 마땅한 일거리를 기대하기는 어렵다. 인사과에서 그를 사장 개인 비서실 인턴으로 발령 낸다. 나이 든 인턴이 싫다는 사장에게 어차피 모범을 보이기 위해 배치하는 거라고 직원은 설명한다. 사장 '줄스(앤 해서웨이 분)'는 창업 1년 반 만에 직원 220명의 회사를 만든 성공 신화를 이룬 인물이다. 그녀는 'TPO[의복을 시간(time), 장소(place), 상황(occasion)에 알맞게 착용하는 것]'에 맞는 패션 센스를 갖추고, 사무실에서도 끊임없이 체력을 관리하며, 고객을 위해 박스 포장까지 직접 하는 열정적인 30세 여성 CEO다. 또한, 회의와 면담 시간을 분 단위로 관리하는 완벽주의자다.

벤은 첫 출근 전날 알람 시계를 두 개나 맞춰 놓고 잠든다. 아침에 말쑥한 정장 차림으로 출근하면서 다시 '전쟁터'로 나간다며 파이팅을 외치지만 그에게 업무가 쉽사리 주어지지 않는다. 어차피 보여주기 위한 시니어 채용 프로그램이고, 6개월짜리 기간제이니 말이다. 하지만 주변 젊은 직원들과 가까이 지내며 그들의 고민을 잘 들어 주면서 직원들 사이에서 인기가 올라간다. 시키지도 않았는데 비서실 책상을 말끔하게 정리하고, 운전 중 술 마시는 습관이 있는 사장의 운전기사 대신 운전을 맡고, 식사를 놓친 사장에게 수프를 사다 주고, 수면이 부족한 사장에게 "잠 좀 주무세요."라고 충고하면서 서서히 사장과도 가까워진다. 나중에 애인 관계로 발전하는 회사 내 전문 마사지사인 '피오나(르네 루소 분)'에게 벤은 인턴 경험에 대해 말한다.

"신세계잖아요. 한번 도전해 보고 싶었어요. 어떤 세상인지."

사실 벤이 회사 내 젊은이들의 고민을 상담해 주거나, 사장에게 얘기할 때 대단한 내용이 있는 것은 아니다. 그가 분석한 구매자 패턴에 대해 줄스가 놀란 적이 있었지만, 그것보다는 차분히 관찰하고, 충분히 경청하며, 필요할 경우 그들의 자존심을 건드리지 않는 간단한 조언 몇 마디로 그들의 마음을 사로잡은 것이다.

잘나가던 줄스에게 위기가 닥친다. 업무에 치여 함께할 시간을 많이 갖질 못했던 남편에게 다른 여자가 생긴 것이다. 그녀 때문에 잘나가던 직장을 그만두고 아이를 돌보면서 살림을 하는 전업주부 남편이다. 그가 다른 여자와 키스하는 장면을 목격한 벤은 쉽사리 말을 꺼내기보다는 어떻게 대응해야 할지 깊은 생각에 잠긴다. 사실 줄스도 남편의 외도를 어느 정도 눈치채고 있었다. 게다가 그녀는 한창 엄마를 필요로 하는 나이의 딸과 함께하는 시간을 많이 갖지 못해 늘 가슴 아파한다. 투자자들의 권유로 그녀는 가족과 함께 보낼 수 있는 시간을 보다 많이 갖고자 새로운 CEO 물색에 나선다. 마침내 마음에 드는 CEO를 찾아 고용을 결정하겠다는 그녀에게 벤은 말한다.

> "회사에는 사장님이 필요해요. …… 이 크고 아름다운 회사는
> 사장님이 만들었어요. 이게 꿈이 아닌가요? 그 꿈을
> 버린다고요? 남편이 바람을 피우지 않을 거라는 희망 때문에?"

밤새워 고민한 줄스는 새 CEO를 고용하지 않으리라 결심한다. 남편도 자기가 잘못했다며 용서를 구한다. 줄스는 감사의 뜻으로 공원에서 운동을 하고 있는 벤을 찾는다. 벤은 줄스에게 권고한다.

> "숨을 들이마시고 마음의 평화를 찾아요. 심호흡하세요."

70세 노인을 인턴으로 채용하는 곳이 어디 있을까? 이 영화를 '노인 판타지'라 부르기도 한다. 그러면 어떤가. 이런 판타지를 한 번쯤 즐겨 보는 것도 좋으리라. 우리에게 신선한 에너지와 긍정적인 마인드를 가져다줄 수 있기 때문이다. 그리고 영화를 다 보고 나면 인턴은 벤이 아니라 줄스라는 생각이 든다. 오랜 경험과 경륜에서 우러난 벤의 삶의 지혜를 줄스가 하나둘씩 배워 가기 때문이다.

늘그막의 꿈같은 사랑, 그 속에 숨은 놀라운 사연
〈장수상회〉

감독: 강제규 | **개봉 연도:** 2015 | **제작 국가:** 한국

늘그막에 찾아온 꿈같은 사랑, 장수상회에서 아르바이트를 하는 '성칠(박근형 분)'과 같은 동네에서 꽃 가게를 운영하는 '금님(윤여정 분)'은 가슴 설레는 연애를 시작한다. 젊은이들의 첫사랑만큼이나 달달하다. 하지만 두 사람의 사랑 이야기에는 놀라운 사연이 숨어 있다.

서울 수유동에 홀로 사는 김성칠은 고집불통에 까칠한 성격의 70대 어르신이다. 아침 골목길에서 이삿짐 차량에 차를 빼라며 고래고함을 지르고, 좁은 도로를 걷다가 비켜 달라는 자동차 경적에 오히려 보란 듯이 길 한복판을 활보한다. 그런데 어느 날 아침, 밥을 하려는데 이미 밥이 지어져 있는 게 아닌가? 우렁각시가 왔다 간 걸까? 그가 가장 싫어하는 것은 살고 있는 마을 재개발 건으로, 재개발 위원장은 그가 일하는 마트의 사장 '김장수(조진웅 분)'이다. 그는 마트 앞에서 벌어지는 재개발 설명회의 방송 전선을 끊어 버리고 버럭 고함을 지른다.

"동네 다 뜯어고치고 고장 난 건 다 버리겠다는 거 아니야?

우리 같은 늙은이는 안중에 없다고. 이렇게 살게 된 게 누구 덕인데? 월남 가서 목숨 걸고 달러 벌어들인 게 누구냐고!"

그러고는 해병대 군가를 목청껏 부른다. 마트 정기 휴일임을 깜빡 잊고 출근한 성칠은 난감한 표정이다. 집으로 돌아오니 웬 여자가 자기 집에서 나오는 것이 아닌가? 멱살 잡고 파출소로 끌고 가니 여자는 항변한다. 이사 떡을 돌리려고 들렀는데 문이 열려 있었다고 말이다. 그녀는 사과하는 의미에서 성칠에게 밥을 사라고 한다. 소녀같이 맑은 얼굴의 그녀는 마트 옆에서 꽃 가게를 운영하는 성은 임 씨요, 이름은 금님, 즉 임금님이다. 밥 사라는 금님의 거듭된 요구에 용기를 낸 성칠은 동네 젊은 사장들, 특히 마트 사장 장수의 도움을 받아 데이트 요령을 배운다. 스테이크를 주문할 때는 미디엄을 시키고, 와인을 곁들여야 하며, 디저트도 꼭 시키라고 말이다.

새 양복에 새 구두까지 갖춰 신고 간 데이트에서 "맞선 보는 자리 같구먼."이라며 어색해하지만 내심 만족해한다. 비록 와인을 막걸리인 것처럼 벌컥벌컥 마시는 어설픈 실수도 있었지만 말이다. 전화하겠다는 금님의 말에 처음으로 휴대 전화를 개통해 문자 보내는 방법까지 배우고 함께 놀이동산에도 간다. 하지만 놀이기구를 타느라 무리했던 것일까? 금님이 몸져눕고, 그 딸은 "더 이상 저희 엄마 만나지 말아 주세요."라고 한다. 게다가 금님의 집에 멋진 노신사까지 들락거리는 것을 본 성칠은 마음이 심란해져 매사에 심통을 부리며 예전으로 돌아간 모습을 보인다. 하지만 마을 젊은이들의 권유로 금님이 좋아한다는 청포도 바구니를 들고 꽃 가게를 방문해 다시 만남을 이어간다. 성칠은 사흘 전에 안경을 맞춰 놓고는 기억하지 못한다. 어느 날 성칠의 집을 방문한 금님은 방에 놓여 있는 부의 봉투에 적힌 글을 보고는 눈물을 훔친다.

'내 이름은 김성칠입니다. 혹시 나를 발견하시면 통장 안의
돈으로 장례를 치러 주시길 바랍니다.'

통장의 비밀번호까지 꼼꼼히 적혀 있다. 금님은 눈시울을 적시며
"그냥 우리 살아 있는 동안만이라도 행복했으면 좋겠어요."라고 한
다. 두 사람은 함께 춤도 배운다. 성칠은 공원에서 만나기로 한 약속
을 까맣게 잊었다가, 늦은 시각에 부랴부랴 공원으로 달려간다. 하
지만 자기가 왜 공원에 왔는지를 모른다. 금님의 권유로 병원을 찾아
치매 검사를 받지만, 의사는 그 나이에 나타나는 단순 건망증이라고
한다.

그런데 이번에는 금님이 택시 안에서 쓰러진다. 성칠에게 "어디 좀
다녀올게요. 당분간 연락 안 될 거예요."라는 문자가 온다. 금님의 집
과 문 닫힌 꽃 가게를 기웃거려 보지만, 인기척이 없어 성칠은 초조
해한다. 곁에서 지켜보던 장수가 그를 금님이 입원해 있는 병원으로
데려간다. 금님은 중환자실에서 산소마스크를 쓰고 누워 있다. 그때,
그녀의 딸 '민정(김하유 분)'이 성칠을 보고 놀랍게도 "아빠!"라고 부르
며 안타까워한다.

"정말 아무것도 기억 안 나요? 제발 엄마만이라도
기억해 주면 안 돼요?"

성칠과 금님이 부부이고, 마트 사장 장수와 민정이 그들의 자식들
이었던 것이다.

영화 속 이야기는 옛날로 돌아간다. 2013년 11월, 성칠의 일기장에는 '전두엽 변이성 알츠하이머', 즉 치매에 걸렸다는 내용이 나온다. '나는 매일 뭔가를 잊어 가고 있다. 그래서 언젠가는 아무것도 기억할 수 없을지도 모른다.' 2014년 1월의 일기에는 '평생을 살아온 동네에서 길을 잃었다.'라고 쓰여 있다. 그래서 더 늦기 전에 아내가 평생 원하던 꽃 가게를 차려 주었고, 아내는 췌장암 말기라는 기록도 있다. 성칠은 자신의 병세를 인지하면서 '나는 (가족들에게) 짐이다.'라는 생각을 강하게 가져 자진하려는 시도도 한 적이 있다. 의사는 가족들에게 말한다.

> "아버님은 당신이 혼자 사신다고 믿고 계세요. 가족에게 짐이
> 되지 않겠다는 자기 암시지요. 일종의 망상으로, 치매에 보기
> 드문 증상입니다. 일종의 방어 기제랄까요."

그러면서 요양원으로 보내지 않고 굳이 집에서 보살피려면 본인이 치매라는 사실을 모르게 해야 한다는 말을 덧붙인다. 그래서 전 가족이 이웃에 살면서 역할을 분담해 성칠을 돌보는 작전을 짠 것이다. 하지만 성칠은 눈앞에 두고도 아내와 자식이 도저히 생각나지 않는다며 절규한다. 다행히 금님이 회복되어 두 사람은 옛날 자신들이 결혼식을 올렸던 성당으로 간다. 그곳에서 왈츠를 추는 두 사람. 성칠은 금님의 손가락에 반지를 끼워 주면서 말한다.

> "우리들 중 누가 먼저 죽더라도 울지 맙시다. 어차피 잠깐
> 떨어져 있는 것이니까. 금님 씨."

영화 끝부분, 요양원 마당에 멍하니 서 있는 성칠에게 금님이 다가

간다. 성칠은 그녀에게 "안녕하세요. 우리 이웃에 사니 통성명이나 합시다. 내 이름은…… 나는…… 내 이름은……."이라고 한다.

평생을 함께 살아온 아내와 자식의 얼굴과 이름을 잊고, 아니 그런 가족이 있었다는 사실조차 기억하지 못한다. 그것은 막막함을 넘어선 두려움이다. 성칠은 끝내 자기 이름마저 잊는다. 치매 환자가 가장 늦게까지 기억하는 것이 자기 이름이라는데 말이다. 가장 치명적인 인격 상실인 치매, 이 영화에서는 가족의 무한한 사랑으로 이를 견뎌 내어 아름다운 사랑으로 승화시키지만 어디 현실에서는 그러기가 쉬운가?

영화 경력을 합하면 100년이 넘는다는 두 원로 배우 박근형, 윤여정의 몰입 연기는 경탄을 넘어서 고개를 수그리게 만든다. 그리고 마을 사람들이 함께 어울려 살아가는 모습은 지금은 추억으로만 남아 있는 마을 공동체의 따뜻했던 온기를 느끼게 한다.

참고 문헌

국내

○ 강성률, 『영화는 역사다』, 살림터, 2010.

○ 강성률 외, 『한국영화 100선』, 한국영상자료원, 2013.

○ 곽수경 외, 『영화로 만나는 현대 중국』, 산지니, 2012.

○ 김대중, 『임권택 영화』, 커뮤니케이션북스, 2016.

○ 김성곤, 『김성곤교수의 영화에세이』, 열음사, 1994.

○ 김성곤, 『김성곤의 영화기행』, 효형출판, 2002.

○ 김성곤, 『영화 속의 문화』, 서울대학교 출판부, 2004.

○ 김영진, 『순응과 전복』, 을유문화사, 2019.

○ 김이석·김성욱 외, 『영화와 사회』, 한나래, 2012.

○ 김재명, 『20세기 전쟁영화가 남긴 메시지』, 프로네시스, 2006.

○ 김종성, 『(신경과의사 김종성) 영화를 보다』, 동녘, 2006.

○ 김준기, 『영화로 만나는 치유의 심리학』, 시그마북스, 2016.

○ 김혜리, 『영화를 멈추다』, 한국영상자료원, 2007.

○ 박태상, 『영화, 어떤 문화코드로 읽을 것인가』, 집문당, 2002.

○ 송정림, 『영화처럼 사랑을 요리하다』, 예담, 2008.

○ 송희복, 『셰익스피어, 영화관에 가다』, 청동거울, 2005.

○ 송희복, 『영화 속의 열린 세상』, 문학과 지성사, 1999.

○ 신강호, 『유럽예술영화 명작 30편』, 커뮤니케이션북스, 2006.

○ 안병섭 외, 『세계영화 100』, 한겨레신문사, 1996.

○ 안정효, 『영화 삼국지』, 들녘, 2003.

○ 양선규, 『용회이명』, 작가와비평, 2013.

○ 옥선희, 『내게 행복을 준 여성영화 53선』, 여성신문사, 2005.

○ 유응오, 『영화, 불교와 만나다』, 아름다운인연, 2008.

○ 유종호, 『내가 본 영화』, 민음사, 2009.

○ 유지나, 『한국영화 섹슈얼리티를 만나다』, 생각의 나무, 2004.

○ 이미도, 『(이미도의) 영어 선물』, 웅진씽크빅, 2010.

○ 이보아·장상용, 『사랑이 어떻게 변하니』, 열대림, 2006.

○ 이동진, 『필름 속을 걷다』, 예담, 2007.

○ 이동진, 『길에서 어렴풋이 꿈을 꾸다』, 위즈덤하우스, 2010.

○ 이세기, 『죽기 전에 꼭 봐야 할 한국영화, 1001』, 마로니에북스, 2011.

○ 이일범, 『세계 명작 영화 100선』, 신아사, 2004.

○ 이종철·학고방, 『중국 영화에 반하다』, 2008.

○ 임대근, 『중국영화 이야기』, 살림, 2004.

○ 장재선, 『영화로 보는 세상』, 책만드는고장, 2003.

○ 전영범, 『스무 가지 시선에 비친 스크린과 세상』, 비엘프레스, 2011.

○ 정성일·정우열, 『언젠가 세상은 영화가 될 것이다』, 바다출판사, 2010.

○ 정재형, 『영화 이해의 길잡이』, 개마고원, 2003.

○ 정종화, 『영화에 미친 남자』, 맑은소리, 2006.

○ 조선희, 『클래식 중독』, 마음산책, 2009.

○ 주성철, 『영화를 좋아하는 사람이라면 꼭 알아야 할 70가지』, 소울메이트, 2014.

○ 하재봉, 『하재봉의 시네마 클릭』, 동인, 1999.

○ 허문영,『세속적 영화, 세속적 비평』, 강, 2010.

○ 호현찬,『한국영화 100년』, 문학사상사, 2000.

○ 황혜진,『영화로 보는 불륜의 사회학』, 살림출판사, 2005.

국외

○ 노비 친,『세계의 명작 영화 50』, 박시진 옮김, 삼양미디어, 2009.

○ 로저 에버트,『위대한 영화 1』, 최보은·윤철희 옮김, 을유문화사, 2006.

○ 로저 에버트,『위대한 영화 2』, 윤철희 옮김, 을유문화사, 2006.

○『죽기 전에 꼭 봐야 할 영화, 1001편』, 스티븐 제이 슈나이더 책임 편집, 정지인 옮김, 마로니에북스, 2005.

잡지

○ 한국영상자료원,『영화 천국』, 2013.1/2~2019.5/6